中国社会科学院
"登峰战略"优势学科"气候变化经济学"
成果

气候变化经济学系列教材

总主编 潘家华

主编 张晓玲 欧训民

Economics of Climate Change Mitigation

减缓气候变化经济学

中国社会科学出版社

图书在版编目(CIP)数据

减缓气候变化经济学 / 张晓玲，欧训民主编 . —北京：中国社会科学出版社，2021.10

ISBN 978 - 7 - 5203 - 8194 - 9

Ⅰ.①减⋯ Ⅱ.①张⋯②欧⋯ Ⅲ.①气候变化—影响—经济发展—研究 Ⅳ.①F061.3

中国版本图书馆 CIP 数据核字（2021）第 058584 号

出 版 人	赵剑英
项目统筹	王 茵
责任编辑	马 明 王 帅
责任校对	白雪春
责任印制	王 超

出　　版	中国社会科学出版社
社　　址	北京鼓楼西大街甲 158 号
邮　　编	100720
网　　址	http://www.csspw.cn
发 行 部	010 - 84083685
门 市 部	010 - 84029450
经　　销	新华书店及其他书店

印刷装订	北京君升印刷有限公司
版　　次	2021 年 10 月第 1 版
印　　次	2021 年 10 月第 1 次印刷

开　　本	710 × 1000　1/16
印　　张	18
字　　数	314 千字
定　　价	106.00 元

凡购买中国社会科学出版社图书，如有质量问题请与本社营销中心联系调换
电话：010 - 84083683
版权所有　侵权必究

气候变化经济学系列教材
编委会

主　　　编：潘家华

副　主　编：赵忠秀　齐绍洲　庄贵阳

执行副主编：禹　湘

编委会成员：（按姓氏笔画排序）

王　丹　王　谋　王　遥　关大博
杨　庆　张　莹　张晓玲　陈　迎
欧训民　郑　艳　蒋旭东　解　伟

减缓气候变化经济学
编委会

主　　　编：张晓玲　欧训民

编委会成员：（按姓氏笔画排序）

王　克　丛建辉　刘　杰　段茂盛

温宗国　戴瀚程

总　　序

气候变化一般被认为是一种自然现象，一个科学问题。以各种自然气象灾害为表征的气候异常影响人类正常社会经济活动自古有之，虽然具有"黑天鹅"属性，但灾害防范与应对似乎也司空见惯，见怪不怪。但20世纪80年代国际社会关于人类社会经济活动排放二氧化碳引致全球长期增温态势的气候变化新认知，显然超出了"自然"范畴。这一意义上的气候变化，经过国际学术界近半个世纪的观测研究辨析，有别于自然异变，主要归咎于人类活动，尤其是工业革命以来的化石能源燃烧排放的二氧化碳和持续大规模土地利用变化致使自然界的碳减汇增源，大气中二氧化碳浓度大幅快速攀升、全球地表增温、冰川融化、海平面升高、极端天气事件频次增加强度增大、生物多样性锐减，气候安全问题严重威胁人类未来生存与发展。

"解铃还须系铃人"。既然因之于人类活动，防范、中止，抑或逆转气候变化，就需要人类改变行为，采取行动。而人类活动的指向性十分明确：趋利避害。不论是企业资产负债表编制，还是国民经济财富核算，目标函数都是当期收益的最大化，例如企业利润增加多少，经济增长率有多高。减少温室气体排放最直接有效的就是减少化石能源消费，在给定的技术及经济条件下，会负向影响工业生产和居民生活品质，企业减少盈利，经济增长降速，以货币收入计算的国民福祉不增反降。而减排的收益是未来气候风险的减少和弱化。也就是说，减排成本是当期的、确定的、具有明确行动主体的；减排的收益是未来的、不确定的、全球或全人类的。这样，工业革命后发端于功利主义伦理原则而发展、演进的常规或西方经济学理论体系，对于气候变化"病症"，头痛医头，脚痛医脚，开出一个处方，触发更多毛病。正是在这样一种情况下，欧美一些主流经济学家试图将"当期的、确定的、具有明确主体的"成本和"未来的、不确定的、全球的"收益综合一体分析，从而一门新兴的学科，即气候变化经济学也就萌生了。

由此可见，气候变化经济学所要解决的温室气体减排成本与收益在主体与时间上的错位问题是一个悖论，在工业文明功利主义的价值观下，求解显然是困难的。从 1990 年联合国气候变化谈判以来，只是部分的、有限的进展；正解在现行经济学学科体系下，可能不存在。不仅如此，温室气体排放与发展权益关联。工业革命以来的统计数据表明，收入水平高者，二氧化碳排放量也大。发达国家与发展中国家之间、发展中国家或发达国家内部富人与穷人之间，当前谁该减、减多少，成为了一个规范经济学的国际和人际公平问题。更有甚者，气候已经而且正在变化，那些历史排放多、当前排放高的发达国家由于资金充裕、技术能力强，可以有效应对气候变化的不利影响，而那些历史排放少、当前排放低的发展中国家，资金短缺、技术落后，受气候变化不利影响的损失多、损害大。这又成为一个伦理层面的气候公正问题。不论是减排，还是减少损失损害，均需要资金与技术。钱从哪儿来？如果筹到钱，又该如何用？由于比较优势的存在，国际贸易是双赢选择，但是如果产品和服务中所含的碳纳入成本核算，不仅比较优势发生改变，而且也出现隐含于产品的碳排放，呈现生产与消费的空间错位。经济学理论表明市场是最有效的。如果有限的碳排放配额能够通过市场配置，碳效率是最高的。应对气候变化的行动，涉及社会的方方面面，需要全方位的行动。如果一个社区、一座城市能够实现低碳或近零碳，其集合体国家，也就可能走向近零碳。然而，温室气体不仅仅是二氧化碳，不仅仅是化石能源燃烧。碳市场建立、零碳社会建设，碳的核算方法必须科学准确。气候安全是人类的共同挑战，在没有世界政府的情况下，全球气候治理就是一个艰巨的国际政治经济学问题，需要国际社会采取共同行动。

作为新兴交叉学科，气候变化经济学已然成为一个庞大的学科体系。欧美高校不仅在研究生而且在本科生教学中纳入了气候变化经济学的内容，但在教材建设上尚没有加以系统构建。2017 年，中国社会科学院将气候变化经济学作为学科建设登峰计划·哲学社会科学的优势学科，依托生态文明研究所

（原城市发展与环境研究所）气候变化经济学研究团队开展建设。2018年，中国社会科学院大学经批准自主设立气候变化经济学专业，开展气候变化经济学教学。国内一些高校也开设了气候变化经济学相关课程内容的教学。学科建设需要学术创新，学术创新可构建话语体系，而话语体系需要教材体系作为载体，并加以固化和传授。为展现学科体系、学术体系和话语体系建设的成果，中国社会科学院气候变化经济学优势学科建设团队协同国内近50所高校和科研机构，启动《气候变化经济学系列教材》的编撰工作，开展气候变化经济学教材体系建设。此项工作，还得到了中国社会科学出版社的大力支持。经过多年的努力，最终形成了《气候变化经济学导论》《适应气候变化经济学》《减缓气候变化经济学》《全球气候治理》《碳核算方法学》《气候金融》《贸易与气候变化》《碳市场经济学》《低碳城市的理论、方法与实践》9本252万字的成果，供气候变化经济学教学、研究和培训选用。

令人欣喜的是，2020年9月22日，国家主席习近平在第七十五届联合国大会一般性辩论上的讲话中庄重宣示，中国二氧化碳排放力争于2030年前达到峰值，努力争取2060年前实现碳中和。随后又表示中国将坚定不移地履行承诺。在饱受新冠肺炎疫情困扰的2020年岁末的12月12日，习近平主席在联合国气候雄心峰会上的讲话中宣布中国进一步提振雄心，在2030年，单位GDP二氧化碳排放量比2005年水平下降65%以上，非化石能源占一次能源消费的比例达到25%左右，风电、太阳能发电总装机容量达到12亿千瓦以上，森林蓄积量比2005年增加60亿立方米。2021年9月21日，习近平主席在第七十六届联合国大会一般性辩论上，再次强调积极应对气候变化，构建人与自然生命共同体。中国的担当和奉献放大和激发了国际社会的积极反响。目前，一些发达国家明确表示在2050年前后实现净零排放，发展中国家也纷纷提出净零排放的目标；美国也在正式退出《巴黎协定》后于2021年2月19日重新加入。保障气候安全，构建人类命运共同体，气候变化经济学研究步入新的境界。这些内容尽管尚未纳入第一版系列教材，但在后续的修订和再版中，必将得到充分的体现。

人类活动引致的气候变化，是工业文明的产物，随工业化进程而加剧；基于工业文明发展范式的经济学原理，可以在局部或单个问题上提供解决方案，但在根本上是不可能彻底解决气候变化问题的。这就需要在生态文明的发展范式下，开拓创新，寻求人与自然和谐的新气候变化经济学。从这一意义上讲，目前的系列教材只是一种尝试，采用的素材也多源自联合国政府间气候变化专门委员会的科学评估和国内外现有文献。教材的学术性、规范性和系统性等方面还有待进一步改进和完善。本系列教材的编撰团队，恳望学生、教师、科研人员和决策实践人员，指正错误，提出改进建议。

潘家华

2021 年 10 月

前　言

　　人类需求与地球环境供给能力之间存在着不匹配。为了克服这种不匹配，一方面需要人类适当减少发展中的需求，另一方面也需要提高地球的资源供给能力，抑或找到一种折中的方式来沟通二者。作为全球可持续发展的核心命题之一，气候变化既是环境问题，也是发展问题，但归根结底是发展问题。工业文明所倡导的功利主义价值观、效用最大化财富观、依赖化石能源线性生产观以及奢靡型高消费观，导致全球气候危机日益严峻。人类只有不断反思自己的社会经济活动方式，全方位、多层次、多尺度的减缓碳排放，才能最终有效遏制全球气候变暖的发展趋势。

　　在多学科的协同探索过程中，经济学为研究和应对气候变化问题提供了新的理论视角和行动尝试。本书开展的减缓气候变化经济学研究，不仅为气候变化提供了经济学理论、模型支撑和实证分析支持，也为减缓气候变化提供了规范的政策分析工具和指导性结论。这也是本书编写的根本出发点和目的所在。同时，本书是气候变化经济学系列教材之一，于2018年开始组织团队，共同推进框架梳理和内容编写，期间增删数次终得付梓出版。

　　本书的主要内容分为三大部分。第一部分为前两章。前两章介绍了气候变化经济学的争议、内涵和研究历程，减排的必要性和可行性以及全球温室气体排放的现状和长期减排目标。第二部分为第三至六章。其中，第三章介绍了减缓气候变化经济学的基础理论并结合中国特色进行了相关理论探索。第四和第五章着重强调了温室气体减排的技术、项目评价方法以及适用于气候变化减缓路径分析和政策评估的各类相关模型。第六章则从低碳总体规划、市场—政府协同制度选择、创新—技术变革—金融投资，以及教育—管理—个体行为转变等方面，对减缓气候变化的一般路径和优化制度进行了探索与讨论。第三部分为第七至九章。其中，第七和第八章分别从能源供应部门和其他各主要部门讲述了其碳排放的现状、减排潜力、路径和政策选择。第九章阐释了全球区域和城市的减排行动与治理机制，特别是对美国、欧盟国家、"基础四国"的减排政策及具体行动进行了梳理，并着眼于中国低碳城市发展，对城市未来治理进行了探讨。

本教材的定位与特点如下。全书从气候变化经济学视角为读者提供了一个较为完整的学习框架。本教材适用于高等学校经济学、气候变化相关专业的辅修课或专业课，可供本科生、研究生根据学习需要开展选择性教学和阅读。首先，作者团队是由长期参与应对全球气候变化相关问题研究，并为中国参与全球气候变化国际谈判提供政策建议的研究人员，以及一线教学和科研人员组成。他们对于减缓气候变化经济学的理论发展脉络、减排技术、评估模型和方法以及减排政策具有丰富的实践及教学经验。其次，气候变化是一项全球性问题，因此本教材旨在启迪读者从国际化视野和全球性合作的角度去分析和看待问题，并从时—空间，多尺度、多部门、多责任主体的视角思考碳减排的路径与低碳发展模式。最后，本教材敢于探索前沿，鼓励"百家争鸣"。全书从"双失灵"以及气候变化经济学的争议开始讲起，循循善诱、由浅入深，围绕全球气候变化的前沿热点，向读者介绍国际上最新的理论和实践，并积极探索适合新常态下的具有中国特色的低碳发展之路。

本书由来自多所高校和研究机构的学者共同编写完成。主编为香港城市大学公共政策系张晓玲教授和清华大学能源环境经济研究所欧训民副教授。副主编为清华大学段茂盛研究员、中国人民大学环境学院王克副教授、清华大学环境学院温宗国教授、北京大学环境科学与工程学院戴瀚程研究员、山西大学经管学院丛建辉副教授和陕西师范大学的青年教师刘杰。其中，张晓玲承担了本书第一章和第六章的内容编写，并与段茂盛合作撰写了第三章，与王克、丛建辉共同执笔了第九章；欧训民承担了本书第四章的内容编写，并与刘杰共同完成了第七章的内容编写；第二章和第五章分别由王克和戴瀚程执笔；第八章由温宗国和丛建辉共同执笔。同时，本书特别感谢国家自然科学基金重点项目（71834005）的大力支持，以及各位参与资料收集、整理和校对的博士或硕士研究生对本教材编纂给予的支持和帮助。他们来自（排名不分先后）香港城市大学（陈玉洁、杜梦冰、韩文静、贺立、孙文、王洁、张旭坤、赵梦雪）、清华大学（邓哲、李东雅、李会芳、李梦宇、欧阳丹华、任磊、陶玉洁、王奕涵、张海军、张绚、郑棹方)、北京大学(郭超艺、韩亚龙、刘晓瑞、陆潘涛、吴雅珍)、中国人民大学(崔学勤、夏侯沁蕊、项启昕、张小丽)、山西大学(石雅、张敏)、陕西师范大学等。最后,感谢武汉大学气候变化与能源经济研究中心主任齐绍洲教授为本书提供了非常宝贵的建议和意见并进行了细致的审读工作。

目　　录

第一章　绪论 …………………………………………………………（1）

第二章　与长期减缓碳排放目标相适应的应对气候变化行动路径 ………（13）
　第一节　全球温室气体排放：现状、趋势与驱动力 ……………………（13）
　第二节　全球与中国应对气候变化行动与减缓碳排放长期目标 ………（26）

第三章　减缓气候变化经济学相关理论 …………………………………（41）
　第一节　外部性理论 ………………………………………………………（41）
　第二节　从环境库兹涅茨曲线到碳库兹涅茨曲线 ………………………（43）
　第三节　从"公地悲剧"到卡托维兹时代下的气候治理理论 …………（49）
　第四节　碳定价理论 ………………………………………………………（59）
　第五节　具有中国特色的低碳转型理论：来自中国的选择？ …………（63）

第四章　温室气体减排技术和项目评价方法学 …………………………（69）
　第一节　项目经济技术评价方法和减排项目增量减排
　　　　　成本测算方法 ……………………………………………………（70）
　第二节　技术层面全生命周期分析方法 …………………………………（77）
　第三节　面向温室气体减排的能源项目综合分析 ………………………（88）

第五章　减缓气候变化：模型与方法 ……………………………………（100）
　第一节　方法综述 …………………………………………………………（100）
　第二节　以碳排放为约束的技术优化模型 ………………………………（107）

第三节　以碳排放为约束的宏观经济模型：可计算一般均衡
　　　　　　模型 …………………………………………………………（115）
　　第四节　全球能源—环境—温室气体排放—经济综合评价模型 ……（125）

第六章　减缓气候变化的一般路径与制度选择 …………………………（148）
　　第一节　低碳战略总体规划 ……………………………………………（148）
　　第二节　市场、政府及协同制度选择 …………………………………（157）
　　第三节　创新、环境技术变革和金融投资 ……………………………（166）
　　第四节　教育、管理及个体行为的改变 ………………………………（170）

第七章　能源供应部门低碳发展与减排行动 ……………………………（177）
　　第一节　能源供应部门的碳排放现状 …………………………………（177）
　　第二节　能源供应部门的减排潜力与路径 ……………………………（179）

第八章　各主要部门的低碳与减排行动 …………………………………（200）
　　第一节　农业部门 ………………………………………………………（200）
　　第二节　工业部门 ………………………………………………………（206）
　　第三节　建筑业部门 ……………………………………………………（214）
　　第四节　交通运输业部门 ………………………………………………（216）
　　第五节　服务业部门 ……………………………………………………（219）
　　第六节　居民消费部门 …………………………………………………（224）

第九章　全球区域和城市的低碳与减排行动 ……………………………（231）
　　第一节　全球区域的低碳与减排行动与治理机制 ……………………（232）
　　第二节　以 NDC 为核心的目标与行动 …………………………………（240）
　　第三节　全球城市低碳减排行动与治理机制 …………………………（250）
　　第四节　中国低碳城市：进展与未来治理 ……………………………（255）

附录　英文缩写对照表 ……………………………………………………（272）

第 一 章

绪　　论

众所周知，一方面，气候变化问题本身的外部性直接导致市场失灵；另一方面，气候变化的全球外部性和跨代外部性导致全球政府作为统一主体的实质性缺位，因此无法代表全人类的共同利益来解决气候变化的根本问题，进而导致政府失灵。所以气候变化问题上的"双失灵"窘境意味着经济学的传统逻辑无法实质性解决气候变化的问题。那么，如何从经济学的视角减缓气候变化？这一切还要从气候变化的经济学争议开始说起。

一　气候变化的经济学视角与争议

是否有必要将经济学引入气候变化问题的研究，诺贝尔经济学奖得主威廉·诺德豪斯（William D. Nordhaus）给出了肯定的答案。其一，旨在减少温室气体排放的政策措施，必须经由经济系统才能奏效；其二，气候变化也会影响经济系统的生产过程和最终产出。

从经济学视角看待气候变化问题时，外部性和公共品是两个基础性的词汇，几乎所有的研究都由此开始。大气本身属于典型的全球公共品，市场无法为之配置正确的类型和数量，易产生"公地悲剧"和"搭便车"等问题，陷入集体行动困境。而全球变暖是由部分国家过度排放温室气体导致的，但它的影响跨越国境波及了其他国家，属于经济学中的外部性问题。

以乔治梅森大学教授马克·萨果夫（Mark Sagoff）[1]为代表的部分学者对气候变化的经济学视角提出了几点质疑：

---

[1] Sagoff, M., "The Poverty of Economic Reasoning about Climate Change", *Philosophy and Public Policy Quarterly*, Vol. 30, No. 3/4, 2010, pp. 8–15.

首先，气候变化是集体行动问题吗？斯蒂芬·加德纳（Stephen Gardiner）[1]和萨果夫认为气候变化问题不宜采用集体行动逻辑进行分析。因为解决集体行动问题需要的是优势互惠，即每个人在解决该问题中获得的好处都需要远超过对应的损失，而气候变化存在着明显的时滞现象，当代人为减缓气候变化付出了巨大的努力，获得收益的却是未来的某一代，所以在利己假设下不存在足够的利益激励来促使当代人付出努力，气候变化问题永远无法通过集体行动获得解决。

其次，气候变化一定是市场失灵的吗？气候变化被经济学家们描述为"迄今为止规模最大和范围最广的市场失灵"[2]"典型的市场失灵，是一种传统的市场机制和自愿行为所无法纠正的外部性"[3]。但萨果夫认为外部性和市场失灵并不能用来解决气候变化问题，一般的污染事件中由于存在着污染者与受害者，双方协商涉及谈判和交易成本等问题，可以用市场失灵来解释，但是对于气候变化而言，典型的受害者尚不存在，交易的概念就不适用。对于可能受害的末代人而言，市场失灵所提供的模式可能会误导当代人理解减缓气候变化措施的正当动机和理由。

再次，限量与交易策略有用吗？经济学家对缓解气候变化所提出的主要措施之一是通过构建市场机制来有效地分配限制总量所许可的排污量。由于未来成本和未来参与者的难以估计，萨果夫指出：配额交易时的价格反映的或许不是温室气体减排的边际成本，而是投机者对是否维持规制体制的赌注。排放额是由政治系统设立和分配的，配额存在着无限量供应的可能，那么限量与交易策略很可能成为政治机构收买利益集团的工具，当代政府很难站在未来受害者的角度而放弃眼前利益去为其争取权益。

最后，经济学理论能否为气候变化提供有用的路径？萨果夫认为既然气候变化不是集体行动问题，也不能被理解为市场失灵，同时经济学所提供的限量和交易政策必然会失败，那么经济学就无法为气候变化提供有用的模型或方法。解决一代人对另一代人的亏欠，从道德观的角度（从漠不关心到利他主

---

[1] Gardiner, S. M., "A Perfect Moral Storm: Climate Change, Intergenerational Ethics and the Problem of Moral Corruption", *Environmental Values*, Vol. 15, No. 3, 2006, pp. 397–413.

[2] Nicholas Stern, "The Stern Review: The Economics of Climate Change", *Executive Summary*, 2006.

[3] Jonathan B. Weiner and Richard B. Stewart, "Practical Climate Change Policy", Issues in Science and Technology 20 (Winter 2003).

义)分析比从经济学角度(如效率与交换)分析更为合理。

上述质疑,实际上经济学家早有过思考与回应。前世界银行首席经济学家、伦敦政治经济学院教授尼古拉斯·斯特恩(Nicholas Stern)指出,气候变化问题在四个方面存在着特殊性:(1)在起源和影响上,它是全球性的;(2)影响长远,并受流量—存量进程的支配;(3)在科学链条上大部分环节存在着不确定性;(4)潜在影响非常大,且诸多影响不可逆。这四点原因使得气候变化经济学必须将以下几点作为讨论的核心:(1)针对风险和不确定性的经济学;(2)经济学和伦理之间的联系(在代内和代际存在着重大而潜在的政策取舍),以及他人与环境相关的权责观念;(3)国际经济政策的作用。[①] 上述质疑的核心其实是代际公平问题,而气候变化经济学的研究并不能忽视这一问题。当前经济学家在研究气候变化时,争议的核心问题之一正是代际贴现率的选择和代际框架的适用性,同时还有部分学者提出了代际利他假设,研究代际利他的资源分配模式。尽管这些研究还没有得出一致的结论,但贴现率的计算手段与方法正在不断精进,关于代际框架适用性和代际利他的讨论也从没有停止,经济学家正在尽己所能地为此做出努力。

总体来讲,上述争议大多属于经济学和伦理学之间的分歧,经济学正在不断地扩展研究范畴,通过福利经济学、行为经济学等将伦理的问题纳入思考,并综合化学、物理、生态、政治等因素,以便更好地解释和解决社会科学问题。无论是否认同经济学术语对气候变化的解释,都不可否认的是经济学对气候变化问题提供了新的视角,对帮助减缓气候变化贡献了理论基础和事实依据。

二 气候变化经济学的内涵和研究内容

气候变化经济学就是用经济学的视角研究气候变化问题。开展气候变化经济学研究的根本目的是为气候变化提供经济学理论支撑和实证分析支持,并为解决该问题(如减缓和适应气候变化等)提供规范的政策分析工具和指导性

[①] Stern N., "The Economics of Climate Change", *American Economic Review*, Vol. 98, No. 2, 2008, pp. 1-37.

结论。① 当前气候变化经济学研究的主要内容可以概括为以下三个部分：

第一，经济活动对气候变化的影响。IPCC第三次评估报告（2001年）和第四次评估报告（2007）均明确指出人类的经济活动（尤其是对化石能源的消费）使得大气中的温室气体不断增加，并将不断地影响全球气候。相关研究表明，对地球气候系统产生作用的人类活动影响因子主要包括二氧化碳等温室气体的排放、硫化物等气溶胶的排放以及土地利用、土地覆盖变化引起的陆地表面特性改变、人为辐射强迫改变等。②

人类活动排放了大量的促使大气增温的温室气体。尤其是西方工业化革命（1750年前后）以来，大气中的温室气体浓度显著增加，达到了过去42万年中的最高值。目前，多数科学家相信，大气中的大量温室气体是100多年来全球气候变暖的主要原因。在交通、建筑供热/制冷、水泥及其他产品制造过程中，大量燃烧的化石燃料导致了二氧化碳的显著增加；同时，森林的砍伐不但会释放二氧化碳还会减少植物对二氧化碳的吸收。自然过程中也会释放二氧化碳，如植物体的腐烂等。人类进行的农业生产、天然气输送、垃圾掩埋等有关活动，会导致甲烷的增加。自然过程中如湿地生态系统等也会向大气中排放甲烷。同样，人类活动也会排放氧化亚氮，如肥料的使用和化石燃料的燃烧。土壤和海洋中的一些自然过程也会释放氧化亚氮……

人类活动影响气候变化的另一个重要因素是对土地利用以及土地覆盖的变化。一方面，人类社会工业化发展、城市化进程等活动改变了对土地的使用方式，同时也改变了土地覆盖物的类型，这样的变化直接造成了陆地表面物理特性的变化，改变了陆表和大气之间的能量以及物质交换，影响了地表的资源能源平衡。另一方面，陆地表面上植被类型、密度和有关土壤特性的变化通常也会造成陆地区域中碳的存储以及通量的改变，从而使大气中温室气体的含量发生变化。

第二，气候变化对经济发展的影响。这主要包括气候变化对农业与生态、工业与能源、人口流动与人居环境、国际贸易等方面的研究，通过外部性视角和公共品视角，利用成本—收益分析等方法，对温室气体增

---

① 张莹：《气候变化问题经济分析方法的研究进展和发展方向》，《城市与环境研究》2017年第2期。

② 丁一汇：《气候变化科学问答》，中国环境出版社2018年版，第115页。

加带来的损失/成本进行定性和定量评估。研究气候变化对经济发展的影响可以有效揭示出气候变化所带来的问题，为采取相关治理行动提供可靠依据。

如何准确评估气候变化对经济发展造成的影响，始终是气候变化经济学研究的重点内容。从理论研究来看，以综合评估为视角、以确定最佳排放路径为目的，学者们构建了以下四种模型：（1）以诺德豪斯的 DICE（Dynamic Integrated Climate Economy）模型为基础的增长模型；（2）以 Ramsey-Cass-Koopmans 模型为基础的增长模型；（3）世代叠交模型；（4）内生增长模型。[1] 从实证研究来看，多数学者认为气候变化对经济增长总体上存在着负面影响，但负面影响程度存在着区域差异。

从中国的实际情况来看，气候变化对中国的影响利弊共存，但总体上弊大于利，[2] 对社会经济系统产生的影响是负面的、普遍的、持久的。有研究表明：我国经济每年因气候变化而减少的产出约占 GDP 总值的 4.7%。[3] 对于农业而言，气候变化造成了我国的粮食总产出下降、农产品品质降低、生产潜力下降等问题。对于水资源而言，气候变化加速了我国青藏高原的冰川消融，增加了水资源分配模式的不稳定性，加剧了"南涝北旱"；同时，水资源污染问题，更是令其雪上加霜。对于人口变动而言，气候变化导致的自然灾害增加会直接导致人口流动，影响人居环境。对于国际贸易而言，气候变化改变了国际贸易商品结构（如煤炭、石油贸易活动）、改变了国际贸易格局、使得国际贸易的运输风险和成本增加（如海运时面临的极端天气发生概率增加）、催生了新的国际贸易壁垒（如碳关税、碳标签等）。

第三，对气候变化问题的减缓方法研究。减缓气候变化的方法主要包括节能、减排、发展清洁能源、创新绿色技术、调整能源结构和产业结构等。例如，在国际减排层面上，《联合国气候变化框架公约》（United Nations Framework Convention on Climate Change，UNFCCC）第三次缔约方会议通过了《京都协议书》，在减缓气候变化的路径上提出了三种灵活机制：清洁发展机制（Clean Development Mechanism，CDM）、联合履约机制（Joint Implementation，

---

[1] 罗良文、茹雪、赵凡：《气候变化的经济影响研究进展》，《经济学动态》2018 年第 10 期。
[2] 《第三次气候变化国家评估报告》编写委员会：《第三次气候变化国家评估报告》，科学出版社 2015 年版，第 55 页。
[3] Fankhauser, S., "Valuing Climate Change: The Economics of the Greenhouse", *Routledge*, 2013.

JI）和排放权交易机制（Emission Trading，ET）。

同时，减缓气候变化的政策性工具主要包括：直接管制、税收、补贴、排污交易许可证等。直接管制，是指政府部门直接宣布该怎么做和不该怎么做，并且对执行部门进行监管，该方法对所有个体一视同仁，可以简洁高效地进行环境保护，但是灵活性差，可能会损害经济发展。税收和补贴属于激励型手段，税收是对违规物质的使用、生产和排放进行征税或罚款，补贴是指对违规物质的不使用、不生产和不排放进行奖励。排污交易许可证是指在污染物排放总量确定上限的情况下，将其分为若干个单位分配给污染排放者，排放者之间可进行污染排放权的交易。当然，每种政策工具都有其自身特点，实施效果也各不相同，哪种工具更优尚未有统一定论。

三　气候变化经济学的研究历程和研究进展

2018 年诺贝尔经济学奖得主——耶鲁大学教授威廉·诺德豪斯，是经济学界较早关注气候变化问题的学者（Nordhaus，1975、1977）。他对环境问题给经济增长带来的负面影响做出了缜密评估，从成本收益视角让人们知晓经济增长的代价究竟有多高，并建立了科学的测量体系来评估环境治理措施的效益，为决策部门提供参考。在他和众多经济学家的共同努力下，气候变化经济学逐渐形成并日益丰满。

从时间跨度上来讲，对气候变化问题的研究历程，可以分为四个阶段：[①]第一阶段（1982—1999 年）是气候变化研究的起步阶段，研究重点为气候变暖所带来的问题。在此阶段，大部分学者只关注到气候变暖这一现象，并为其后果产生担忧，而能够从经济学视角进行解释和对策研究的成果很少。第二阶段（2000—2004 年）开始将气候变化与经济相结合，研究重点为生活在北极地区的因纽特人面临的困境和农业部门遭受的损害。该阶段开始逐渐提出一些适应和减缓气候变化的措施。第三阶段（2005—2014 年）正式将气候变化纳入经济学分析范畴，研究内容涉及环境经济学、能源经济学、行为经济学、制度经济学、福利经济学等，并涌现出如斯特恩、诺德豪斯、威茨曼（Weitzman）等气候经济学研究的代表性人物。第四阶段（2015 年至今）气候经济学逐渐成为热门领域，学者们开始更多地利用经济学模型来解释气候变化、分

[①] 李博、冯俏彬：《气候变化经济学研究发展历程追踪》，《经济研究参考》2019 年第 9 期。

析气候变化产生的原因及后果。

在气候变化经济学发展历程中，一些研究成果具有非常重要的代表性意义。1992 年 Cline 首次运用经济学的成本—收益分析来评估气候变化带来的经济损失，[1] 从农业影响、海平面上升、林业损失、水资源短缺、空调电力需求增加等多个方面入手，开启了用成本—收益方法研究气候变化问题的先河。诺德豪斯于 1993 年建立了动态综合气候经济（DICE）模型用以测算减缓气候变化的有效途径，[2] 并于 1994 年出版了 *Managing the Global Commons*: *The Economics of Climate Change* 一书，介绍了关于构建碳循环系统和传统经济系统动态耦合的设想。[3] 2006 年斯特恩受英国政府委托，发表了题为 *The Economics of Climate Change*: *The Stern Review* 的报告，全面阐述了气候变化对经济、社会、环境等方面的影响，并提出要尽早采取减排措施以当前较低的成本来避免今后高额的损失。[4] 该报告随即引发了广泛热议，诺德豪斯[5]和威茨曼[6]均对其进行过评述，其被视为气候变化经济学的奠基之作。威茨曼从福利经济学视角出发，为研究气候变化问题提出了新的议题。阿杰（Adger）和帕里（Parry）等学者提出了气候脆弱性的问题，需要将气候的脆弱性引入当前的研究模型。

当前气候经济学研究的前沿热点是斯特恩提出的三个要点，即风险和不确定性问题、代际公平问题和国际公平问题。

（1）风险和不确定性。威茨曼列举了气候变化中三个重要的结构性不确定性问题：如何确定损失函数？如何对这些损失函数进行贴现？以及如何模拟

---

[1] Cline W. R., *The Economics of Global Warming*, Washington, D. C.: Institute for International Economics, 1992.

[2] Nordhaus, W. D., "Optimal Greenhouse-gas Reductions and Tax Policy in the 'DICE' Model", *The American Economic Review*, Vol. 83, No. 2, 1993, pp. 313 – 317.

[3] Nordhaus, W. D., *Managing the Global Commons*: *The Economics of Climate Change*, Vol. 31, Cambridge, MA: MIT Press, 1994.

[4] Stern N., *The Economics of Climate Change*: *The Stern Review*, Cambridge and New York: Cambridge University Press, 2006.

[5] Nordhaus, W. D., "A Review of the Stern Review on the Economics of Climate Change", *Journal of Economic Literature*, Vol. 45, No. 3, 2007, pp. 686 – 702.

[6] Weitzman, M. L., "A Review of the Stern Review on the Economics of Climate Change", *Journal of Economic Literature*, Vol. 45, No. 3, 2007, pp. 703 – 724.

未来温度上升的动态不确定性?① 这些不确定性的最新研究进展包括：气候灾难发生的后尾分布、动态时间贴现率、损失函数的设定、期望净现值和期望净远期值等。

（2）代际公平问题。世代交叠模型是当前经济学研究中用来解决代际公平问题时的常用方法，但如何设定恰当的代际贴现率仍具争议。对于代际贴现率代表性的观点有两种：伦理派（prescriptionist）强调公平，主张较低的时间偏好率和边际效用弹性，从而获得一个较低的贴现率；市场派（descriptionist）强调效率，使用的时间偏好率和边际效用弹性均较高，因此贴现率也相对较高。代际利他假设是解决传统经济学人假设与代际伦理冲突的另一条思路，在对当代人资源消费决策进行研究时取消偏好的良好性状假设，即允许消费者无差异曲线与预算约束线存在着多个均衡选择点，同时允许偏好动态调整，即允许违背偏好的可传递性，就可以实现代际利他的资源分配模式。②

（3）国际公平问题。联合国政府间气候变化专门委员会（IPCC）指出，气候变化问题中遭受不利影响最大的是发展中国家和贫困群体，③ 气候变化的外部性特征决定了其在国际上的不公平属性。关于国际不公平的解决方案，主要有以下几种观点：第一种按照纵向公平原则（高收入人群需要承担更高的责任），各国承担的减排责任应当与人均 GDP 相一致；第二种按照谁破坏谁治理的原则，谁排放出的温室气体最多、对环境的破坏程度最大，谁的减排责任就更高；第三种按照机会公平原则，发展中国家应该像发达国家一样获得工业化的机会，因此发展中国家所受到的环境管制应该更加宽松。此外，还有一些学者提出了综合性的观点，如 Sheeran 将大气作为公共品交易，提出有效率的减排方案是发达国家要么进行更多减排，要么实施财富转移以平衡消费的边际效

---

① Weitzman, M. L., "What is the 'Damages Function' for Global Warming—And What Difference Might it Make?", *Climate Change Economics*, Vol. 1, No. 01, 2010, pp. 57 – 69.

② 刘昌义：《气候变化经济学中贴现率问题的最新研究进展》，《经济学动态》2012 年第 3 期。

③ IPCC, "Managing the Risks of Extreme Events and Disasters to Advance Climate Change Adaptation", *A Special Report of Working Groups I and II of the Intergovernmental Panel on Climate Change*, Field, C. B., et al. (eds.), Cambridge University Press, 2012. IPCC, "Climate Change 2014: Impacts, Adaptation, and Vulnerability. Part A: Global and Sectoral Aspects", *Contribution of Working Group II to the Fifth Assessment Report of the Intergovernmental Panel on Climate Change* [Field, et al. (eds.)], Cambridge University Press, 2014.

用;[1] Baer 等建议以历史责任和支付能力相结合来确定各国的减排责任;[2] 樊纲等认为应当根据最终消费来衡量各国碳减排责任;[3] Griggs 等指出气候问题的解决必须与联合国消除贫困和保障人类福祉的目标结合起来考虑;[4] Rogelj 等认为《巴黎协定》的目标达成还需要采取行动对现有国家的自主贡献预案进行加强。[5] 但无论按照哪种方案确定减排责任,都需要一个有效的国际合作机制。因此,构建一种国际公平的分担框架是解决气候变化问题的重中之重。

四 减缓气候变化的必要性与可行性

(一) 减缓的必要性

全球气候大系统是由地球气候—生态环境—人类经济活动等子系统所构成的,它们相互作用,是复杂的、非线性的、具有正向和负向的多重反馈的连续系统,再加上该系统具有动态性、区域差异性以及不确定性,挖掘全球气候变化的主要因素非常困难。但是,学术界基本达成的共识认为:人类社会经济活动排放的大量温室气体(GHG),破坏了大气中的碳平衡,并引发温室效应,从而引起全球气候变化,甚至加剧了全球气候变暖。早在 1896 年,诺贝尔物理化学奖获得者阿伦尼乌斯(Arrhenius, 1896)就曾预测,化石能源的使用,增加了 CO_2 排放,导致全球气候变暖。

当今社会,地球是唯一家园,无人能置之度外,逃逸责任。人类只有反思自己的社会经济活动方式,才能有效遏制全球气候变暖的趋势。自 18 世纪 60 年代以来的工业文明,倡导功利主义价值观、效用最大化财富观、依赖化石能源线性生产观、奢靡型高消费观,导致南北贫富差距扩大、世界资源枯竭、全球气候变暖,造成生态环境危机,使得人类没有选择余地,必须减缓碳排放。

在中国,工业化、城镇化过程的快速推进使得环境污染问题日益突出。

---

[1] Sheeran, K. A., "Who Should Abate Carbon Emissions? A Note", *Environmental and Resource Economics*, Vol. 35, No. 2, 2006, pp. 89-98.

[2] Baer, P., Athanasiou, T., & Kartha, S., The Right to Development in a Climate Constrained World: The Greenhouse Development Rights Framework, 2007.

[3] 樊纲、苏铭、曹静:《最终消费与碳减排责任的经济学分析》,《经济研究》2010 年第 1 期。

[4] Griggs, D., Stafford-Smith, M., Gaffney, O., et al., "Policy: Sustainable Development Goals for People and Planet", *Nature*, Vol. 495, No. 7441, 2013, p. 305.

[5] Rogelj, J., Den Elzen, M., Höhne, N., et al., "Paris Agreement Climate Proposals Need a Boost to Keep Warming Well Below 2℃", *Nature*, Vol. 534, No. 7609, 2016, p. 631.

70%的江河湖泊、50%的地下水、16%的土壤面积遭受污染，空气污染覆盖100多个大中城市。2006年，我国已经成为世界上最大的温室气体排放国（NEAA，2008）；2015年，十个污染最严重的城市中有七个在中国（WHO，2016）……虽然近几年我国的生态环境恶化的趋势有所好转，部分地区有所改善，但总体环境形势依然相当严峻，不容乐观。我国是世界上人口最多的国家，截至2017年末，中国大陆总人口为13亿9008万人（中国统计摘要，2018）。受人口过多过快增长的影响，虽然我国资源总量大、种类多，但人均占有量少、资源相对短缺；且经济增长方式粗放，开发不合理，利用率低，资源浪费严重，整体接近资源环境承载力极限。

因此，为应对全球气候变化，人类必须全力以赴改变社会经济活动方式，全方位、多层次、多尺度减缓碳排放。减少化石能源（煤炭、石油、天然气等）消费和增加可再生能源（太阳能、水能、风能、生物质能、潮汐能、海洋温差能、地热能、核能等）的使用。倡导各部门低碳技术创新与低碳生产，居民低碳消费与低碳出行，低碳循环利用，增强地球生态系统的固碳能力和增加碳元素的储藏量，加强社会—市场—政府协同创新能力与减缓碳排放能力建设，实现全球区域的低碳与减排行动。

（二）减缓的可行性

减缓碳排放的可行性研究，是运用多种科学手段（包括技术科学、社会学、经济学、系统工程学等）对减缓碳排放的可行性与合理性进行技术经济论证的综合科学。其包含丰富的研究内容，如技术可行性、经济可行性、政策可行性、道德可行性等。

第一，从技术角度，减缓碳排放是可行的。虽然二氧化碳的减排存在很大的技术难度，目前，主要有4种技术方向和选择。首先，加速技术改造进程，提高能效，减少能耗，实现削减二氧化碳排放。其次，发展清洁能源技术、可再生能源技术、新能源技术等来替代传统的化石能源。再次，创新碳埋存技术，就是寻找到适宜封存二氧化碳并使其与大气完全隔绝的地质层，来取代直接向大气中排放CO_2的技术。往深地质结构层和深海中注入CO_2并封存，虽然埋存能力巨大，但能否确保在长时期内稳定存储值得商榷。最后，发展生物碳汇技术。陆地生态系统对CO_2的吸收是一种自然碳封存过程，虽然效率低一些，但生物碳汇技术相对成熟，尤其是森林碳汇技术，但其缺点是受到土地利用的限制。巴黎气候变化大会期间，联合国环境规划署和欧洲专利局于2015

年12月8日联合发表的报告显示，从1995年到2011年，全球气候变化减缓技术类发明增加了5倍。[①]

第二，从经济角度，减缓碳排放是可行的。传统研究认为，大多数国家经济发展符合环境库兹涅茨曲线（Environmental Kuznets Curve，EKC），就是经济发展与环境污染呈倒U形曲线关系，即经济发展水平较低时，环境污染程度较轻，随着人均收入的增加，环境污染加剧，但当经济发展到"拐点"以后，随着人均收入的增加，反而减缓了环境污染，环境质量得到改善。基于此，许多国家担忧，环境治理会减缓经济发展，增加失业等。但需要指出的是，环境库兹涅茨曲线只是经验证据，并非理论结论。即使是经验证据，也存在着许多问题，如曲线形态上，环境—收入理论关系可能存在其他形态。从时间来看，EKC可能短期成立，但长期可能不成立；斯特恩（Stern，2004）认为，EKC的统计基础非常脆弱。与此相应，波特（Porter，1991）提出企业竞争战略行为理论，并将该理论应用于环境领域，就是"波特假说"（Porter and Linde，1995）。该假说认为，适当的环境规制可以刺激企业进行技术创新，提高产品质量，盈利能力更强，抵消环境保护的成本，有可能使企业在市场上获得竞争优势。这样，减缓碳排放与经济发展可以获得双赢的局面。总之，在可持续发展框架背景下，减缓碳排放不仅是必要的，而且是可行的。

当然，我们也要科学、理性地认识到：人类虽然已经开始关注和应对气候变化，并了解到其必要性与可行性；然而，无论是自然科学模型还是经济评估模型都有其自身的局限性，使得气候风险常常被低估。例如，以成本—收益分析为基本研究范式的经济模型，通常因假设经济增长的内生性、气候变化损害的温和性与风险评估的有限性，造成气候变化风险被低估。[②] 因此，有学者认为气候风险可能才是全球经济中最大的"灰犀牛"事件。这也是全球气候变化经济学家当前面临的重要科学命题，一些适用于全球或我国国情的经济学理论、模型和方法仍有待未来进一步的研究和探索。

气候变化问题，无时无刻不影响着人类的生存、生产和生活。作为一项全

[①] 张晓茹：《气候变化减缓技术类发明增长迅速》（2015年12月9日），2018年8月6日，新华网（http：//www.xinhuanet.com/world/2015 - 12/09/c_ 1117409089.htm）。

[②] 陈诗一、林伯强：《中国能源环境与气候变化经济学研究现状及展望——首届中国能源环境与气候变化经济学者论坛综述》，《经济研究》2019年第7期。

球性问题，无论是发达国家还是发展中国家都要积极面对，纵使前路曲折，也需砥砺前行。本章阐述了气候变化的经济学视角及相关争议，解读了气候变化经济学的内涵及其发展历程，并简要介绍了应对气候变化的必要性与可行性。为全书的展开，进行了有效铺垫。

延伸阅读

1. 陈诗一、林伯强：《中国能源环境与气候变化经济学研究现状及展望——首届中国能源环境与气候变化经济学者论坛综述》，《经济研究》2019年第7期。

2. 陆旸：《从开放宏观的视角看环境污染问题：一个综述》，《经济研究》2012年第2期。

3. 杨果、叶家柏：《中国真的承担了更少的碳减排任务吗？》，《管理世界》2018年第11期。

练习题

1. 气候变化会对人类社会带来哪些方面的影响？
2. 人类活动如何影响全球气候变化？
3. 中国政府近年来出台了哪些政策用于减缓碳排放？为什么说减缓碳排放是必要的，也是可行的？

第二章

与长期减缓碳排放目标相适应的应对气候变化行动路径

《巴黎协定》要求全球排放尽早达峰,并在21世纪下半叶实现碳中和。2℃目标下,多数情景要求全球排放在2015年左右达峰,少数情景下可以将达峰时间推迟到2030年。1.5℃目标下全球碳排放达峰的时间要求进一步提前,多数情景要求全球排放在2015年以前达到峰值,最晚不能超过2020年达峰……如何实现上述目标?本章将深入探索全球温室气体排放的现状、趋势及驱动力,解析全球与中国应对气候变化行动与减缓碳排放长期目标,从而挖掘与长期减缓碳排放目标相适应的应对气候变化行动路径。

第一节 全球温室气体排放:现状、趋势与驱动力

一 全球温室气体排放现状、趋势及其驱动力

(一)全球及主要经济体温室气体排放现状、趋势

1. 温室气体排放总量及构成变化趋势

IPCC第五次评估报告进一步强化了人为活动温室气体是造成全球气候变化主要原因的科学结论(IPCC,2013)。从各温室气体排放的贡献量看,二氧化碳所占比例最大,其次依次为甲烷、一氧化二氮和含氟气体。2015年,全球温室气体排放总量中,二氧化碳占比为76%,甲烷、一氧化二氮和含氟气

体所占比重分别为16%、6%和2%。[1] 从温室气体排放量的变化趋势看,温室气体总量基本呈不断上升趋势。以全球CO_2排放量为例(见图2-1),从图中显示的年份看,1970年以来,CO_2排放量一直处于稳步增长的趋势,特别是2010年之前,增速较快。但值得注意的是,2014年以来CO_2的增速有所放缓。

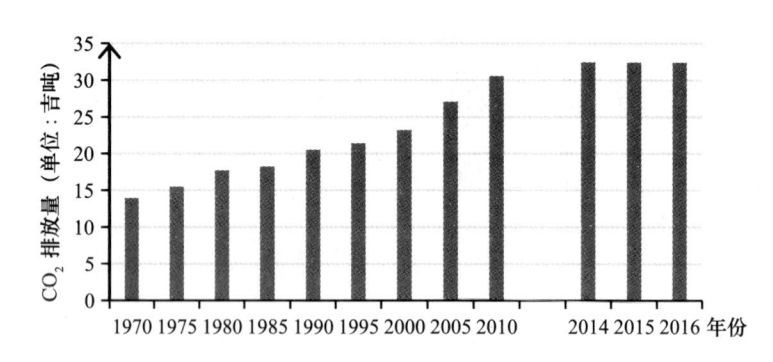

图2-1 全球能源相关CO_2排放量变化

资料来源:International Energy Agency, World Energy Outlook 2017, IEA, 2017.

2. CO_2排放源:燃料种类构成,部门构成变化

世界资源研究所(World Resources Institute, WRI)列出了从1990年到2014年分部门全球温室气体排放历史变化趋势。从图2-2可以看出,能源的使用是造成全球温室气体排放的最大原因,其后依次是农业部门、工业生产过程,土地利用变化和林地以及废物的使用。2014年,全球能源的使用排放的温室气体是剩余四个之和的近3倍,因能源使用导致的温室气体排放从1990年起一直是一个明显上升的趋势,工业生产过程呈缓慢上升趋势,土地利用变化和林地的温室气体排放呈缓慢下降趋势,农业部门和废弃物的处理保持在一个相对稳定的水平。

国际能源署(International Energy Agency, IEA)的研究也得出类似的结论,从1990年至2016年全球每年CO_2排放增长的主要贡献部门是电力部门,平均每年的CO_2增长量均在200兆吨CO_2以上,其次是交通部门和工业部门,两者每年的CO_2增长量合计在200兆吨CO_2左右。这些部门构成及其变化是从

---

[1] U. S. Environmental Protection Agency, "Inventory of U. S. Greenhouse Gas Emissions and Sinks 1990-2015", https://www.c2es.org/content/international-emissions/, EPA, 2017.

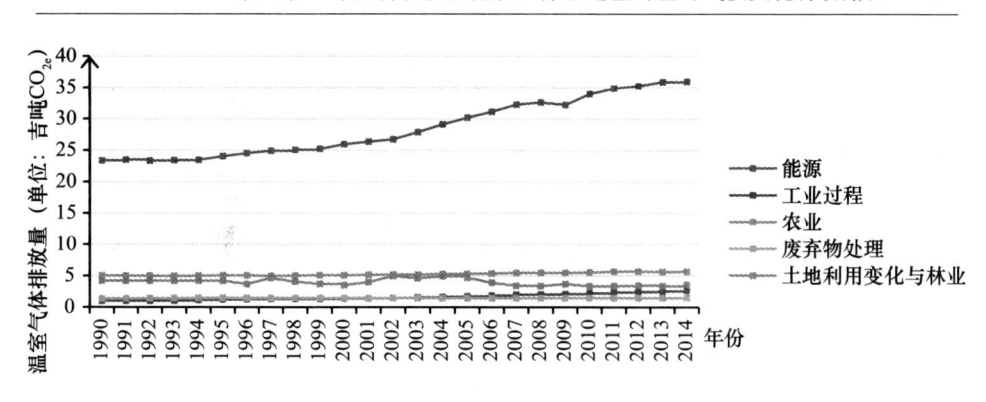

图 2-2 全球分部门温室气体排放

资料来源：世界资源研究所。

全球的角度看，实际上处于不同经济发展阶段的国家 CO_2 排放的主要部门构成有所差异，一般而言，发达国家的 CO_2 排放主要来自交通和建筑部门，而发展中国家 CO_2 排放主要来自工业部门。

根据以上对全球温室气体排放现状和驱动力的分析可知：第一，全球温室气体自 1990 年以来排放量稳步上升，其中二氧化碳占最大比例，其后依次是甲烷、一氧化二氮和含氟气体；第二，从排放的部门构成看，全球温室气体贡献最大的是能源的使用（占 70% 左右），其后依次是农业部门、工业生产过程和废弃物的使用，但处于不同发展阶段的国家碳排放的主要部门构成有所不同；第三，加快二氧化碳排放量的削减，减少化石能源的使用，引进节能减排技术，扩大使用新能源、可再生能源，转变经济发展模式等是控制全球温室气体排放量的有效措施，也是实现全球低碳发展的主要途径。（见图 2-3）

（二）排放驱动——卡亚分解

卡亚公式分别从人口、人均国民生产总值（人均 GDP）、单位 GDP 能耗和单位能耗碳强度四个方面说明这些因素及其未来增长速度对温室气体排放和减排进程的影响。同时，分析这些影响因素也可帮助人们识别减排潜力和具体措施。

进一步来讲，影响温室气体排放及其增长的主要因素包括：（1）人口增长及城镇化进程；（2）人均 GDP 及收入水平；（3）能源消费强度；（4）能源结构，它们之间也存在相互影响的作用。

借助卡亚公式对全球及主要排放国 1990 年以来的碳排放增长趋势进行驱

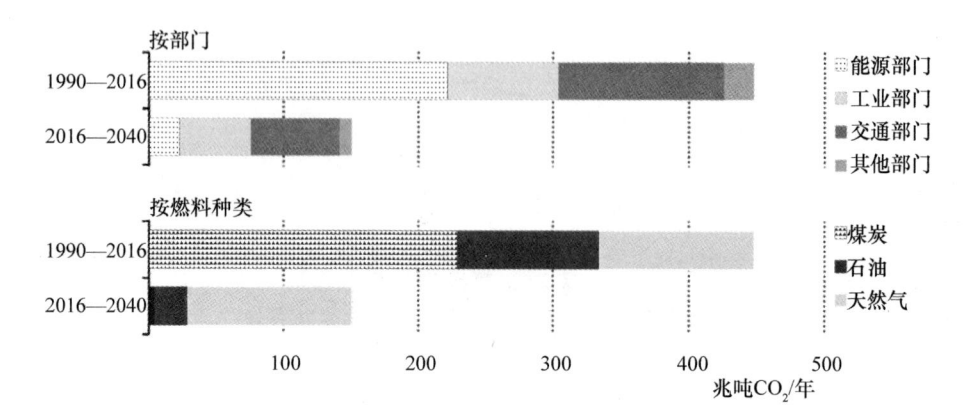

图 2-3 新政策情景中每年 CO_2 排放增长部门构成和燃料构成

资料来源：国际能源署。

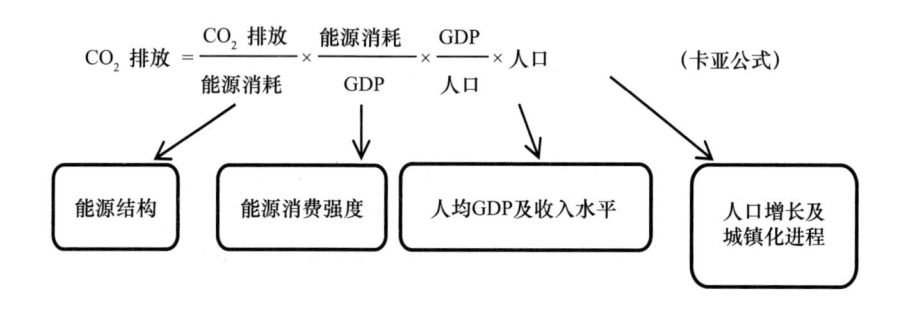

$$CO_2 \text{ 排放} = \frac{CO_2 \text{ 排放}}{\text{能源消耗}} \times \frac{\text{能源消耗}}{GDP} \times \frac{GDP}{\text{人口}} \times \text{人口} \quad (\text{卡亚公式})$$

- 能源结构
- 能源消费强度
- 人均GDP及收入水平
- 人口增长及城镇化进程

动因素分解分析，如图 2-4 至图 2-8 所示。从全球来看，2015 年相对于 1990 年的 CO_2 排放量增长约 57.5%，主要驱动因素为 GDP 的增长，其次为人口增长。其中，2015 年相对 1990 年人均 GDP 增长 65.3%，人口增长 38.9%。与之相反的是，能源强度对碳排放的增长起负向抑制作用，相比 1990 年能源强度呈持续下降的趋势，到 2015 年下降至原来的 67.7%。另外，从碳强度因素看，1990 年以来碳强度的变化幅度不大，几乎没有变化。

不同国家或经济体 CO_2 排放增长趋势和幅度，以及 CO_2 排放增长的驱动因素有所不同。具体而言，发达国家或经济体，其 CO_2 排放量的增长幅度很小或是负增长，特别是 2005 年以来 CO_2 的增长率呈现明显的下降趋势。从 KAYA 分解的驱动因素看，人口和人均 GDP 因素仍然是发达国家、经济体 CO_2 排放增长的主要驱动因素，而能源强度和碳强度因素对碳排放的增长起负向抑制作用。总体而言，人口和人均 GDP 两者对 CO_2 排放增长的拉动作用越来越抵不

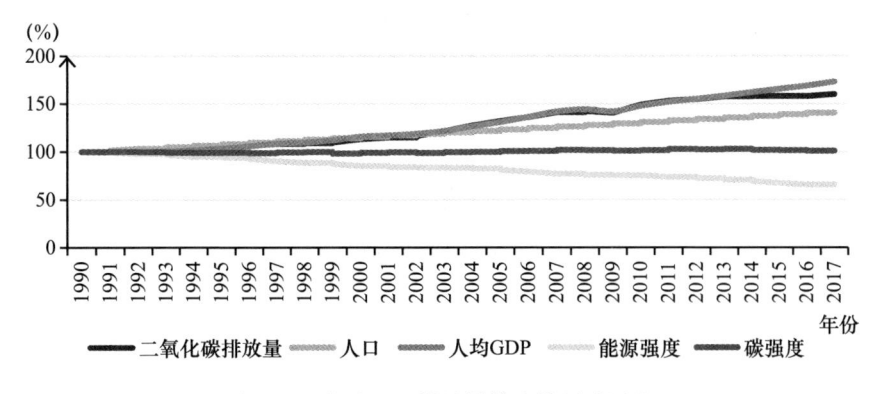

图2-4 全球CO_2排放增长及其驱动因素

注：以1990年为基准年，以后每年相对1990年的排放变化及其驱动因素变化。

资料来源：International Energy Agency，CO_2 Emission from Fuel Combustion，IEA，2017.

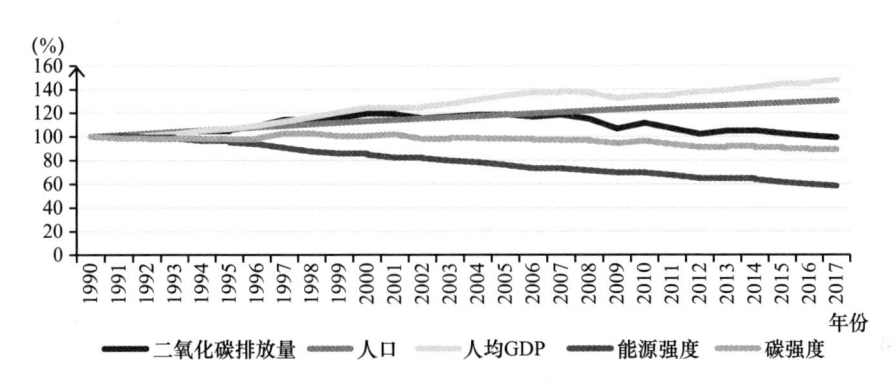

图2-5 美国CO_2排放增长及其驱动因素

注：以1990年为基准年，以后每年相对1990年的排放变化及其驱动因素变化。

资料来源：International Energy Agency，CO_2 Emission from Fuel Combustion，IEA，2017.

过能源强度和碳强度下降对CO_2排放增长反向抵消作用，从而发达国家CO_2排放增长较慢。以美国和欧盟为例，2015年，美国CO_2排放相对1990年的增长率为4.1%，欧盟的CO_2排放量呈下降趋势，仅为1990年的79.5%。从CO_2排放的驱动因素看，人均GDP是最主要的驱动因素，美国和欧盟2015年人均GDP相对1990年均增长约42%，驱动CO_2排放增长的第二个因素是人口，但驱动力很小，美国和欧盟2015年人口相对1990年均增长在5%左右。对美国而言，2015年能源强度和碳强度相比1990年的下降幅度分别在37.6%和

8.9%；而欧盟两者的下降幅度在36.3%和17.5%左右。

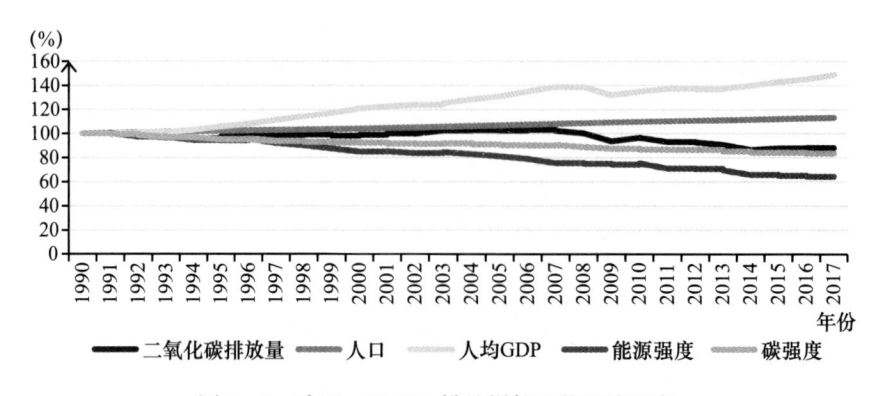

图2-6 欧盟—28 CO$_2$排放增长及其驱动因素

注：以1990年为基准年，以后每年相对1990年的排放变化及其驱动因素变化。

资料来源：International Energy Agency, CO$_2$ Emission from Fuel Combustion, IEA, 2017.

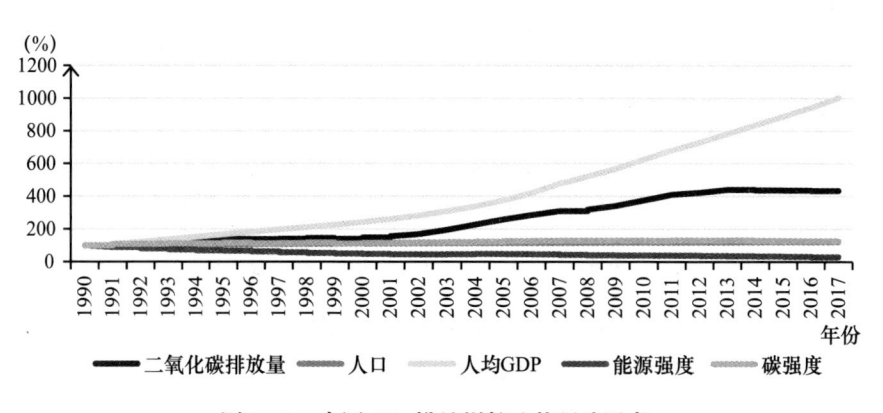

图2-7 中国CO$_2$排放增长及其驱动因素

注：以1990年为基准年，以后每年相对1990年的排放变化及其驱动因素变化。

资料来源：International Energy Agency, CO$_2$ Emission from Fuel Combustion, IEA, 2017.

对发展中国家或经济体而言，其CO$_2$排放量的增长幅度很大，尤其是2005年以来CO$_2$排放呈现明显的快速增长趋势。从KAYA分解的驱动因素看，人均GDP、人口、碳强度三个因素均对CO$_2$排放的增长起推动作用，只有能源强度起抑制CO$_2$排放增长的作用，其中，由于发展中国家经济的快速发展，工业化进程的推进，其人均GDP对CO$_2$排放增长起最重要的拉动作用，而能源强度起到的负作用不大，从而发展中国家的 CO_2 排放呈现快速增长的趋势。以中国和印度为例，从 CO_2 排放的驱动因素看，两国 2015 年人均 GDP 相对 1990 年均翻倍增长，增长率分别为 789.2% 和 223.4%，此外，2015 年两国人口和碳强度相对 1990 年的增长率也在 20% 以上，甚至达到 50%，可知这两者带来的碳排放也只增不减。相比之下，在中国和印度两国能源强度仅下降 68.2% 和 42.8% 的情况下，两国的 CO_2 碳排放量必然会呈现翻倍增长。

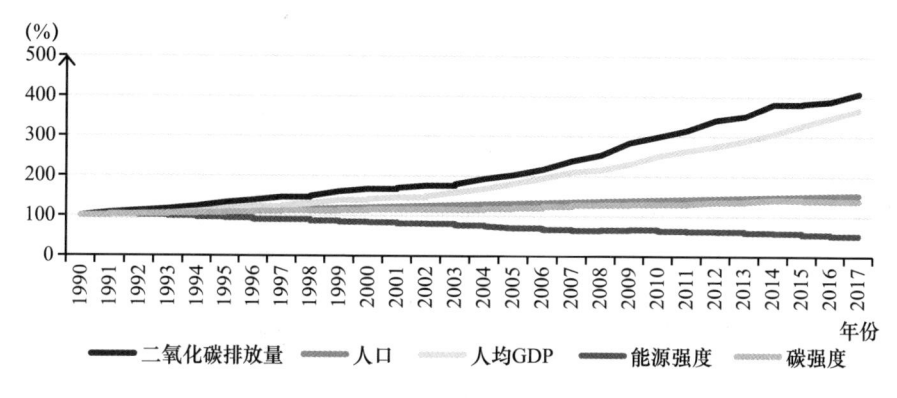

图 2-8　印度 CO_2 排放增长及其驱动因素

注：以 1990 年为基准年，以后每年相对 1990 年的排放变化及其驱动因素变化。
资料来源：International Energy Agency, CO_2 Emission from Fuel Combustion, IEA, 2017.

二　《巴黎协定》下 2 度/1.5 度目标对全球碳预算及排放路径的要求

（一）1.5℃和 2℃目标下的全球剩余碳预算

2℃和 1.5℃情景，以及 2℃情景的不同子情景之间，在累积排放、关键时间点的减排要求、实现排放峰值及碳中和的时间要求和对负排放技术的需求等方面，都存在很大不同（见表 2-1、图 2-9 至图 2-12）。

2℃目标下，全球 2011—2100 年累积碳排放为 1020（690—1250）吉吨 CO_2（括号外为中位数，括号内为 10% 和 90% 分位数，下同）。相对于 2℃目标，1.5℃目标下的全球碳预算将进一步削减一半以上，仅剩余 460（160—580）吉吨 CO_2。2010 年全球能源燃烧和工业过程相关的 CO_2 排放为 33.8 吉

表2-1 2℃和1.5℃目标下全球累积排放空间和排放路径

情景类别	子情景	情景数量	累积CO$_2$排放（不包括LULUCF）（吉吨CO$_2$） 2011—2050	累积CO$_2$排放（不包括LULUCF）（吉吨CO$_2$） 2011—2100	相对2010年CO$_2$排放的下降率/% 2030	相对2010年CO$_2$排放的下降率/% 2050	CO$_2$排放年均下降率/% 2020—2030	CO$_2$排放年均下降率/% 2030—2050	实现碳排放峰值时间（年）	实现碳中和的时间（年）
1.5℃情景	全部情景	37	690 (540—850)	460 (160—580)	37 (16—59)	89 (79—112)	3.1 (1.5—4.0)	4.0 (3.1—5.7)	2015前 (2015前—2020)	2060 (2050—2075)
2℃情景	全部情景	249	960 (670—1290)	1020 (690—1250)	17 (−25—50)	63 (21—83)	1.5 (−1.0—5.1)	2.7 (1.3—4.3)	2015 (2015前—2030)	2080 (2060—2100后)
2℃情景	现有政策路径	37	1140 (960—1290)	1030 (880—1250)	−17 (−25—−11)	67 (21—83)	−0.4 (−1.0—−0.1)	3.6 (1.9—4.3)	2030 (2020—2030)	2070 (2060—2100后)
2℃情景	NDC路径	37	1100 (940—1180)	1020 (690—1250)	3 (−5—11)	57 (36—79)	0.7 (−0.1—1.7)	2.9 (1.9—3.9)	2020 (2015前—2030)	2070 (2060—2090)
2℃情景	强化NDC路径	99	970 (850—1080)	1020 (810—1250)	16 (3—23)	60 (42—80)	1.5 (0.4—3.6)	2.7 (1.7—3.8)	2015前 (2015前—2020)	2080 (2065—2100后)
2℃情景	最小成本路径	76	850 (670—960)	920 (810—1240)	30 (23—50)	65 (48—83)	2.1 (1.0—5.1)	2.4 (1.3—3.3)	2015前 (2015前—2020)	2090 (2070—2100后)

吨。① 因此如果全球排放维持在2010年的水平上，则2℃目标下的全球剩余碳预算仅够排放30年左右，而1.5℃目标下全球剩余碳预算的耗竭时间还不到15年。需要强调的是，尽管温升与累积排放之间存在近似线性关系，但比例参数存在较大不确定性，其上下限差距可能达到2倍以上。②③ 因此将2℃和1.5℃目标转换为全球及各国的减排目标和政策行动时，不能简单地依赖一组情景、选取碳预算的某一个值，而需要充分考虑累积排放的不确定性。

2℃路径下不同减排时点的选择，不会影响2011—2100年剩余的碳预算，但会对累积排放的分布造成很大影响（见表2-1、图2-9）。近期减排力度越弱的情景，2011—2050年累积排放越高，相应地，2051—2100年累积排放越低。而近期减排力度越高的情景，则与之相反。因此延迟近期的减排行动，本质上就是将减排要求向后推，导致21世纪下半叶所允许的排放量被大幅压缩，甚至为负值，给未来减排带来了很大困难。

更为严格的碳预算约束相匹配，1.5℃目标下关键时间点的减排幅度要求，也比2℃目标更高（见表2-9、图2-10）。2℃目标下，全球2030年和2050年CO_2排放相对2010年分别需要下降17%（-25%—50%）和63%（21%—83%）。而1.5℃目标下，下降幅度则分别提高到37%（16%—59%）和89%（79%—112%）。1.5℃目标下要求2020年以后立刻快速减排，2020—2030年间年均排放下降率达到3.1%（1.5%—4.0%），是2℃目标下减排率的2倍。2℃目标的不同子情景之间，近期和中期减排要求存在负相关关系。2020—2030年近期减排力度越高，则2030—2050年年均排放需要下降的幅度越低，提高近期减排行动的力度，能够有效减轻中长期减排的挑战和压力。

《巴黎协定》要求全球排放尽快达峰，并在21世纪下半叶实现碳中和。2℃目标下，多数情景要求全球排放在2015年左右达峰，少数情景下可以将达峰时间推迟到2030年（见表2-9、图2-11）。1.5℃目标下全球碳排放达峰的时间要求进一步提前，多数情景要求全球排放在2015年以前达到峰值，最

---

① World Resources Institute, Climate Analysis Indicators Tool (CAIT), http://cait.wri.org.
② IPCC, *Climate Change 2014: Mitigation of Climate Change, Working Group III Contribution to the Fifth Assessment Report of the Intergovernmental Panel on Climate Change*, Cambridge: Cambridge University Press, 2014.
③ IPCC, *Climate Change 2013: The Physical Science Basis. Contribution of Working Group I to the Fifth Assessment Report of the Intergovernmental Panel on Climate Change*, Cambridge: Cambridge University Press, 2013.

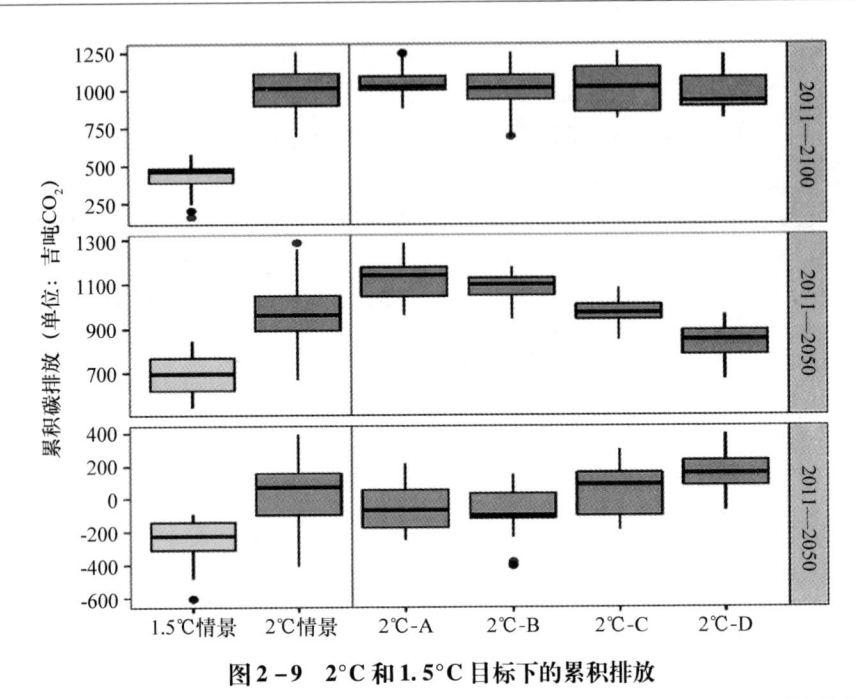

图 2-9　2℃和 1.5℃目标下的累积排放

注：（1）每个箱体中间黑线代表中位数，上下边框代表上下四分位数，两端竖线的顶点代表最大值和最小值，独立的点代表与其他结果差异较大的值，下同；（2）Y 轴坐标不同。

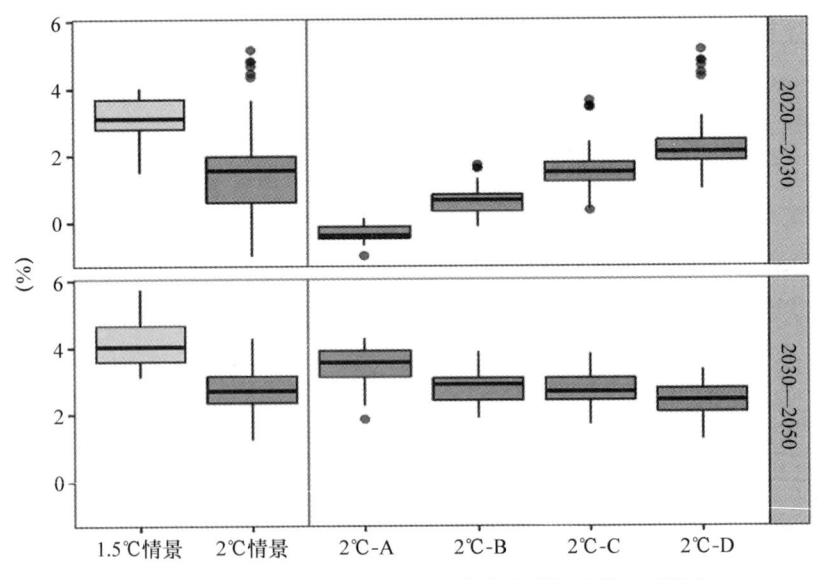

图 2-10　2℃和 1.5℃目标下近期和中期年均排放下降率

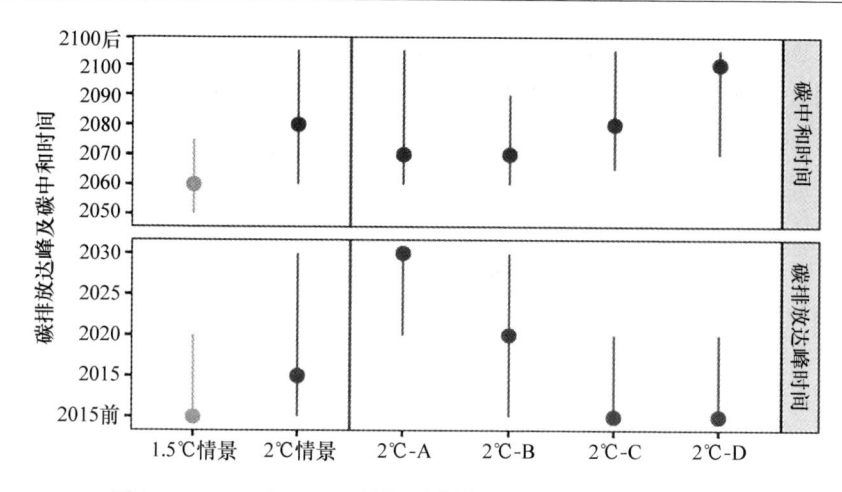

图 2-11 2℃ 和 1.5℃ 目标下碳排放达峰和碳中和时间（年）

注：(1) 每条线段的端点代表最大值和最小值，线段中间的点代表中位数；(2) Y轴坐标不同。

晚不能超过 2020 年达峰。在碳中和时间上，1.5℃情景比2℃情景提前20年左右，在最严格的情况下需要在2050年实现零排放。延迟近期的减排行动，在推迟排放达峰时间的同时，将提高中长期的减排要求，从而使碳中和时间提前。现有政策路径情景下，全球排放可以晚至2030年达峰，但同时需要在2070年左右实现零排放。而在最小成本路径情景下，立即采取积极的减排行动，尽早达到峰值，使得实现碳中和的时间推迟到21世纪末，给未来的低碳转型留出了较为充裕的时间。

要实现碳中和，一种选项是减少化石能源的使用直至为零，另一种选项是应用负排放技术（例如生物质能+CCS技术等），抵消使用化石能源产生的排放。负排放技术的应用，将使得大气中CO_2存量减少、浓度下降，相当于产生了"负"的排放。当某年份负排放的绝对量大于由化石能源和工业过程产生的正排放时，则该年份的CO_2排放为净负排放。将出现净负排放的年份的排放量进行加总，就得到了累积净负排放。累积净负排放数值的大小，代表了对负排放技术总体的依赖程度。与2℃目标相比，实现1.5℃目标对负排放技术的依赖更大（见表2-1、图2-12）。2℃目标下累积净负排放量为50（5—160）吉吨CO_2，同时有不少情景可以在完全不依赖净负排放的情况下实现目标。而对于1.5℃目标累积净负排放量为230（165—310）吉吨CO_2，且所有情景都需要依赖负排放技术的大规模应用。而在2℃目标子情景中，延迟近期的减排行动,也将带来对负排放技术需求的增加。

因此,2℃目标可以通过使经济发展与化石能源使用逐步"脱钩"来实现。而由于1.5℃目标对负排放技术的需求,使得1.5℃目标的实现,不能仅仅依赖提高能源效率、增加可再生能源比重等现有常规的低碳措施,而必须要大规模依赖目前尚不成熟且较为昂贵的负排放技术。这将大大提高实现目标的成本,并且可能存在较大的技术挑战和技术风险。[①] 而部分负排放技术,如太阳能辐射管理等,还可能带来破坏生态平衡等环境风险。

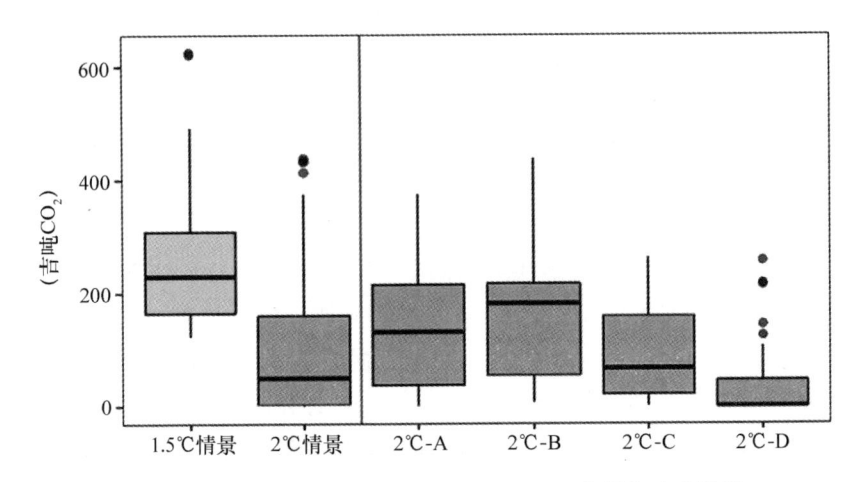

图 2-12 2℃和1.5℃目标下2011—2100年累积净负排放

（二）2℃和1.5℃目标下的全球排放路径

图2-13展示了1.5℃和2℃情景的10%和90%分位数区间。2℃目标下,部分情景近期（2030年以前）减排力度较弱,2030年排放相对2010年进一步上升。同时有部分情景可以在21世纪末不需要实现净负排放的情况下实现2℃

---

① Anderson K., Peters G., "The Trouble with Negative Emissions", *Science*, Vol. 354, No. 6309, 2016, pp. 182 – 183. Fuss A., Canadell J. G., Peters G. P., et al., "Betting on Negative Emission", *Nature Climate Change*, Vol. 4, No. 10, 2014, pp. 850 – 853. IPCC, *Climate Change 2014: Mitigation of Climate Change, Working Group Ⅲ Contribution to the Fifth Assessment Report of the Intergovernmental Panel on Climate Change*, Cambridge: Cambridge University Press, 2014. Kartha S., Dooley K., "The Risks of Relying on Tomorrow's 'Negative Emissions' to Guide Today's Mitigation Action", *Stockholm Environment Institute Working Paper*, 2016.

目标。与2℃情景相比，1.5℃目标下，近期减排力度要求较高，2020年以后所有情景的排放均开始下降，同时在21世纪末需要较大规模地应用负排放技术。

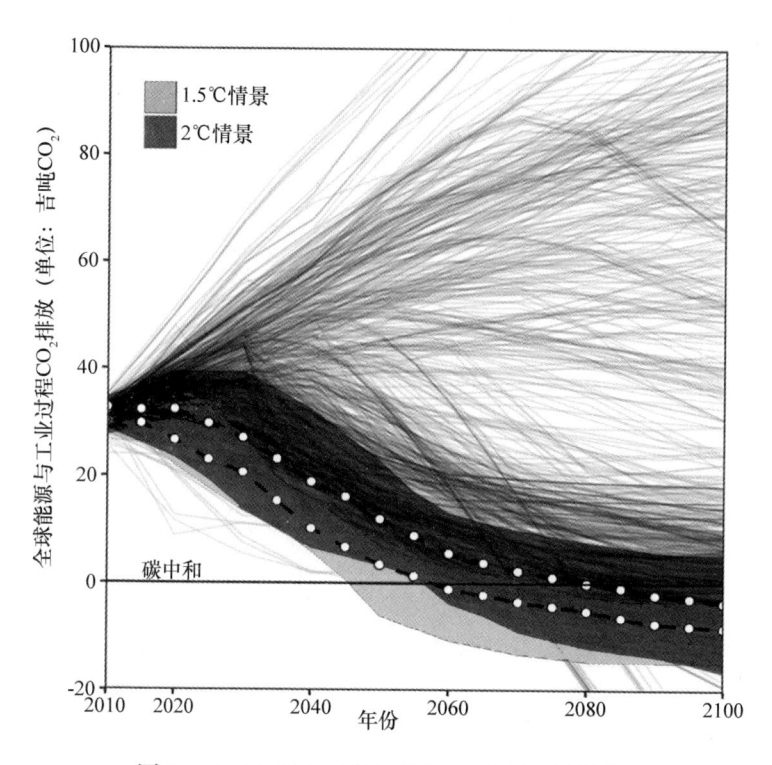

图 2-13　2℃和1.5°C目标下的全球排放路径

注：浅灰色和深灰色区域分别代表2°C和1.5°C情景的10%和90%分位数区间，带数据点的虚线代表2°C和1.5°C的中位数情景，细实线代表IPCC AR5数据库中所有的情景。

为实现2℃目标，未来全球排放存在不同的时空分布方式，对应不同的排放路径，其差异主要在于减排时点的不同（见图2-14）。现有政策路径情景下，近期的减排力度较弱，排放进一步上升，到2030年以后进入快速下降期，且到21世纪末需要较大规模地应用负排放技术。与现有政策路径情景形成鲜明对比，最小成本路径情景下，近期减排力度较大，排放快速下降，而中期（2030—2050年）减排要求相对缓和，同时21世纪末在不需要实现净负排放的情况下就能保证实现2℃目标。NDC路径和强化NDC路径情景在减排量和减排成本的时间分布上，介于现有政策路径和最小成本路径情景之间。

现有研究已有一致结论，2030年前近期减排力度越低，全球累积减排成本越高。① 延迟近期减排行动导致减排成本上升的原因，一方面在于中长期减排要求的提高会带来快速上升的减排成本，另一方面在于高碳的基础设施会造成锁定效应。此外，延迟减排行动会进一步增加负排放技术的需求，带来技术上的风险。②

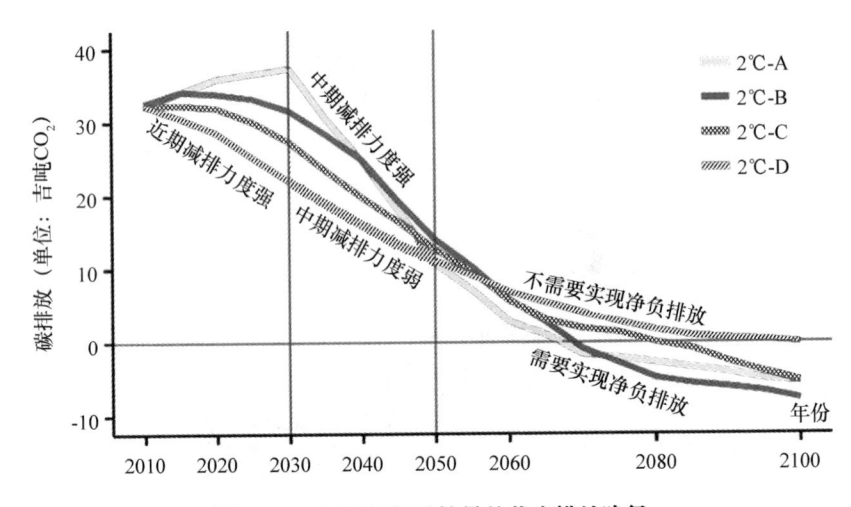

图 2-14　2℃目标子情景的代表排放路径

注：2℃-A情景：现有政策路径情景；2℃-B情景：NDC路径情景；2℃-C情景：强化NDC路径情景；2℃-D：强化NDC路径情景。

第二节　全球与中国应对气候变化行动与减缓碳排放长期目标

一　《巴黎协定》下NDC目标汇总

国家自主贡献（Intended Nationally Determined Contributions，INDCs）是华

---

① 崔学勤、王克、傅莎、邹骥：《2℃和1.5℃目标下全球碳预算及排放路径》，《中国环境科学》2017年第11期。

② IPCC, *Climate Change 2014: Mitigation of Climate Change*, *Working Group Ⅲ Contribution to the Fifth Assessment Report of the Intergovernmental Panel on Climate Change*, Cambridge: Cambridge University Press, 2014.

沙气候变化大会上提出并在隔年的立马气候大会上得以明确的一种自下而上的减排机制。目的在于根据《联合国气候变化框架公约》缔约方会议有关决议的要求，由各国自主提出应对气候变化的行动目标。截至2017年6月15日，共有189个缔约方提交了其国家自主减排贡献目标，这些缔约方的排放量合计占2012年全球的98%左右。根据目标类型的不同，可将NDCs分为以下几类[①]：

第一，基准年目标，相对历史基准年实现绝对减排。但基准年年份的选择各不同相同，一般选择1990年、2005年和2010年为基准年。

第二，基准线或BAU目标，相对于基准线或一切照旧情形减少排放量。许多NDCs/INDCs，特别是南美洲和中美洲，非洲和南亚的国家多选择该种目标类型。

第三，基准线或BAU目标（未指定），相对基准线的减排量（未指定）。但第二种类似，但不同的是没有具体指定基准线或BAU，如菲律宾和委内瑞拉等国。

第四，强度目标，至少有五个国家NDC目标中将强度目标作为其主要的减排目标类型。

第五，强度和非温室气体目标，排放强度目标和非温室气体目标。中国和印度的目标是提高碳排放强度，在一次能源消费中设定非化石燃料的比重目标。

第六，轨迹和固定水平目标。南非的排放轨迹目标是2025年和2030年之间的排放范围。以色列和埃塞俄比亚等国提出了固定排放水平的目标，即在一给定的年份内不会超过某一固定水平的排放量。

第七，提交的行动（无法量化）。很多国家在其NDCs中没有定量描述其减排行动。

二 NDC目标汇总以后和《巴黎协定》目标的排放差距

（一）现有NDC下全球未来排放趋势

气候分析指标工具和联合国环境规划署（United Nations Environment Pro-

[①] United Nations EnvironmentProgramme, The Emissions Gap Report 2017, UNEP, Nairobi, 2017, https：//wedocs. unep. org/bitstream/handle/20. 500. 11822/22070/EGR_ 2017. pdf.

gramme，UNEP）的报告都指出，全球温室气体排放总量将继续增长，但是增速将放缓。①② 从排放现状来看，在世界主要经济体中，欧盟和美国的温室气体排放自 2010 年以来年均分别降低 10% 和 2%。中国在经历了 2000—2010 年间 110% 的温室气体排放增长后，2010—2015 年间排放增长仅为 16%。

通过分析占温室气体排放总量 80% 的 32 个代表性国家，CAT 报告指出，虽然全球碳排放增速趋缓，但不能保证达到长期温控目标下有关 2020 年前全球碳排放达峰的要求。虽然 2017 年预测的现有政策情景下 2030 年全球温室气体排放比 2016 年降低了 17 亿吨二氧化碳当量，但是 2020—2030 年间全球温室气体排放量仍将增长 9%—13%。

根据 UNEP 的研究，对于约占 2012 年全球温室气体排放总量 75% 的 G20 国家，现有政策情景下 G20 成员国 2020 年的温室气体排放水平将处于坎昆大会承诺排放范围的中位数，但 16 个国家③中的 11 个都无法在不采取进一步措施的条件下使国家碳排放在 2030 年前达峰。报告还指出，美国退出《巴黎协定》对全球排放的影响最早可能于 2020 年左右显露端倪。七项研究表明新政策情景下美国 2025 年碳排放将达到年均 57 亿—68 亿吨二氧化碳当量，相比退出前政策情景预测的 50 亿—66 亿吨有显著上升。

基于现有研究，CAT 和 UNEP 对不同情景下 2025 年和 2030 年全球温室气体排放预测进行了汇总（见表 2-2、表 2-3），可以发现，CAT 和 UNEP 对现有政策情景和 NDC 情境下未来全球排放趋势判断比较接近，但是在实现 2℃ 和 1.5℃ 目标所需的排放水平上，UNEP 的研究结果相比 CAT 更低。

---

① UNEP, The Emissions Gap Report 2017. United Nations Environment Programme (UNEP), Nairobi, https：//wedocs. unep. org/bitstream/handle/20. 500. 11822/22070/EGR_ 2017. pdf International Energy Agency (IEA), World Energy Outlook, 2014.

② CAT (2017), Briefing Paper-Improvement in Warming Outlook as India and China Move Ahead, but Paris Agreement Gap Still Looms Large, Climate Action Tractor (CAT), https：//climateactiontracker. org/documents/61/CAT_ 2017-11-15_ ImprovementInWarmingOutlook_ BriefingPaper. pdf.

③ CAT 分析的 G20 国家为：阿根廷、澳大利亚、巴西、加拿大、中国、印度、印度尼西亚、日本、墨西哥、韩国、俄罗斯、沙特阿拉伯、南非、土耳其、美国和欧盟。其中欧盟包含 G20 成员和非 G20 成员的所有欧盟国家，由于数据限制，法国、德国等 G20 成员国不单独列出进行分析。

表 2-2　　　　　　不同情景下全球温室气体排放趋势（UNEP）

情景	2025 年全球排放（吉吨）	2030 年全球排放（吉吨）	研究数量
基础情景	61.0（56.7—64.3）	64.7（59.5—69.5）	179
现有政策情景	55.4（53.5—56.8）	58.9（57.6—60.7）	4
实现无条件 NDC	53.8（50.6—55.3）	55.2（51.9—56.2）	10
实现全部 NDC	52.2（49.3—54.0）	52.8（49.5—54.2）	10
2℃ 目标	47.7（46.2—50.2）	41.8（30.6—43.5）	10
1.5℃ 目标	44.5（43.1—45.5）	36.5（32—37.7）	6

注：括号外数据为研究中位数，括号内为 10%—90% 的取值区间。
资料来源：UNEP（2017），The Emissions Gap Report 2017. United Nations Environment Programme (UNEP), Nairobi, 2018-5-5, https://wedocs.unep.org/bitstream/handle/20.500.11822/22070/EGR_2017.pdf.

表 2-3　　　　　　不同情景下全球温室气体排放趋势（CAT）

	2025 年全球排放（吉吨）	2030 年全球排放（吉吨）
现有政策情景	54—55	56—59
NDC 情景	52—55	54—58
2℃ 目标	41	38
1.5℃ 目标	38	32

资料来源：CAT（2017），Briefing Paper-Improvement in Warming Outlook as India and China Move Ahead, but Paris Agreement Gap Still Looms Large, 2018-5-5, https://climateactiontracker.org/documents/61/CAT_2017-11-15_ImprovementInWarmingOutlook_BriefingPaper.pdf.

（二）现有 NDC 与实现 2℃ 和 1.5℃ 目标的排放差距评估

UNEP 的 2017 排放差距报告指出，即便全部实现 NDC 目标，2℃ 温控目标的碳排放预算也将在 2030 年被消耗掉 80%，而 1.5℃ 温控目标的碳排放预算届时将耗尽，2100 年实现两个温控目标的可能性几乎为零。如图 2-15 所示，至 2030 年全球现有 NDC 目标情景与 2℃ 温控目标情景之间将存在约 11 吉吨（中位数）的温室气体排放差距，差值的波动区间为 8 吉—12 吉吨；与 1.5℃ 温控目标之间差距为 16.3 吉吨，波动区间为 13 吉—18 吉吨。若只考虑无条件 NDC，2030 年与 2℃ 和 1.5℃ 温控情景之间的排放差值将分别扩大至 13.5 吉吨和 18.7 吉吨。相比 2016 年的评估结果，2017 年对 2030 年 2℃ 温控情景与 NDC 情景间的排放差距评估结果有所下降，而对 1.5℃ 温控情景与 NDC 情景间排放差距评估结果有所上升，这主要来自 NDC 相关研究对未来排放水平评估结果降低和 1.5℃ 排放路径的数据更新。

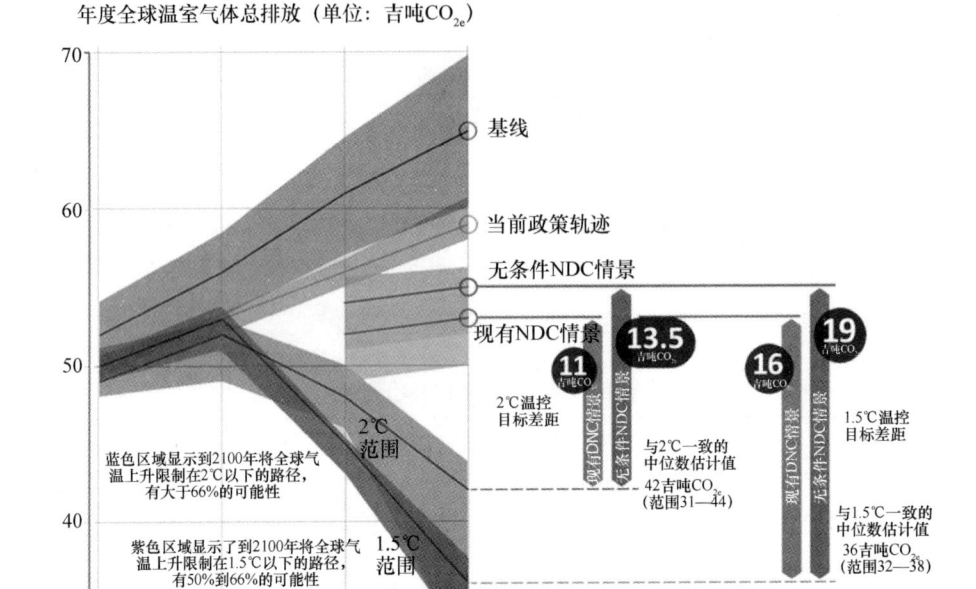

图 2-15　不同情景下 2030 年全球碳排放差距（UNEP）

资料来源：UNEP, The Emissions Gap Report 2017. United Nations Environment Programme，UNEP, Nairobi, 2020-3-10, https://wedocs.unep.org/bitstream/handle/20.500.11822/22070/EGR_2017.pdf.

由于 CAT 假设全球采取协同减缓措施并且部分措施早于 UNEP 假设，其 1.5℃ 温控情景中存在 2020 年前温室气体的减排空间，所以 CAT 关于 2025 年及 2030 年的预测值较 UNEP 的结果偏低，导致两个温控情景下的排放差距数值较大。如图 2-16 所示，NDC 情景下 2025 年 2℃ 目标的排放差距为 11 吉—14 吉吨，1.5℃ 目标的排放差距为 14 吉—17 吉吨；2030 年 2℃ 目标的排放差距为 16 吉—20 吉吨，1.5℃ 目标的排放差距为 22 吉—26 吉吨。

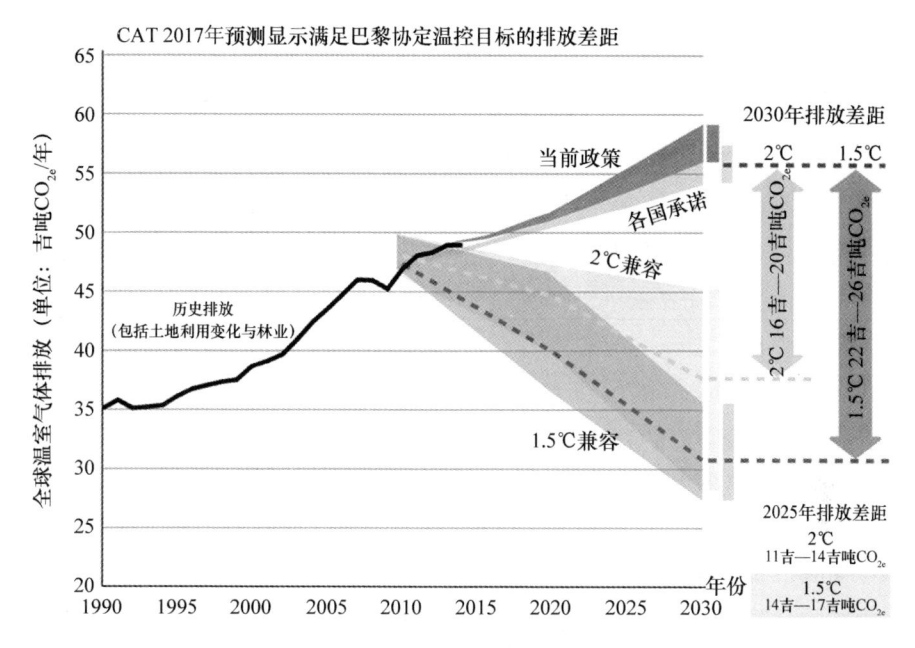

图 2-16　不同情景下 2030 年全球碳排放差距（CAT）

注："差距"范围仅来自承诺预测不确定性。差距是根据 1.5℃和 2℃基准排放量的平均值计算的。
资料来源：CAT（2017），Briefing Paper-Improvement in warming outlook as India and China move ahead, but Paris Agreement gap still looms large. Climate Action Tractor, 2020 - 3 - 10, https://climateactiontracker.org/press/improvement-warming-outlook-india-and-china-move-ahead-paris-agreement-gap-still-looms-large/.

三　实现《巴黎协定》目标的部门行动与技术选择（重点部门以及技术等）

国际能源署（IEA）在 *World energy perspective* 2017 中设置了以下三组情景，对未来实现《巴黎协定》目标的部门行动与技术选择进行了展望。三组情景的含义及碳预算如表 2-4 所示。

表 2-4　　　　　　　　IEA 技术展望情景设置

情景名称	情景含义	CO_2 预算（2015—2100）	
		总的 CO_2 预算	能源部门 CO_2 预算
参照情景（RTS）	参照情景，实施现有政策及 NDC 目标承诺等的情景		

续表

情景名称	情景含义	CO_2 预算 (2015—2100)	
		总的 CO_2 预算	能源部门 CO_2 预算
2℃情景（2DS）	2℃情景，50% 概率实现 2100 年全球 2℃ 温升目标	1140	1170
超越 2℃情景（B2DS）	相比两度目标更为激进，将温升控制在 2℃ 以下的情景，等同于 50% 概率将全球温升控制在 1.75℃	720	750

参照情景（RTS）下，CO_2 排放将持续增长，直到 2050 年左右达到峰值，之后开始出现缓慢下降的趋势，2060 年 CO_2 排放总量将达到 40 吉吨。而 2℃ 情景（2DS）下，要求 2020 年之前就达到 CO_2 排放峰值，2060 年 CO_2 排放量将下降至 2014 年碳排放总量的四分之一左右。相比 RTS，2060 年之前的累计碳预算将减少 40%，大约需要减排 760 吉吨 CO_2。要实现这一减排目标，需要综合运用各部门的行动和减排技术。其中，减排贡献最大的是能效和可再生能源技术，两者的减排贡献分别是 40% 和 35%。其次是 CCS 技术，其减排贡献将是 14%。燃料转换和核能技术的减排贡献相对较小，分别为 5% 和 6%（见图 2-17）。

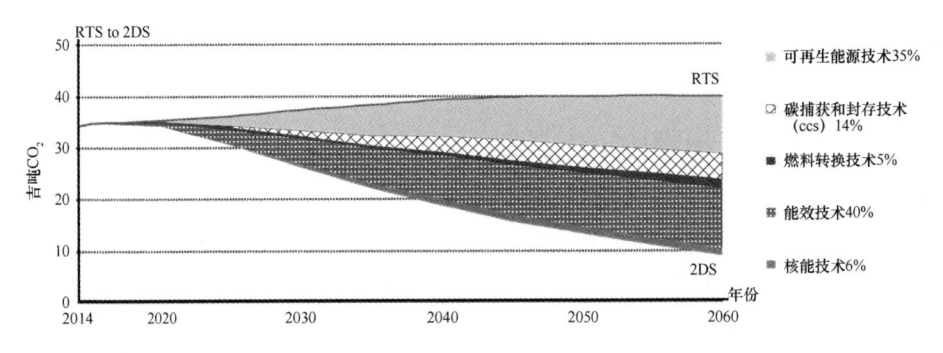

图 2-17 从参照情景到 2℃ 情景的排放量与技术选择

实现从参照情景到 2℃ 情景，从分部门的累积 CO_2 减排量看，能源部门的累积减排贡献最大，其次是交通部门和工业部门，建筑部门和转换部门的累积减排贡献相对较小。从分部门的减排技术看，对大部分部门而言，能源效率技术和可再生能源技术仍是最主要的减排技术选择，其次是 CCS 技术。具体而言，在能源部门和交通部门中新能源技术发挥重要的减排作用，其减排贡献量占累计减排量的一半以上。而对于工业、建筑和转换部门而言，可再生能源技术发挥的减排贡献有限。能效技术在除电力部门以外的其他部门均发挥主要的减排作用。CCS 技术的作用也非常明显，特别是在能源和转换部门中，CCS 技术发挥着重要的作用。（见图 2 – 18）

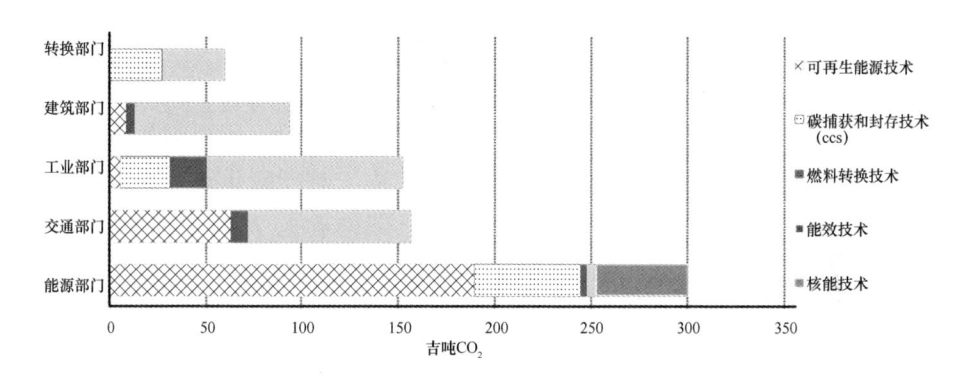

图 2 – 18　从参照情景到 2℃情景的部门累积 CO_2 减排量及技术选择

进一步，在 2DS 情景下实现更为激进的减排目标，实现到 B2DS 情景的转换，能效技术仍发挥最主要的减排作用，其减排贡献为 34%。发挥第二大减排贡献是 CCS 技术，其减排贡献占到 32%，这与由 RTS 到 2DS 的减排有所不同。燃料转换技术、可再生能源技术和核能技术在实现由 2DS 到 B2DS 的转变中的作用相对较低，其减排贡献分别为 18%、15% 和 1%。（见图 2 – 19）

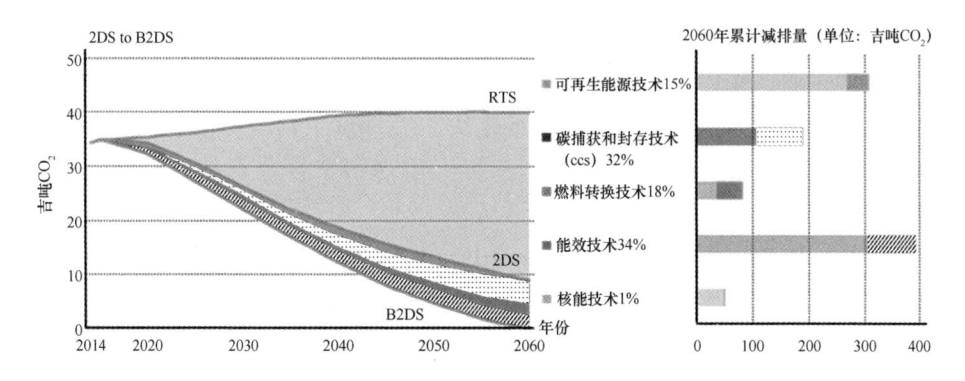

图 2 – 19　从 2℃情景到低于 2℃情景的排放量与技术选择

综上，在不同的减排阶段，实现不同的减排目标，所需的主要减排技术和重点减排部门有所不同。但总体来说，能效技术，可再生能源技术和 CCS 技术均将是最重要的减排技术选择，应重视增加对这些技术的投资和战略部署。

四 中国应对气候变化的目标、政策与行动

(一) 中国应对气候变化目标及几点评价

1. 中国应对气候变化目标

2015 年 6 月，中国政府提交了国家自主贡献（NDC），对中国的减排和适应行动做出了安排，主要目标包括：2030 年左右实现二氧化碳排放达到峰值并争取尽早达峰；单位国内生产总值二氧化碳排放比 2005 年下降 60%—65%；非化石能源占一次能源消费比重达到 20% 左右等。

中国的国家自主贡献选取了以发展路径转型创新为主题的一揽子指标体系，包括意向性峰值时间目标和以提高碳要素效率为核心的量化转型过程指标（包括碳强度、非化石能源比重、碳汇等指标），致力于实现发展路径变迁，努力探索一条不同于美欧传统路径的创新型可持续低碳发展路径，并注重对实现路径转型所必需的技术、资金和其他必要条件及适宜环境的加强。为满足有关国家自主贡献应涵盖所有要素（减缓、适应、资金、技术、能力建设和透明度）的授权并有效应对已经发生的气候风险，中国的国家自主贡献还包含了中国适应气候变化的众多举措和政策。同时，中国还在其贡献中包含了进一步加强气候变化南南合作，建立南南合作基金，全面拓展气候变化南南合作规模和领域的目标。

2. 中国应对气候变化目标的评价

整体来看，中国国家自主贡献体现了中国积极应对气候变化，努力控制温室气体排放，提高适应气候变化的能力，并深度参与全球治理，承担合理国际责任的姿态和决心。具体而言，努力实现国家自主贡献目标具有重要意义。

第一，通过实施国家自主贡献，中国经济将进一步实现和碳排放脱钩，中国经济发展对碳排放的依赖日益减轻，这将为进一步向低碳发展路径变迁创造更加有利的条件。

第二，与已有的 2020 年减排承诺相比，中国 2020 年后的减排力度将全面呈现加速增长的态势，行动力度进一步增强。2020—2030 年中国单位 GDP 的 CO_2

排放强度下降速率将进一步提高,从 2005—2020 年的平均 3.9% 上升到 4.4%,并有望进一步提高到 2030—2040 年的 6.3% 和 2040—2050 年的 9.2%。①

第三,作为一个后发的发展中大国,中国有望成功实现转型,开创一条比美欧等发达国家更为低碳的发展路径,以更低的收入水平达到更低的峰值。主要发达国家人均排放达到峰值对应的人均 GDP 水平,在 2.0 万—2.5 万美元(2010 年价格),人均峰值水平为 10—22 吨 CO_2。而按照中国的国家自主贡献目标,中国可望在人均 GDP 达到 1.4 万美元时就达到人均峰值,且人均峰值可望保持在 8 吨左右 CO_2 的较低水平上。

第四,中国如能实现其国家自主贡献目标,将为其在 2030 年后进一步向符合 2℃ 温升目标所要求的路径转型,提供较大的可能性并奠定坚实的基础。根据最新发布的 IPCC 第五次评估报告中较为符合中国实际的、有可能实现 2℃ 温升目标(50% 可能性)的诸多情景研究结果的推演,其对中国 2030 年前的减排要求和中国国家自主贡献所设定的目标基本是一致的,核心关注在于中国 2030 年达到峰值后是否能以更快速率脱碳。也就是说,如果中国能在实现 2030 年目标的基础上以更快的速率脱碳,那么中国长期发展路径将有望满足全球 2℃ 温升目标要求。

第五,通过落实国家自主贡献,至 2030 年中国历史累积排放将始终保持低于美欧的水平。在国家自主贡献目标下,中国将确保通过创新发展路径,使其到 2030 年的能源相关 CO_2 累积排放水平仍低于美欧同期水平(届时美国、欧盟和中国在 1750—2030 年间的历史累积排放的相对比例为 1.4∶1.2∶1.0),甚至低于美欧当前(1751—2012 年)的累积排放水平。

第六,为发展中国家后续发展提供示范和借鉴,并通过南南合作等方式传播经验、提供支持。作为最大的发展中国家,中国被很多发展中国家视为发展样板。中国可通过创新发展路径,垂范一条低碳可持续发展路径,为后发的发展中国家提供可资借鉴的示范模型和经验,支持这些发展中国家规避传统高碳路径依赖和锁定效应,尽早走上"低污染、低排放"的高效创新发展道路。同时,中国也能通过自身转型促进全球转型,为重塑全球发展路径做出贡献。

---

① 资料来源:基于国家气候战略中心和中国人民大学 PECE 模型核算的 NDC 情景结果计算得到。其中 2020 年的碳强度和非化石能源目标分别根据 45% 和 15% 计算,2030 年的碳强度和非化石能源目标根据 65% 和 20% 计算。

（二）中国应对气候变化的政策与行动

中国政府在调整产业结构、节能提高能效、优化能源结构、适应气候变化、加强气候领域国际交流与合作等方面开展了一系列积极的行动和举措，取得了较好的进展。

1. 调整产业结构

大力发展战略性新兴产业。国务院印发《"十三五"国家战略性新兴产业发展规划》，对"十三五"期间中国战略性新兴产业发展目标、重点任务、政策措施等做出全面部署安排。提出推动新能源汽车、新能源和节能环保等绿色低碳产业成为支柱产业。此外，国务院、工业和信息化部印发《关于深化制造业与互联网融合发展的指导意见》《信息产业发展指南》《软件和信息技术服务业发展规划（2016—2020）》《关于完善汽车投资项目管理的意见》等一系列战略性新兴产业发展规划和指南，有效推动战略性新兴产业的发展。

推动高耗能行业去产能。2016 年以来，国务院发布《关于煤炭行业化解过剩产能实现脱困发展的意见》《政府核准的投资项目目录（2016 年版）》等推进高耗能行业去产能相关政策、文件，成效显著。2016 年化解粗钢产能超过 6500 万吨，化解煤炭过剩产能 2.9 亿吨。

大力发展服务业。商务部印发《居民生活服务业发展"十三五"规划》提出到 2020 年初步形成优质安全、便利实惠、城乡协调、绿色环保的城乡居民生活服务体系。此外，人民银行、民政部等部门联合印发《关于金融支持养老服务业加快发展的指导意见》，进一步创新金融产品和服务，促进养老服务业快速发展。2016 年中国服务业增加值 384221 亿元，继续领跑三次产业。

2. 提高能效

强化目标约束和政策引领。国务院印发《"十三五"节能减排综合工作方案》对"十三五"期间的节能工作进行了总体部署，将"十三五"能耗总量和强度"双控"目标分解到各省（区、市）。国家能源局印发《2016 年能源工作指导意见》，提出 2016 年能源消费总量控制目标。

加强节能管理和制度建设。2016 年国家发改委组织召开国务院减排工作领导小组成员单位联络员会议，协调推进"十三五"节能工作的有关部署。此外，《节能监察办法》《节能标准体系建设方案》《能源效率标识管理办法》等的出台，进一步加强了节能管理和制度建设。

深入推进重点领域节能。2016年以来开展了能效"领跑者"行动；发布《重点用能单位节能管理办法》，推动开展重点用能单位"百千万"行动。住房和城乡建设部深入开展绿色建筑行动，交通运输部推进现代综合交通体系建设，建立健全绿色交通制度和标准体系。此外，国管局和国家发改委联合印发《"十三五"公共机构节能能源资源规划》，开展公共机构节能考核。

3. 优化能源结构

继续控制煤炭消费总量。国家发改委发布《关于做好2016年度煤炭消费减排量替代有关工作的通知》，提出对钢铁、煤炭、水泥熟料、平板玻璃等产能过剩产业和面临潜在过剩风险的煤电行业，要严控（严禁）新增产能，加快淘汰落后产能和化解过剩产能，严格执法，显著减少产能过剩行业的煤炭消费量。2016年，中国煤炭系消费量37.8亿吨，较2015年减少1.9亿吨，下降4.7%。

推动化石能源清洁化利用。《商品煤质量管理暂行办法》《关于促进煤炭安全绿色开发和清洁高效利用的指导意见》《煤炭清洁高效利用行动计划（2015—2020年）》《煤炭安全绿色开发和清洁高效利用先进技术与装备推荐目录（第一批）》《煤炭工业发展"十三五"规划》等政策办法的发布和执行，对化石能源清洁化利用起到重要的推动作用。

发展非化石能源。能源局印发《2016年能源工作指导意见》，提出进一步加快能源结构调整、推动发展动力转换，实现"十三五"非化石能源快速发展。

通过以上一系列的综合措施，2016年中国能源结构进一步优化。煤炭消费量已经连续3年下降。

4. 适应气候变化

2016年以来，中国政府在农业、水资源、林业、海岸带及相关海域、城市、气象、防灾减灾以及加强适应能力建设等领域开展多项工作，提高了这些重点领域的适应能力。同时通过加强基础设施建设、建立监测预警机制、提高科技能力等进一步加强了适应能力建设，取得了一系列积极进展。

5. 国际交流与合作

中国政府与各国有关国际机构、发达国家和发展中国家积极开展气候变化和绿色低碳发展领域务实合作，为促进全球合作应对气候变化发挥了积极建设性作用。一方面，广泛开展与国际组织的务实合作，积极参与相关国际会议与行动倡议；另一方面，进一步加强与有关国家在气候变化和绿色低碳发展领域的对话交流和务实合作。此外，进一步深化气候变化方面的南南合作。

(三) 中国实现国家自主贡献面临的困难和挑战

低碳发展虽已是中国未来必然的发展方向，但是，中国的社会经济发展阶段、经济结构、能源资源禀赋、能源效率、技术能力储备、体制政策基础以及所面临的国际政治经济格局等也共同决定了中国想要实现国家自主贡献（NDC）目标仍将面临以下种种巨大挑战：

第一，资源的可得性将增加实现贡献的风险。例如，要实现国家自主贡献，需要获取大量的天然气等清洁能源以替代部分煤炭，如何在控制成本的情况下确保资源可靠的供给、保障能源安全是中国实现目标的巨大挑战。

第二，中国经济目前仍处于工业化和城镇化进程中，以机械制造、钢铁、建材、化工等为代表的具有重化工业特征的行业在经济中仍占据较大比重，同时，城镇化正进入高速发展阶段，大规模的基础设施建设不断推行。这些都必然带来能源消费和碳排放的持续增长。尽管中国政府已开始着力于调整经济结构、转变增长方式，但这种努力不可能是一蹴而就的，且可能随着经济下行压力的增大而出现反复，需要克服巨大的困难。

第三，随着中产人口占比的逐年提升，在交通、建筑等方面的消费排放压力会上升，甚至在中长期会超过制造业的排放压力。如何塑造年青一代消费者的低碳消费模式和生活方式，对中国实现国家自主贡献目标至关重要。

第四，技术本身的可靠性和不确定性是约束中国贡献目标实现的另外一个重大挑战。例如如何确保可再生能源的上网和电网的稳定供应，如何解决发展水电、核电时的额外影响如环境影响、核安全问题等，如何解决碳捕获封存（CCS）技术本身的不确定性等。

第五，作为发展中国家，中国的整体科技水平仍比较落后，技术研发能力有限，尤其是在关键的低碳技术和适应技术领域仍存在欠缺。如果通过有效的国际技术合作机制确保技术的可得性是中国落实国家自主贡献目标时需要重点解决的问题。

第六，落实减缓和适应贡献目标面临巨额投资需求和"结构化"成本。实现中国贡献目标需要大量增量投资，这些投资有一部分能带来经济回报，但也有很大一部分会带来巨大的经济成本，诸如碳捕获封存（CCS）等技术的应用。除了经济成本，中国实施贡献目标短期内还可能面临其他社会成本，例如淘汰落后产能，会引发结构性失业和其他社会问题，需要采取措施以缓解和消除这些社会成本。

第七，社会主要利益相关者的基本能力普遍不足，意识、体制、社会机制的改善任务十分繁重。中国应对气候变化的宏观管理能力尚有不足，法律法规、政策体系还非常不健全，许多领域仍然处于空白状态。中国目前还缺少健全的温室气体核算体系，对温室气体排放的监测监控核算能力和执法能力都还比较薄弱。这些都将对中国落实国家自主贡献目标形成挑战。

本章主要介绍了全球温室气体排放趋势、驱动因素、减排技术和政策选择、各国控制温室气体排放的目标和力度，特别说明了中国自主减排贡献目标以及所面临的困难和挑战。人为活动温室气体是造成全球气候变化的主要原因。1970 年以来，温室气体的排放一直处于不断增加的趋势。能源相关 CO_2 排放是最主要的温室气体排放来源，而经济增长则是排放增长的主要驱动因素。加强能效技术，可再生能源技术的部署和发展，转变经济发展模式，加快 CO_2 排放量的削减是控制全球温室气体排放量的主要措施。《巴黎协定》确认了将全球温升控制在 2℃ 的目标。但研究普遍认为，现有 NDC 目标大部分与 2℃ 和 1.5℃ 温控目标差距很大，大部分国家的现行政策也与其 NDC 目标存在距离。中国在国家自主贡献中提出 2030 年左右实现碳排放峰值的目标，并为此开展了一系列积极的行动和举措，但实现 NDC 目标将面临诸多困难和挑战。

延伸阅读

1. Meinshausen, Malte, et al., "Greenhouse-gas Emission Targets for Limiting Global Warming to 2℃", *Nature*, Vol. 458, No. 7242, 2009.

2. Xu, Yangyang, and Veerabhadran Ramanathan, "Well Below 2℃: Mitigation Strategies for Avoiding Dangerous to Catastrophic Climate Changes", *Proceedings of the National Academy of Sciences*, Vol. 114, No. 39, 2017.

3. Boucher, Olivier, et al., "Opinion: In the Wake of Paris Agreement, Scientists Must Embrace New Directions for Climate Change Research", *Proceedings of the National Academy of Sciences*, Vol. 113, No. 27, 2016.

练习题

1. 什么是 NDC？
2. 为什么设置 1.5℃ 和 2℃ 为目标进行全球剩余碳预算？
3. 请结合自身实际谈谈对中国应对气候变化行动的理解。

第 三 章
减缓气候变化经济学相关理论

气候变化是典型的全球负外部性问题，为防止公地悲剧的发生，需要依靠全球所有国家的集体行动，合作治理温室效应。那么，什么是负外部性？如何防止公地悲剧的发生？与减缓气候变化相关的理论还有哪些？经济学家在气候变化领域进行过哪些理论探索？新时期的相关理论有哪些？如何解读具有中国特色的低碳转型理论？……本章将从经济学视角探究如何减缓气候变化。

第一节　外部性理论

外部性（Externality）是指个体经济单位的行为对社会或者其他个人部门造成了影响（例如环境污染）却没有承担相应的义务或获得回报，亦称外部成本、外部效应或溢出效应。根据外部效应产生的不同影响，把外部效应分为正外部性和负外部性。正外部性是某个经济行为个体的活动使他人或社会受益，而受益者无须花费代价；负外部性是某个经济行为个体的活动使他人或社会受损，而造成负外部性的人却没有为此承担成本。

外部性理论认识的渊源，最早是在亚当·斯密[1]关于市场经济"利他性"的论述中提及，涉及了正外部性的特点。之后经济学家穆勒和亨利·西奇威克分别在其著书中涉及了外部性的思想。1890 年马歇尔在《经济学原理》中首创了外部经济和内部经济的概念，将依赖产业普遍发展的生产规模扩大定义为

---

[1] Smith, Adam, *An Inquiry into the Nature and Causes of the Wealth of Nations*: Volume One, London: printed for W. Strahan and T. Cadell, 1776.

"外部经济"，依赖企业自身资源组织和管理效率的生产扩大定义为"内部经济"。他认为，由于外部效应的存在，个体或厂商的个人成本与社会成本是不相等的，个人收益与社会收益也不相等，为环境污染及自然资源的过度利用留下了隐患。

在马歇尔提出的"外部经济"概念基础上，他的学生庇古扩充了"外部不经济"，即负外部性的概念和内容。庇古认为，由于边际私人纯产值和边际社会纯产值的差异，完全依靠市场机制形成的资源配置难以实现帕累托最优；在这种情况下，由政府出面对负外部性的产生者进行征税，或者对正外部性的产生者给予相应的补贴，就可以消除私人成本与社会成本、私人利益与社会利益之间的偏差，从而保证市场机制正常发挥优化资源配置的作用。庇古指出了亚当·斯密提出的"看不见的手"的瑕疵，但他对政府行为的假设过于严苛，其假设政府行为的唯一目标是提高社会福利且政府行为没有成本，这显然并不现实。此外，庇古理论中还存在征税难以度量、信息不对称、无法解决代际外部性等问题。

新制度经济学创始人科斯在庇古的基础上，提出用界定产权的方法来解决外部性，并创建产权理论。科斯定理指出，明确的产权界定是防止公地悲剧发生的有效手段，可以通过市场交易的方式使外部性问题内部化。在交易成本为零或足够低时，只要产权明晰，可以运用"看不见的手"实现对资源的最优配置；在交易费用不为零的情况下，解决外部性问题的手段要根据"成本—收益"的总体比较，选择庇古方法或科斯方法。但科斯的理论也有局限性，如果一个社会法制不健全、信用制度不完善、市场化程度不高，科斯理论就难以发挥作用。另外，如果产权界定不够明晰，交易也将无法实现。

当前人类活动所造成的温室气体的排放实质上是对大气环境容量的消耗。由于对大气环境容量产权的界定、分配和保护的交易成本十分高昂，因此大气环境容量一直作为自由获取资源而存在，此时，私人对大气环境容量的消耗将难以计入私人生产或消费活动成本，从而形成温室气体排放的外部成本。温室气体排放所产生的外部性具备以下几点特殊性：第一，气候变化问题是全球性温室气体排放造成的，其影响也是全球性的；第二，温室气体一旦排放到大气中，将会存在很长时间，这种积累难以清除，其影响是长期且持续的，因而还存在代际外部性问题；第三，在科学链条的大部分环节上，其影响还存在诸多的不确定性；第四，其潜在的影响是巨大且不可逆的。

当存在外部成本时，自由市场难以界定外部成本的归属，因此市场机制无法实现温室气体有效率的排放，而温室气体排放过程是不可逆的，随着浓度的不断增加，其所造成的气候变化危害不可避免，此时，温室气体的减排行动就变得十分重要。气候变化是典型的全球负外部性问题，为防止公地悲剧的发生，需要依靠全球所有国家的集体行动，合作治理温室效应。

要解决这一外部性问题，有多条途径可供选择。目前，有些国家开始征收碳税，有些国家和地区开始碳排放权的交易，这些都有利于把碳排放的外部性内在化。但是在国际社会中，庇古税会加大国家之间的贸易竞争和转移温室气体的排放成本，遭到很多国家反对；产权交易需要完善的产权制度，在国际社会中交易成本也更高，难以施行。外部性内部化只能存在于主权国家范围内，在国际社会中无用武之地，对于气候变化的外部性问题要寻求外部解决方式，即国际社会的共同治理，国家合作的共同治理是解决气候变化外部性的出路。

此外，有学者认为，进行社会准则的教育也是解决外部性问题的一种办法。生态环境问题有时存在市场失灵和政府失灵的问题，最后要靠公众的"觉悟"来解决问题，即形成环境意识、环境观念、环境道德、环境习俗、环境习惯，最后发展到环境自愿行动等。

第二节 从环境库兹涅茨曲线到碳库兹涅茨曲线

工业革命以来，经济的快速增长导致了生态环境不断恶化，如何实现经济与环境的协调发展成了全世界范围内的难题，由于环境库兹涅茨假说可以较为全面地表述经济与环境之间的关系，这一理论引起了学者们的广泛关注。在关于环境库兹涅茨曲线假说的研究中，碳库兹涅茨曲线成了一个重要的方面。在全球气候变化的背景下，如何处理经济增长和二氧化碳排放的关系，已经成为社会发展进程中需要面对的重要课题。

一 基础理论

环境库兹涅茨曲线（Environmental Kuznets Curve，EKC）理论是库兹涅茨假说在环境领域的延展。库兹涅茨曲线首先由诺贝尔经济学奖获得者、著名的经济学家西蒙·史密斯·库兹涅茨教授于1955年提出，这一理论描述了收入分配与经济发展之间的关系，指出收入差距分配的公平性随着社会经济的发展呈现出先上升、后下降的趋势，即表现为一条"倒U形"的曲线。后来该概念被广泛地应用到环境领域。

1991年，北美进行自由贸易谈判，诸多专家学者质疑这种自由贸易会对美国环境造成不良影响。经济学家Grossman和Krueger就此首次对环境与经济发展之间的关系进行了实证研究。结果表明：环境水平会先随经济水平的增长而下降，再随经济水平的增长而有所提高，二者之间呈"倒U形"关系。1992年，在世界银行发布的《世界发展报告》再次强调了环境与经济增长的关系，提高了"环境与经济关系"学说的关注度。1993年，Panayotou首次将环境质量与经济发展水平的"倒U形"关系定义为环境库兹涅茨曲线，揭示出环境质量与经济发展水平之间的发展关系。

该曲线假说的含义是，伴随着一国或地区经济的增长（主要以人均收入为指标），在初期主要污染物排放量会逐渐增加，环境质量恶化；而经济增长到一定水平后，如果经济持续增长，那么主要污染物排放量便会在达峰后出现下降，呈现出如图3-1所示的趋势。

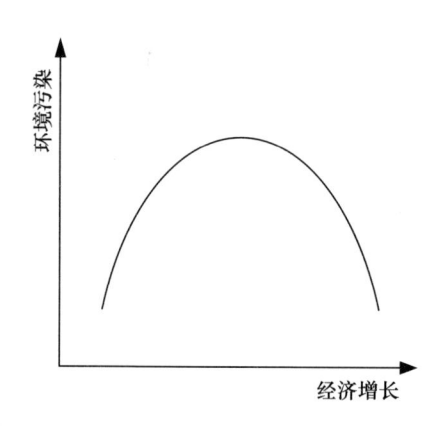

图3-1 经济增长与环境污染之间的关系

该曲线的趋势意味着经济增长会最终改善经济发展初期对环境的不利影响，增长可以持续下去，摆脱了Meadows在《增长的极限》[①]中认为的经济增

[①] [美]德内拉·梅多斯等：《增长的极限》，于树生译，商务印书馆1984年版。

长受到环境的制约而不可长期持续的看法。基于此，为了提高环境质量，经济增长是必要的。

二 环境库兹涅茨曲线的形成机制

EKC 假说认为环境污染与经济发展之间存在着"倒 U 形"关系。在实证研究中，这也是最常见的一种结果；在理论分析中，曲线形状的形成机制可以归结为如下几方面。

首先，经济增长，这也是关于 EKC "倒 U 形"形状形成机制的最常用解释。在经济发展初期，随着经济规模的不断扩大，需要投入的各种资源也越来越多，在社会经济产出提高的同时，经济活动的副产品增多，环境污染物的排放也会相应增加，导致环境恶化，即经济的规模效应。但是，随着经济的增长，当一个国家人民的收入达到一定水平后，人们对清洁环境的支付意愿大大增强，甚至超过收入增加的幅度，随着人们在改善环境质量方面投入的增加，环境污染降低。

其次，产业结构。细数人类社会的发展历程，在经济增长的同时，经济的结构也将随之变化，往往是由第一产业向能源密集型产业再向技术密集型产业和服务业转变。显然，当经济结构由第一产业向第二产业转变时，对资源的消耗增加，环境质量恶化；而当从能源密集型的产业向技术密集型的产业和服务业发生结构性转变时，环境质量会好转。

再次，技术进步。随着经济的发展，在技术上的投入也会增加。这种投入，包含资金的投入、精力的投入、智力的投入等，诸多的投入推进了生产技术和环保处理技术的革新，提高了资源的有效利用率，当陈旧的技术被更先进的、更清洁的技术取代时，环境质量无疑会得到改善。

最后，公众意识和制度要素。经济发展初期，人们的关注点普遍在如何让自己富裕起来，较少有人会注意当时的经济发展模式是否会带来负面影响。而在经济发展到一定阶段后，随着一系列环境问题给人们的日常生活带来极大负面影响，人们开始意识到过去行为的不当，政府开始建立健全环保法制，国民开始倡导环保、关注环境。这种由上而下主观环保意识的增强，改善着资源环境的状况。

三 库兹涅茨曲线的方程形式

关于 EKC 曲线的经济学理论推导，一直是学术界关心的重要问题，然而目前的理论成果还非常有限。[①] 其中，较具有代表性的是 Brock 和 Taylor[②] 的研究，他们把经济对污染物排放的影响总结为三个因素，经济增长、技术进步以及产业结构。Brock 和 Taylor 设 Y 为 GDP 产出，θ_i 为 i 地区的 GDP 占总 GDP 的比值，PI_i 为 i 地区单位 GDP 的污染物排放强度。E_i 为每个地区的污染物排放量。则有总污染物排放的如下公式：

$$E = \sum E_i = \sum \theta_i PI_i Y$$

其中 $\sum \theta_i = 1$，公式两边对 t 求导。得，

$$\widehat{E} = \sum \frac{E_i}{E}(\widehat{\theta_i} + \widehat{PI_i}) + \widehat{Y}$$

其中，$\widehat{x} = \frac{dx}{dt}\frac{1}{x}$，从上式可以看出，环境污染随时间的变化是由 $\widehat{\theta_i}$，$\widehat{PI_i}$ 和 $\widehat{Y}$ 共同决定的。它们分别代表了产业结构、技术进步和经济增长。

在大量检验 EKC 存在性和形状的实证中，采用的是经济学模型的简化形式，即将环境质量和收入之间的关系简化为一个二次或三次函数。例如，考虑以下三次模型，

$$y_{it} = a_i + \beta_1 x_{it} + \beta_2 x_{it}^2 + \beta_3 x_{it}^3 + \gamma z_{it} + \mu_{it}$$

其中，y 是环境变量，x 是收入水平，z 是其他影响环境质量的变量，μ 是随机误差项。i 代表一个国家或地区，t 代表时间，系数 β 就是我们想要的估计量。系数 β_1，β_2，β_3 的取值将决定 EKC 曲线的形状，包括，单调递增/递减、U 形、倒 U 形、N 形、倒 N 形。特别地，当 $\beta_1 > 0$，$\beta_2 < 0$ 且 $\beta_3 = 0$ 时，EKC 的形状是我们通常认识的"倒 U 形"曲线。

尽管从直觉上，EKC 符合人们通常的认识，但基于简化形式模型分析，对于得出人均收入与环境污染之间的关系是不够的。当应用于 EKC 的实证分

[①] Kijima, M., Nishide, K., Ohyama, A., "Economic Models for the Environmental Kuznets Curve: A Survey", *Journal of Economic Dynamics and Control*, Vol. 34, 2010, pp. 1187 – 1201.

[②] Brock W. A., Taylor M. S., "Economic Growth and the Environment: A Review of Theory and Empirics", *National Bureau of Economic Research*, Inc., Vol. 1, 2004, pp. 1749 – 1821.

析时，简化形式模型存在明显的局限性。

首先，简化形式的模型反映了相关性而不是因果性。实际上，环境质量可能会对收入增长产生反馈影响。因此，简化模型中用收入来描述环境污染的机制是不合适的。

其次，简化形式假设了特定的函数形式来估计环境—收入关系。函数形式的选择必然会影响 EKC 曲线转折点的类型和数量。Cole 等[1]指出，三次函数意味着随着收入的增长，环境污染最终趋向于无穷大。类似地，二次函数意味着环境质量最终可能在收入水平足够高的情况下趋于零（甚至变为负值），这是实证研究所不支持的。

最后，二次函数的另一个缺点是它是对称的，曲线的上坡部分具有与下坡部分相同的斜率。这意味着，当收入超过某个阈值水平时，环境质量的改善将与之前环境恶化的速度相同，这也是非常不可能的，因为许多形式的环境污染可能极难消除。

因此，如 Pearson[2] 所言，应该研究更复杂的曲线拟合技术，并根据理论研究确定拟合函数，以确定环境质量与经济社会发展之间复杂的双向关系。

四 EKC 相关研究进展

关于 EKC 的实证研究引起其后学者的广泛兴趣，出现了大量的相关文献。在初期阶段的研究中，学者们主要对环境库兹涅茨曲线的"倒 U 形"形状的存在性进行了验证。1992 年，Shafik 和 Bandyopadhyay[3] 选取利用三种不同的方程形式（线性对数、对数平方和对数立方）对十项不同的环境指标进行分析，发现对于二氧化硫、悬浮颗粒物及固体废弃物等环境污染物排放情况会随着经济的增长呈现出典型的"倒 U 形"曲线关系；而对于水污染情况则不满足环境库兹涅茨曲线假说。这一研究成果被收录于《世界发展报告》。1993

---

[1] Cole, M. A., Rayner, A. J., & Bates, J. M., "The Environmental Kuznets Curve: An Empirical Analysis", *Environment and Development Economics*, Vol. 2, No. 4, 2010, pp. 401–416.

[2] Pearson, P. J., "Energy, Externalities and Environmental Quality: Will Development Cure the Ills it Creates?", *Energy Studies Review*, Vol. 6, No. 3, 1994.

[3] Shafik N. and S. Bandyopadhyay, "Economic Growth and Environmental Quality: Time Series and Cross-country Evidence", *Background Paper for the World Development Report*, Washington D. C.: The World Bank, 1992.

年 Panayotou[①] 的研究也认为固体废弃物、工业废水及工业废气排放量等污染指标与经济增长之间均满足"倒 U 形"的环境库兹涅茨曲线关系,并指出当人均 GDP 达到 3000—5000 美元时,三种污染物的环境库兹涅茨曲线达到顶点。Cropper 和 Griffiths[②] 利用非洲、拉丁美洲和亚洲 64 个国家的面板数据估计,毁林也存在 EKC 关系,并对其中不同地区 EKC 转折点的人均收入进行了估计;但他们认为,经济增长不能自动解决森林毁损问题。这些早期的研究成果颇具影响力,为之后各国学者做进一步深入研究奠定了理论基础。

随着有关 EKC 的研究逐渐深入,不断有学者从新的角度,运用新的方法对 EKC 进行验证。从研究结果上看,经济发展和环境污染之间的 EKC 的形状不再只有"倒 U 形",在针对不同对象、采用不同方法的研究中还出现了"正 U 形""倒 N 形""正 N 形"以及正相关形等结果。从环境污染指标的选取方面,不再局限于对于大气废气、工业三废和水污染物等传统的污染物排放,开始使用城镇化、进出口贸易开放度、环境投资情况和能源强度等多种环境替代指标,使得环境库兹涅茨理论更具有广泛的理论价值。2000 年以来,许多国内学者对中国的 EKC 进行了研究。注意到中国是发展中国家,具体国情与发达国家、OECD 国家存在很大的不同。尽管如此,关于中国 EKC 的研究方法和研究结论与国外的研究整体却颇相似。

五 碳库兹涅茨曲线

随着对于 EKC 研究的深入,学者们发现 EKC 在不同污染物之间存在显著差异,并将 EKC 按照污染物的种类进行命名,其中反映碳排放与经济发展之间关系的曲线即为碳环境库兹涅茨曲线(Carbon Kuznets Curve, CKC)。当今世界,全球气候变化已经成为全人类共同面对和亟须处理的最重大环境问题之一,寻求低碳发展道路,减少温室气体排放成为全球应对气候变化的共识。因此如何处理经济增长和二氧化碳排放的关系问题成为社会发展进程中需要研究

[①] Panayotou T., "Empirical Tests and Policy Analysis of Environmental Degradation at Different Stages of Economic Development", Working paper 238, Technology and Employment Program, International Labour Office, Geneva, 1993.

[②] Cropper M., and C. Griffiths, "The Interaction of Population Growth and Environmental Quality", *American Economic Review*, Vol. 84, 1994, pp. 250–254.

的重要问题。

二氧化碳是一种不具有直接危害性、影响范围具有全球性、末端治理难度大的排放物。由于其特殊性，国际上对 CKC 的研究结果普遍存在很大的争议。① 关于 CKC 的研究与关于 EKC 的研究相似，学者们主要验证 CKC 的存在性和形状。在大多数研究中，均认为存在"倒 U 形"的 CKC；也有其他研究得出了单调上升形态的 CKC，或者"N 形"等其他形态的 CKC；另外，也有很多学者认为 CKC 不存在，并指出未来的研究重点应放在曲线的产生机制与政府政策对曲线的影响上。

在针对中国问题的研究中，学者们普遍认为人均 GDP 是影响我国二氧化碳排放的最大驱动因素，关于中国 CKC 形态的研究结果也同样呈现出多样化的特征。较有代表性的一类研究认为中国的 CKC 形态为"倒 U 形"，但是也有"N 形""倒 N 形"等复杂的形态。然而，近几年来也有部分研究对中国 CKC 的存在性提出质疑。

总之，在关于碳库兹涅茨曲线形态的研究中，整体上倾向于认为其形态为"倒 U 形"，但是仍然存在较大的争议。甚至，由于二氧化碳不同于常规污染物的特殊性，碳排放与经济发展之间是否存在 CKC 关系仍然需要更为深入的经济学理论分析和更为稳健的实证检验。

第三节　从"公地悲剧"到卡托维兹时代下的气候治理理论

本节将结合气候变化问题的突出特点，总结气候治理过程中涉及的主要经济学问题，并进一步探索在卡托维兹时代下的气候治理理论。

一　气候治理的外部性和公地悲剧问题

气候变化问题在经济学属性上最主要的特点在于外部性和公地悲剧问题。气候变化会造成显著的负外部性问题。温室气体排放会造成全球温升、极端气候情景，从而引发海平面上升、洪涝、干旱、地质灾害等自然环境变动和极端

---

① 王艺明等：《对中国碳排放环境库兹涅茨曲线的再检验》，《财政研究》2016 年第 11 期。

自然灾害，继而影响人民的生活习惯和生产条件，引起大量物种灭绝以及疾病的流行等。但是，温室气体排放造成的这些社会成本，通常未能计算在其排放者的生产成本中。

温室气体排放权可以被认为是具有排他性的公共资源，可能会产生"公地悲剧"问题。不同于纯粹的公共产品利用中的非排他性，公共资源利用中是具有排他性的。地球对温室气体的容量可以看作一个公共资源；温室气体排放是流动的，超越国界的，一个国家排放的温室气体可能对另外一个国家造成损失。按照哈丁（Garrett Hardin）的"公地悲剧"理论，公共资源的所有利用者都会陷入过度利用该资源的状态。对于每个利用者来说，这都是最优的选择；而从整体来说，这导致了公共资源被过度利用，从而导致资源的枯竭。①

针对外部性问题，庇古（Arthur Cecil Pigou）提出了对正外部性进行补贴，对负外部性征税的方法。针对"公地悲剧"问题，科斯（Ronald Harry Coase）提出的解决方式是明确公共物品的产权，并证明如果不存在交易成本，初始的产权分配不会对分配结果的效率产生影响。而奥斯特罗姆（Elinor Ostrom）通过分析大量的事例表明，当一个团体在遇到公共资源利用问题的时候，大家会通过争论或者其他方法制定一系列措施防止公地悲剧的发生：比如会设定一些基本使用原则，采取集体行动和获取集体利益，采取有效的监督和查核措施，设立有效的争议解决机制，对过度利用者实施惩罚等。这些经济学上的重要理论为气候治理政策的设定提供了基本依据，促进了碳税、碳排放权交易体系、国际气候治理与气候谈判的发展。

二 排放源及危害特征对气候治理的影响

除具有负外部性和公共资源属性外，气候变化问题还具有其他特点：（1）排放源的差异性、关联性和跨区域问题；排放量与经济发展和技术发展密切相关，但作用机理复杂；（2）气候变化危害在地域分布上的不平衡性，时间跨度长，以及危害作用机理复杂，预测存在较大不确定性；（3）与其他环境问题的相关度高等。② 这些特点使得气候治理在经济学属性上还涉及了权

---

① 于晓华：《他们为气候变化政策的经济学奠基》，《中国经济导报》2010年1月12日。
② 杨晨曦：《全球环境治理的结构与过程研究》，博士学位论文，吉林大学，2013年。

益问题、发展问题、制度问题、风险问题和社会选择问题等多个方面。① 理论研究方向具体包括：碳排放驱动因素、排放峰值、减排责任分担、跨区域排放与碳泄漏、贴现率评估、政策协同等。

（一）温室气体排放源的特点及其对气候治理的影响

温室气体排放源可以分为农业生产直接排放、工业生产直接排放、服务业生产直接排放、居民生活和消费直接排放等。生产侧的排放量主要取决于产量和技术水平，生活排放则取决于居民生活消费习惯和消费水平；生产侧排放会受到消费习惯和消费需求等的引导，同时消费侧排放也取决于生产活动中要素供给获得的收益等因素。因而，温室气体排放与经济发展的相互关系较为复杂。在本章第二节的碳库兹涅茨曲线部分已对温室气体排放和经济发展的关系进行了较详细的描述，而碳排放的驱动因素和排放峰值的到达条件也是当前气候治理理论研究的重点。

排放源类型的不同，则其对整个经济发展、社会福利等的作用大小会有差异，管控成本也会不同。对哪类排放源进行管控、管控力度大小如何决定等，既会影响政策成本有效性、社会福利变动情况，也会涉及权益归属、发展公平性等问题。例如，消费端和生产端各应承担多大的减排责任？在不过于影响经济发展的情况下，行业可承担的减排责任水平如何？……

排放源分布还具有跨区域的性质，各个国家、次国家区域或其他政府管辖划分边界下，关于减排责任如何划分，以及跨边界排放和碳泄漏管控等问题也是气候治理方向的研究重点。

（二）气候变化危害的特点及其对气候治理的影响

在气候变化危害方面，主要特征包括：地域分布上的不平衡性；时间跨度长；危害作用机理复杂，预测存在较大不确定性等。地域上的不平衡性既包括温室气体分布的不均衡性，也包括具有不同地理特征的区域，受到气候变化的危害程度不同。例如，地势低的地区可能因为全球变暖造成的冰川融化、海平面上升而被淹没。因此，不同地区对于减缓气候变化的诉求强度不同。

时间跨度长是指，气候变化的形成是温室气体长期持续排放造成的，问题的形成时间超越了一代人的生存期。这一方面导致当代人需要为上代人甚至上

---

① 薄凡、庄贵阳、禹湘、陈湘艳：《气候变化经济学学科建设及全球气候治理——首届气候变化经济学学术研讨会综述》，《经济研究》2017 年第 10 期。

几代人造成的全球变暖后果买单,另一方面需要考虑我们应为后代承担的责任。其中一个关键的学术争论点在于贴现率的选取,贴现率的选择除了是经济学的问题外,可能更多的是涉及代际公平性的伦理探讨。

贴现率不同导致对未来预期损害评估不同,[1] 也会导致对历史排放贡献的评估不同,而这两方面的评估是划分各国减排责任的重要依据。不同的评估方式会引导不同的政策设定立场。具体说来,国际气候谈判中曾经提出过多种责任分担方案,其依据的基本分配原则主要可归纳为四类:按排放责任公平分担;按减排能力公平分担;人均主义;国家主义。按排放责任公平分担即污染者付费原则,历史累计排放量成为责任分配的参考基础。按减排能力公平分担类似于阶梯式税制,减排能力越大,责任越大。一般以人均 GDP 指标来衡量应对气候变化的综合能力。人均主义即人人享有平等的碳排放发展权和免于气候损害权。国家主义即祖父原则,要求未来各国的初始碳排放权与各国目前的排放水平成正比。[2]

时间跨度长还会造成政府需要设立长期治理目标。经济发展和技术发展长期看来都具有较大的不确定性,如何考虑对低碳技术的引导力度,如何权衡技术锁定效应和减排成本,都是在气候治理过程中需要考虑的问题。

危害评估的不确定性一方面源自地球科学,如我们对未来地球气候变化的具体影响及其风险,特别是极端气候事件发生的预测能力有限。另一方面源自气候变化的市场损害和非市场损害评估的不确定性。具体说来,市场损害虽然可以通过市场价格或数量变化显示出来,但是其中气候变化的影响力度较难划分。非市场损害,例如生态系统变化、物种多样性丧失等,较难以货币形式估计,容易引发道德伦理之争。[3] 这主要影响气候治理政策的政治接受度。

三 气候治理组织制度理论

在全球气候治理的制度建设上,张胜军将全球治理区分为三大范式:全

---

[1] Weitman M., "Role of Uncertainty in the Economics of Catastrophic Climate Change", *Environmental Law and Policy*, No. 6, 2017, pp. 1 – 25.
[2] 林洁、祁悦、蔡闻佳、王灿:《公平实现〈巴黎协定〉目标的碳减排贡献分担研究综述》,《气候变化研究进展》2018 年第 5 期。
[3] 陈卓淳、方齐云:《气候变化经济学研究进展》,《经济学动态》2008 年第 6 期。

球主义范式、国家主义范式和跨国主义范式。全球主义范式强调全球契约关系，致力于全球层面的价值共识和公共舆论，推动建立自上而下的全球治理体制，并试图通过具有强制力的法律和有约束力的全球宪章、条约实现有效治理的目标。国家主义范式的基本主张仍是强调国家在全球治理中的主导性地位，国家和国家之间的合作仍是实现全球治理目标的终极单位和最有效途径。跨国主义范式是全球治理理论的最新发展，其内涵包括：跨国政府部门网络；主要由跨国非政府组织和跨国公民社会团体的参与而形成的跨国社会机制；借助市场规律和市场力量而产生的有利于解决全球问题的市场机制。[1] 杨晨曦也提出，气候治理需要构建国家、次国家政府、政府间国际组织、国际非政府组织、企业和科学机构等多个层次的跨国治理网络。[2] 在全球气候治理的实践中，各国的气候治理合作也由自上而下划分排放权的方式，改为自下而上自愿领取减排义务的形式。此外，次国家层面的合作也越来越多。

四　卡托维兹时期的相关治理理论

2018年12月15日深夜，联合国气候变化卡托维兹大会顺利闭幕。大会如期完成了《巴黎协定》实施细则谈判，通过了一揽子全面、平衡、有力度的成果，全面落实了《巴黎协定》各项条款要求，体现了公平、"共同但有区别的责任"、各自能力原则，考虑到不同国情，符合"国家自主决定"安排，体现了行动和支持相匹配，为协定实施奠定了制度和规则基础。[3]

（一）不确定性理论

1. 不确定性属性

不确定性是气候变化诸多方面的关键因素。评估决策的标准必须仔细考虑不确定性程度、长期视野和可能的结果范围。需要考虑的可能结果，包括对气候的重大不可逆转的变化，其可能远远超出人类的经验范畴。在气候变化科学

---

[1] 张胜军：《气候变化治理的理论范式》，《中国社会科学报》2013年第457期。
[2] 杨晨曦：《全球环境治理的结构与过程研究》，博士学位论文，吉林大学，2013年。
[3] 生态环境部：《联合国气候变化卡托维兹大会顺利闭幕　全面开启巴黎协定实施新征程》（2018年12月16日），2019年9月16日，https://www.mee.gov.cn/xxgk2018/xxgk/xxgk15/201812/t20181216_684911.html。

中，经济和社会后果的这种不确定性使得国际集体行动在温室气体排放目标达成一致意见方面尤其具有挑战性。不确定性的普遍存在也会影响税收、市场、产权和监管方面的工具选择。例如，面对不确定性和不对称信息，如价格、数量、配额时更合适的政策工具是什么？……不确定性也会影响行动的速度和程度。当我们知道对未来的某些影响是不可逆转的，以及某些基础设施投资是不可恢复的时候，我们该怎么做？……此外，不确定性的存在也意味着，采取简单的方法来贴现未来将是误导或错误的。① 因此，研究气候变化问题首先不能忽略其不确定性属性。

2. 信息的不对称性

信息不对称理论，是指在市场经济活动中，各类人员对有关信息的了解是有差异的；掌握信息比较充分的人员，往往处于比较有利的地位，而信息贫乏的人员，则处于比较不利的地位。在碳排放方面，消费者通常无法直接感知特定产品是否低碳。例如，某产品比其他产品使用起来更节能，这是产品的传统质量属性，能够直接得到消费者验证；但它可能在生产或流通领域造成了比其他产品更大的碳排放，这一属性消费者无法观测……为了促进低碳经济的发展，鼓励企业生产低碳产品和提供低碳服务，越来越多的国家在相关机构的支持和倡导下，引导企业评估和披露产品生命周期内的碳排放行为，向产品授予碳标识，开展低碳产品认证。②

3. 政策的摇摆性

近些年，以美国为首的部分发达国家在气候变化政策的制定和执行上"摇摆不定""反复无常"，也给全球的碳治理带来了较多的不确定性因素。例如，美国在这次波兰卡托维兹气候大会中表现矛盾，美国代表与总统特朗普立场一致，质疑《巴黎协定》，还宣传化石燃料；但是，美国在幕后积极与中国大陆代表协商测量温室气体排放量的规则，而且最后也同意了协定施行细则。另外，在这次大会上，一些国家跟着特朗普一起质疑《巴黎协定》。会议开幕当天，土耳其就阻挠议事程序，要求把土耳其从发达国家更改为发展中国家，希望能从富国拿到数十亿美元的气候援助资金。巴西则强烈反对建立国际碳交

---

① Stern, N., "What is the Economics of Climate Change?", *World Economics*, Vol. 7, No. 2, 2007, pp. 1 – 10.

② 吴鹏、丁洁：《排放水平信息不对称下低碳认证影响研究》，《重庆大学学报》（社会科学版）2016 年第 6 期。

易市场。①

(二) 低碳经济、零碳经济与负碳经济理论

1. 低碳经济理论

低碳经济的内涵,在 2003 年英国政府发布的能源白皮书《我们能源的未来:创建低碳经济》中首次提出,但该书并未对此概念进行严格界定。② 目前,环境学家鲁宾斯德对此概念的阐述引用最为广泛,即"低碳经济是一种新兴经济模式,其核心内容是在市场机制条件下,通过制度及政策创新,提高能效技术、节能环保技术以及温室气体减排技术,从而促进社会经济整体朝高能效、低能耗、低排放的发展模式转变"。

从发展目的来看,低碳经济是以减少 CO_2 等温室气体排放为基础,通过构建低能耗、低污染的经济发展体系,达到提高能源效率、优化生态环境、提升社会福利的最终目标。因此,发展低碳经济一方面要积极承担环境保护责任,完成国家节能减排指标的要求;另一方面要调整产业结构,提高能源利用效率,发展新兴工业,促使人类经济发展方式、能源消费方式和生活方式向低碳化转变,以减缓全球气候变暖,实现经济社会的可持续发展。

2. 零碳经济理论

所谓的"零碳经济",并不是说完全不排放二氧化碳,而是通过统筹规划,应用减源增汇、绿色能源替代、碳产品封存、碳交易及生态碳汇补偿等方法,抵消碳源,使碳源与碳汇代数和为零。

国外对零能耗建筑的探讨与实践已有超过 40 年的历史。美国能源部在 2008 年发表的"零能耗公共建筑"计划,提出到 2030 年新建的所有办公楼要采用零能耗技术。英国政府 2006 年提出"到 2016 年所有新建居住建筑实现零碳"。"零能耗社区"的建设尝试,最早可以追溯到英国 2002 年完成的贝丁顿零能耗社区,是英国第一个也是最大的零碳生态社区。而 2016 年发布的中国"十三五"规划纲要也提出:"支持优化开发区域率先实现碳排放达到峰值。深化各类低碳试点,实施近零碳排放区示范工程。"广东省更在《中共广东省委关于制定国民经济和社会发展第十三个五年规划的建议》中明确了"珠三

---

① 《卡托维茨气候大会美国表现矛盾:既认同减碳又推广化石燃料》,2019 年 6 月 10 日,《经济日报》2018 年 12 月 19 日,https://www.huanbao-world.com/a/vocs/70014.html。

② 肖海平:《区域产业结构低碳转型研究——以湖南省为例》,博士学位论文,华东师范大学,2012 年。

角地区实施近零碳排放区示范工程"。在随后的《2016年广东省政府工作报告》中还设置了"在珠三角地区实施近零碳排放区示范工程,加快国家低碳试点建设"的重点项目。①

3. 负碳经济理论

随着能源安全和气候变化对各国经济社会可持续发展的威胁日益加重,发展以零碳技术、负碳技术创新为核心的经济,已经成为各国需要考虑的迫切问题。其中,负碳经济,是指以吸收和转化二氧化碳为主要形态的经济模式,②是在永续发展理念指导下,通过技术创新、制度创新、产业转型、清洁能源开发等多种手段,尽最大可能地减少煤炭石油等高碳能源消耗,扼制温室气体排放,延缓气候变暖,达到经济社会发展与生态环境保护双赢的一种经济发展形态。

如果说低碳经济、零碳经济是一个量变的过程,那么,负碳经济就是一种质变的飞跃,或将引发一场全球性的应对气候变化行动的新革命。事实上,尽早实现负碳产业和负碳经济的关键点在于通过系统技术创新,使整个循环系统既能实现"正能量输出""正效益获得",还能实现"负碳排放"。当然,实现负碳产业和负碳经济的方式多种多样,它会给农业能源、绿化沙漠治理、旅游产业、可再生能源技术等领域带来许多新的发展机遇。目前"负碳"理念在中国已悄然变为行动。③ 2011年8月23日,中国·普天环保产业有限公司、普天控股(集团)股份公司本着提升零碳技术、负碳技术的自主创新能力,发挥学科交叉特色,形成集成创新优势的原则,正式成立负碳经济研究院。2014年7月29日,负碳城建设控股有限公司正式登记成立,经营范围包括与绿色环保、低碳、负碳相关的技术研发、推广等。

(三)后碳经济理论

由于国际社会对化石燃料依赖性和温室气体危害性的研究尚存在激烈争论,因此,可以理解的是,对"后碳经济"的概念尚未达成一致。位于美国的公共智库后碳研究所(PCI)将其定义为:为应对21世纪相互关联的经济、能源、环境和公平危机,设想一个充满活力的社区和重新定位的经济世界,并

---

① 叶祖达:《中国城市迈向近零碳排放与正气候发展模式》,《城市发展研究》2017年第4期。
② 盛斌:《负碳经济》,《中国海关》2011年第3期。
③ 谢和平:《"负碳时代"能否提前到来》,《中国科技奖励》2013年第5期。

且这些经济体可以在生态范围内茁壮成长。① 其关于后碳的工作内容很广泛，包括：气候、消费和浪费、社区、文化和行为、生态、经济、教育、能源、粮食和农业、政府、卫生、人口、社会正义、交通和水等。

也有学者认为："后碳社会"将是继工业社会后的一种崭新社会发展模式，是第三次工业革命的必然结果。根据不同战略目标、非政府来源和政府来源进行分类：如（i）全球经济整体；（ii）仅限全球能源部门；（iii）多国，区域经济（欧洲联盟）；（iv）国民经济；（v）仅限国家能源部门；（vi）大型次国家经济（美国加利福尼亚州），大致包含以下后碳路径（Post carbon pathways）可以朝向后碳社会发展迈进，如表3-1和表3-2所示。②

表3-1　　　　　　　　后碳经济转型战略——非政府来源

范围	战略和计划	来源	引文
全球——所有部门	转型中的世界：可持续发展的社会契约；边缘世界：如何防止环境和经济崩溃；我们的选择：应对气候危机的计划；一级作战计划	德国全球变化咨询委员会；地球政策研究所；Al Gore；Paul Gilding 和 Jorgen Randers	（WBGU，2011）；（Brown，2011）；（Gore，2009）；（Randers and Gilding，2010）
全球——仅能源部门	为绿色星球提供动力：到2030年通往可持续能源之路；能源报告：到2050年使用百分之百可再生能源	Mark Z. Jacobson 和 Mark A. Delucchi；世界自然基金会	（Delucchi and Jacobson，2011；Jacobson and Delucchi，2009，2011）；（WWF，2011）
国家——所有部门	零碳英国2030；澳大利亚低碳增长计划	替代技术研发中心；澳大利亚气候工作组织	（Kemp and Wexler，2010）（ClimateWorks Australia，2010）
国家——仅能源部门	零碳澳大利亚2020——固定能源计划	墨尔本大学能源研究所、智库"超越零排放"	（Wright andHearps，2010）

---

① Chatterton, P. , "Towards an Agenda for Post-carbon Cities: Lessons from LILAC, the UK's First Ecological, Affordable, Cohousing Community", *International Journal of Urban and Regional Research*, Vol. 37, No. 5, 2013, pp. 1654 – 1674. Post Carbon Institute, "About us", http://www.postcarbon.org/about-us/, 2010 – 1 – 1, 2019 – 6 – 10 visited.

② Wiseman J. , Edwards T. , Luckins K. , "Post Carbon Pathways: A Meta-analysis of 18 Large-scale Post Carbon Economy Transition Strategies", *Environmental Innovation and Societal Transitions*, Vol. 8, 2013, pp. 76 – 93.

表3-2 后碳经济转型战略——政府来源

范围	战略和计划	来源	引文
（多国）区域——所有部门	2050年迈向具有竞争力的低碳经济路线图	欧盟委员会	(European Commission, 2011)
国家——所有部门	中国"十二五"规划，中国应对气候变化的政策与行动白皮书；碳计划：实现我们的低碳未来；国家绿色增长战略；气候变化和低碳包容性增长战略国家行动计划：中期报告；确保清洁能源未来——澳大利亚政府气候变化计划	英国政府部门；韩国政府部门；中国政府部门；印度政府部门；澳大利亚政府部门	(People's Republic of China, 2011); (Presidential Committee on Green Growth, ND; UNEP, 2010); (Government of India, 2008; 2011); (Commonwealth Government of Australia, 2011)
国家——仅能源部门	能源概念：为了环境良好、可靠的和可支付的能源供应；我们的未来能源	德国政府部门；丹麦政府部门	(Government of Germany, 2010); (The Danish Government, 2011)
洲级——所有部门	范围界定计划与加州清洁能源未来	加利福尼亚州政府部门	(State of California, 2010)

除此之外，根据行业发展前景预测，五大新兴产业将成为后碳时代的重要支柱。[①]

（1）向可再生能源转型。传统化石能源成本不断上扬，可再生能源成本不断下降，两者之间的巨大反差引起了全球经济的巨变，从而催生了21世纪的新型经济范式。以太阳能、风能、水力、地热、生物能等为来源的发电行业将迎来重要发展。

（2）分布式微型发电厂。建筑业可能是大型能源公司的重要伙伴和平衡者。欧盟各成员国现在约有1.9亿栋楼，而每一栋楼都是一个潜在的小型发电厂，它能吸收可再生能源，如照射到楼顶的太阳能、墙外的风能、从房子里排出的污水、楼房下面的热能等。如果说第一次工业革命造就了密集的城市核心区、经济公寓、街区、摩天大楼、拔地而起的工厂，第二次工业革命催生了城郊大片地产以及工业区繁荣的话，那么，第三次工业革命则会将每一个现存的

---

① 佚名：《解析"后碳"时代的五大产业支柱》，《硅谷》2012年第12期。

大楼转变成一个两用的住所——住房和微型发电厂。

（3）以氢的方式储能。尽管可再生能源总量多且清洁，让我们得以生存在一个可持续发展的世界，但它们也存在一定问题。可再生能源多半是间歇式供应的，而传统能源虽然有限且会造成污染，却能提供稳定的供给。长久以来，作为后碳时代的制胜法宝，氢气备受科学家和工程师的推崇。

（4）能源互联网。智能电网是新兴经济的支柱。互联网式电网已经应用到一些地区，改变了传统输电网的模式。当数以百万计的建筑实时收集可再生能源，以氢的形式储存剩余能源，并通过智能互联电网将电力与其他几百万人共享时，由此产生的电力使集中式核电与火电站都相形见绌。

（5）与运输系统相结合。当电动车大规模投放市场时，电力充电市场的利润预计在2013年将由现在的6900万美元迅速上升至13亿美元。据柏亚天管理咨询公司2010年的研究报告，到2020年，全球范围内与电动车相关的行业产值将达到3000亿美元，将创造100万个以上的就业机会。到2030年，插电式电动车的充电站和氢能源燃料电动车会普及全球，将为主电网的输电、送电提供分散式的基础设施。据预测，到2040年，75%的轻型汽车将由电力驱动。

第四节　碳定价理论

由于二氧化碳排放具有外部性特征，[①] 可以基于外部性理论，通过设定碳排放价格将碳排放成本内部化，从而实现控制碳排放的目的。两种基于市场的政策工具能够提供明确的碳价，包括碳排放权交易（Emissions Trading Scheme，ETS）和碳税（Carbon Tax）。[②]

目前，碳排放权交易与碳税两种碳定价机制在全世界范围得到了广泛应用。根据世界银行的统计，截至2018年4月，共有45个国家和25个地区已实施或计划实施碳排放权交易机制或碳税，覆盖的排放量将达到110亿吨二氧

[①] 潘家华：《气候变化的经济学属性与定位》，《江淮论坛》2014年第6期。
[②] Partnership for Market Readiness (PMR) and International Carbon Action Partnership (ICAP), "Emissions Trading in Practice: A Handbook on Design and Implementation", World Bank, Washington D. C., 2016.

化碳当量，约占全球年度温室气体排放总量的20%。[1]

一 碳排放权交易理论与实践

（一）碳排放权交易的基本概念

碳排放权交易体系（Emissions Trading Scheme，ETS）具有以最低成本实现既定排放控制目标的特点，因此受到政策制定者的关注。[2] 在碳排放权交易体系下，由政府首先设置管控企业或设施在履约年内的排放总量，并发放相应数量的排放配额，每个配额对应一单位（通常是一吨）的排放量。碳交易政策管控的高排放企业或设施需为其每一吨排放上缴一单位配额，多余的配额可选择出售或存储，不足的配额则需要通过市场向其他实体购买。

（二）碳排放权交易体系的主要设计要素

（1）覆盖范围。碳排放权交易体系的覆盖范围涉及覆盖的温室气体种类、覆盖行业和纳入门槛等方面。从覆盖的温室气体种类来看，碳排放权交易体系可以覆盖多种温室气体，也可以只覆盖 CO_2 一种温室气体。从覆盖行业和纳入门槛来看，当前多数碳排放权交易体系主要覆盖排放占比大、减排潜力大、数据统计基础较好的大型排放源。[3]

（2）总量设定。总量设定可以保证排放配额的稀缺性，从而为企业减排和参与碳交易提供激励。总量设定包括"自顶向下"和"自底向上"两种方式。[4]"自顶向下"的方式是指根据社会总体减排目标和管控行业的特点确定体系的总量上限；"自底向上"的方式是指根据不同行业具体的配额分配规则，加总行业内各企业实际获得的配额总量得到行业总量，加总各行业的配额总量得到体系的实际总量。

（3）配额分配。配额包括免费分配和有偿分配两种方式，有偿分配主要采取拍卖的方式，免费分配可以依据企业历史数据或相关履约年份的实际数

---

[1] World Bank and Ecofys, "State and Trends of Carbon Pricing 2018", World Bank, Washington D. C., 2018.

[2] Harrison D., et al., *Using Emissions Trading to Combat Climate Change: Programs and Key Issues*, Social Science Electronic Publishing, 2008.

[3] 段茂盛、庞韬：《碳排放权交易体系的基本要素》，《中国人口·资源与环境》2013年第3期。

[4] Pang T., Duan M., "Cap Setting and Allowance Allocation in China's Emissions Trading Pilot Programmes: Special Issues and Innovative Solutions", *Climate Policy*, Vol. 16, No. 7, 2015, pp. 815 – 835.

据，相关参数可以是企业的排放量，也可以是企业的投入量或产量。[①]

（4）监测、报告与核查（MRV）体系。为核查管控企业或设施是否完成履约，需要在履约期结束时，对比其拥有的配额数量是否足以抵消其实际排放量，这就需要对其排放进行监测、报告与核查。碳交易政策管控企业需要有效执行相关的监测和报告要求，并需要由第三方核查机构对企业的报告进行核查。

（5）履约机制。评估碳交易体系覆盖实体是否完成履约义务，并对未完成履约义务的实体进行相应的处罚。履约机制是碳交易政策对管控企业具有约束力的保障。

（6）其他要素：抵消机制、市场调节机制等。

（三）碳排放权交易在各国的实践

目前，碳排放权交易已成为许多国家和地区气候政策的重要组成部分，欧盟、瑞士、新西兰、韩国等国家以及美国、加拿大和日本等的部分区域都已经实施了碳排放权交易体系。[②] 我国已于2013年至2014年先后启动了"五市两省"七个碳排放权交易试点，并于2017年12月宣布启动全国统一的碳排放权交易体系。碳排放权交易将成为未来我国实现减排目标的重要政策工具。

二 碳税理论与实践

（一）碳税的基本概念

碳税是指针对二氧化碳排放所征收的税。实践中，各国通常是对化石燃料按其含碳量设计税率征收碳税，通过调控含碳化石能源的价格间接控制二氧化碳排放。[③] 作为一种财政政策，碳税同时还具有改革赋税结构和增加财政收入的作用。[④]

---

① 庞韬：《全国碳排放权交易体系中的配额分配方法研究》，博士学位论文，清华大学，2016年，第55页。
② International Carbon Action Partnership, "Emissions Trading Worldwide: Status Report 2018", 2018.
③ 段茂盛、张芃：《碳税政策的双重政策属性及其影响：以北欧国家为例》，《中国人口·资源与环境》2015年第10期。
④ 郑爽、窦勇：《利用经济手段应对气候变化——碳税与碳交易对比分析》，《中国能源》2013年第35期。

(二) 碳税的主要设计要素[①]

(1) 定义征税范围。包括确定覆盖的温室气体、征税的能源品种、覆盖部门、纳入门槛和监管点。目前已有的碳税体系多数是对化石燃料征税，也有少数体系直接对二氧化碳排放征税。

(2) 确定税率。碳税税率的设置可以基于以下目标：(a) 实现特定水平的碳减排；(b) 实现特定水平的税收收入；(c) 反映碳排放的社会成本。已经实施了碳交易机制的司法管辖区也可以建立碳税税率与碳市场中碳价的联系。

(3) 确定税收收入的使用方式。征收碳税将带来重要的税收收入，碳税收入如何使用将产生重要的经济影响。政府可以选择通过直接的退款将碳税收入返还给家庭和企业或用于减免其他税负，以保持税收中性；也可以将税收收入用于一般财政支出或特定用途支出，例如用于支持节能环保项目。

(4) 监管和履约。如果采用对化石燃料征税的方式，则不需要额外的监管机制，也不需要对排放进行监测、报告和核查。但如果直接对二氧化碳排放征税，则需要更多的监管，以及建立健全的 MRV 体系。

(三) 碳税在各国的实践

目前，碳税主要在芬兰、丹麦、瑞典、挪威等北欧国家以及瑞士、英国、法国、日本、墨西哥等国家实施。

三 碳交易与碳税的对比分析

碳排放权交易政策直接控制碳排放总量，是一种"数量型"政策工具；碳税通过固定碳价格间接控制温室气体排放总量，是一种"价格型"政策工具。[②] 理论上两类政策除了价格形成方式不同外，政策机理是完全一致的，具有较高的理论一致性和内在联系。[③] 然而，两种政策工具在减排效果、实施成本和政治接受程度等方面也存在差异。

(1) 减排效果：碳税的减排效果具有一定的不确定性。与碳税相比，碳

---

① Partnership for Market Readiness (PMR), "Carbon Tax Guide: A Handbook for Policy Makers", World Bank, Washington D. C., 2017.
② 张芃:《碳交易与碳税政策共同实施的必要性与协调方式研究》，博士学位论文，清华大学，2018 年，第 2 页。
③ 鲁传一:《资源与环境经济学》，清华大学出版社 2004 年版。

排放权交易政策直接设定排放总量,能够提供更有确定性的排放控制结果。

(2)实施成本:征收碳税可依托现有的税制体系,管理成本较低;碳交易体系需要一系列基础设施投入,包括 MRV 体系、注册登记系统和交易平台建设等,实施成本较高。①

(3)政治接受程度:碳税会导致企业生产成本增加,影响企业产品竞争力,实施面临的阻力较大。相比之下,碳排放权交易允许企业灵活地选取履行减排责任的方式,且实施初期配额往往免费分配,对企业生产的影响小,政治接受程度较高。

第五节　具有中国特色的低碳转型理论:来自中国的选择?

"低碳经济"是碳生产力和人文发展均达到一定水平的一种经济形态,具有"低碳排放""高碳生产力"和"阶段性"特征。向低碳经济转型的过程就是低碳发展的过程,目标是低碳高增长,强调的是发展模式。低碳经济转型包括经济发展方式的转型、消费方式的转型、能源结构的转型和能源效率的提高。②

改革开放以来,以高生产要素投入、高污染物排放为特征的我国经济在短时间内得到了迅速发展,但也造成了巨大的资源浪费和生态环境危机。一方面,有限的资源和生态环境容量意味着这种粗放型的经济发展方式难以为继;另一方面,作为全球第二大经济体和第一大温室气体排放国,中国面临着承担应对气候变化责任的国际压力。③ 低碳经济转型成为我国经济发展的必然选择。通过对低碳转型路径的不断探索和经验积累,逐渐形成了具有中国特色的低碳转型理论——以能源低碳转型为主要抓手、以产业结构升级为内生动力、以低碳生活方式引导消费观念转变、发展市场型政策工具激励低碳转型等,多管齐下,以多层次、多角度的政策激励,促进中国经济的低碳转型。

---

① 倪娟:《碳税与碳排放权交易机制研析》,《税务研究》2016 年第 4 期。
② 潘家华、庄贵阳、郑艳、朱守先、谢倩漪:《低碳经济的概念辨识及核心要素分析》,《国际经济评论》2010 年第 4 期。
③ 张世秋:《中国低碳化转型的政策选择》,《绿叶》2009 年第 5 期。

一 能源低碳转型

能源是经济发展的重要基础，能源低碳转型也是低碳经济转型的重中之重。在相当长的一段时间里，我国的经济增长与能源消费之间存在密切的正相关关系，[1] 而以煤炭为主的化石能源禀赋决定了对应经济发展阶段的高碳排放特征。依据库兹涅茨曲线理论，要实现经济发展的低碳化，需要将中国的经济发展与能源消费解耦、能源消费增长逐渐与碳排放解耦。[2] 与之相对应，实现能源系统的低碳转型，关键在于两个方面：第一，控制能源消费强度和总量；第二，调整能源结构。[3]

（一）控制能源消费强度和总量

控制能源消费强度和总量，即提高生产活动中"能源"这一要素投入的生产率，降低对能源消费的总需求。与发达国家在社会经济发展到一定水平后逐步走向低碳经济的自然演变过程不同，中国的能源低碳转型是高强度政策干预下的剧烈变革。[4] 但是，经济发展也不能"因噎废食"。因此，考虑到高速增长的经济现状，中国的能源消费控制目标主要采用强度目标的形式，以五年为时间跨度，制定了"十一五""十二五""十三五"期间分别实现单位国内生产总值能源消耗降低20%、16%和15%的目标，并从中央到地方层层分解，纳入政府考核指标；与之相对应，单位国内生产总值二氧化碳排放将实现下降17%（"十二五"期间）和18%（"十三五"期间）的目标，并从"十三五"开始将单位国内生产总值二氧化碳排放纳入约束性指标。

工业部门是能源消费大户，在实现强度控制目标的同时，我国在"十一五"和"十二五"期间分别出台了"千家企业节能行动"和"万家企业节能低碳行动"政策，纳入能源消费量最高的数千家工业企业等，在规范节能管理的基础上，分别要求实现节能1亿吨、2.5亿吨标准煤的总量目标，并分解

---

[1] 马晓微：《我国经济发展与能源消费关系实证研究》，《中国能源》2007年第5期。
[2] 杜祥琬、杨波、刘晓龙等：《中国经济发展与能源消费及碳排放解耦分析》，《中国人口·资源与环境》2015年第12期。
[3] 杜祥琬：《"十三五"是我国能源低碳转型关键期》，《国家电网》2016年第9期。
[4] 何建坤：《中国能源革命与低碳发展的战略选择》，《武汉大学学报》（哲学社会科学版）2015年第1期。

落实到每家企业。

尽管实现能源总量控制目标在现阶段还有一定的难度，但单位国内生产总值能源消耗控制目标和重点用能单位的节能目标等政策手段，在一定程度上控制了能源消费总量的迅速增长趋势，为实现低碳经济转型奠定了重要基础。

（二）调整能源结构

调整能源结构，即通过能源供给侧的结构变革，稳步促进风能、光能等可再生能源发展，合理布局核能，扩大天然气供给和消费，稳定石油消费量，控制并逐步减少煤炭消费总量，从而逐步实现能源供给系统的低碳化目标。为了促进能源结构调整，政府综合考虑了能源消费和技术现状、能源禀赋和能源安全等多方面的因素，加速淘汰低效率的小火电机组，鼓励新建大型火电机组，提高煤电效率；采取一系列的经济刺激手段，促进可再生能源发展；提高天然气、核电在一次能源消费中的比重等。

2007年以来，国家先后出台了《国务院关于印发节能减排综合性工作方案的通知》《国务院办公厅关于转发发展改革委等部门节能发电调度办法（试行）的通知》及《国家发展改革委关于降低小火电机组上网电价促进小火电机组关停工作的通知》等一系列政策措施，加速低效率小火电退出市场，为高参数、高效率的大型火电机组腾出空间，调整了电力工业的能源消费结构，进而影响了一次能源消费结构。

在可再生能源方面，我国综合运用指令型、经济激励型、市场开发和研发支持型政策，[①] 促进可再生能源发电和直接利用。在资金方面，国家设立相应的财政资金，并广泛吸引国际资金和社会资金等，促进可再生能源投资和开发，典型项目如对风电等可再生能源的电价补贴、农村小水电建设、金太阳工程等；在管理制度方面，通过出台《可再生能源法》《可再生能源中长期发展规划》以及地方性的法律法规和规划性文件，制定可再生能源发展目标、确立国家发展可再生能源的制度基础，并推动各地因地制宜实现各自可再生能源发展目标；同时，完善电网建设和电力调度制度，解决"弃风""弃光"问题，保障可再生能源的消纳。

与此同时，通过加快天然气管道网络的投资建设、积极发展与液化天然气

---

① 黄梦华：《中国可再生能源政策研究》，硕士学位论文，青岛大学，2011年，第41页。

(LNG)出口国的长期贸易关系、发展煤层气等非常规天然气开采技术等手段,提高我国天然气供应水平,提升天然气在一次能源消费中的比重;合理规划和投资建设核电设施,提高核电比例。我国能源消费结构逐步向低碳化转型,为经济发展提供低碳动力。

二 产业与区域低碳转型

实现低碳经济转型目标更需要依赖于经济发展模式的转变,即产业结构的升级才是低碳经济转型的根本。因此,中国特色低碳经济转型在产业升级和区域低碳发展模式方面做出了大量的探索。[①]

产业结构升级包括两个层面:一是整个经济体中各个产业比重的调整,二是产业内部技术构成的升级。从宏观经济层面来看,实施供给侧改革,结构性去产能,提高供给质量,促进高技术产业和战略新兴产业发展;解除高耗能产业的技术锁定,降低经济发展对高耗能、高排放、低附加值行业的依赖性。[②]从行业内部层面来看,各工业行业、交通行业和建筑行业等积极开展低碳行动,实现产品结构升级、提高技术生产率,增强市场竞争力,优化经济增长模式。产业结构升级既是低碳经济转型的手段,也是低碳经济转型的目标。因此,产业低碳转型将成为我国低碳经济转型的内在动因并为之提供长久动力。

结合能源低碳转型和经济发展模式转型的双重手段,各地方积极开展低碳省区、低碳城市、低碳社区、低碳产业园区等示范工程建设,借助舆论宣传等手段,促进消费观念和消费行为转变,推广节能标识产品,普及低碳生活方式。而资源型省区或重化工业聚集区域,[③] 作为经济子单元,为了寻求新的经济增长点,在实现低碳经济转型方面也开展了多方面的行动:编制省级低碳发展规划,落实控排目标,加强地方立法,积极推进当地低碳产业发展,加速淘汰高耗能、高污染产业或产能等。各地充分结合当地实际情况、根据自身低碳发展需求、发挥地方政府积极能动性,推进区域经济低碳转型,为国家经济低碳转型产生了良好的试点和示范作用。

---

① 肖海平:《区域产业结构低碳转型研究》,博士学位论文,华东师范大学,2012年,第10页。
② 张世秋:《中国低碳化转型的政策选择》,《绿叶》2009年第5期。
③ 周桂荣、葛颂:《京津冀区域产业发展低碳转型路径选择》,《港口经济》2014年第4期。

三 发展市场型政策工具

低碳经济转型领域的政策工具尽管延续了命令控制型和财税激励型手段相结合的一贯传统，但也在市场型政策工具方面做出了探索尝试并逐步推进，以促进低碳经济转型、降低碳排放控制总成本。

2011 年开始，国家发改委批准在北京、天津、上海、重庆、广东、湖北和深圳 7 个省市开展碳排放交易试点工作，经过几年实践，各个试点初步建成了各具特色、初具规模、有一定市场活跃度的试点碳交易市场，助力当地低碳经济转型。此外，2016 年底福建省试点碳市场启动，进一步扩大了我国碳市场试点范围。

在试点碳市场建设和逐步完善的同时，全国碳市场准备和启动工作也在有序展开：推进碳排放权交易立法，研究相关配套制度；制定完善配额分配方法，发布相关规则和技术指南；完成拟纳入碳市场企业的历史排放核算报告与核查；完成电力、电解铝和水泥行业部分企业配额分配试算等；并于 2017 年底发布《全国碳排放权交易市场建设方案（发电行业）》。

除了强制性碳市场之外，我国尝试开展了温室气体自愿减排交易机制，以覆盖更多的主体，挖掘更多的减排潜力，实现降低社会减排总成本的目标。作为刺激低碳经济转型的新兴政策工具，以碳交易为代表的市场型政策工具可以发挥价格发现作用，以市场信号刺激碳排放主体减排。

本章从外部性理论开始，由浅入深依次介绍了环境库兹涅茨曲线、碳库兹涅茨曲线、公地悲剧、气候治理理论、碳定价理论等与减缓气候变化相关的经济学理论，并结合我国国情介绍了具有中国特色的低碳转型理论，为中国的产业与区域低碳转型带来思考。

延伸阅读

1. 林伯强、蒋竺均：《中国二氧化碳的环境库兹涅茨曲线预测及影响因素分析》，《管理世界》2009 年第 4 期。

2. 符淼：《我国环境库兹涅茨曲线：形态、拐点和影响因素》，《数量经济技术经济研究》2008 年第 11 期。

3. Dietz, Thomas, et al., "Political Influences on Greenhouse Gas Emissions

from US States", *Proceedings of the National Academy of Sciences*, Vol. 112, No. 27, 2015.

练习题

1. 环境库兹涅茨曲线为何会存在"倒 U 形""正 U 形""倒 N 形""正 N 形"等多种形状?

2. 气候变化问题最为突出的经济学属性有哪些?

3. 请结合我国的发展情况,谈谈为什么说产业结构升级才是低碳经济转型的根本?

第 四 章

温室气体减排技术和项目评价方法学

温室气体减排项目是指以减少温室气体排放为唯一或者重要目标的项目，而相应地，项目采用温室气体减排技术，在本章中简称为减排项目减排技术。

对于温室气体减排项目的评估，从全球或者国家层面，需要分析减排成本和效益；从宏观层面上，需要分析研究潜力、关键技术及对应成本效益；而对于微观项目和技术层面的分析，需要侧重于直接和全生命周期的减排效果，以及相应的直接成本和共生效益等情况。

对减排技术和项目进行经济性评价，和一般项目相比，存在以下四个特点：减排结果是重要的评价目的；减排成本是重要的评价指标；全生命周期分析是重要的评价方法；能源项目是重要的评价对象。

本章重点介绍项目层面分析方法，而对于工业、交通和建筑等部门，以及对于地区和经济体等层次的减排评价方法，需要在其他模型方法介绍章节进行延伸阅读。

本章第一节在阐述一般技术项目的评价方法基础上介绍减排项目增量减排成本测算方法；第二节介绍减排技术的全生命周期分析方法及其案例；第三节对能源项目的减排表现和经济分析进行方法介绍和案例讲解。

第一节　项目经济技术评价方法和减排项目增量减排成本测算方法

本节主要阐述一般技术项目的评价方法，以及减排项目增量成本测算方法。

一　一般项目评价方法

（一）一般项目评价方法概述

对于一般的项目评价，主要有表 4-1 中所述的三种净现值方法。

表 4-1　　　　　　　　　三种评价方法主要特点

序号	评价层次	考虑角度	评价目标	主要评价指标	使用的价格
1	财务评价	投资者	利润	财务净现值	市场价格
2	国民经济评价	经济整体	GDP	经济净现值	影子价格
3	环境经济评价	经济和环境	社会福利	环境经济净现值	影子价格

可以看出，财务评价是从财务角度，根据国家现行财税制度和市场价格，分析、测算项目的效益和费用，考察项目的获利能力、清偿能力等财务状况，以判别其财务可行性；而国民经济评价则是从国家利益出发，从国民经济整体的角度分析计算项目需国家付出的代价和对国家的贡献，以考察投资行为的经济合理性。

由于财务评价和国民经济评价出发的角度不同，所以它们对同一项目的效益和成本的含义和划分范围也不同，财务评价根据项目的实际收支确定项目的效益和成本，其中税金和利息等均应计为费用。而国民经济评价则着眼于项目对社会提供的产品和服务以及项目所耗费的社会资源来综合考虑项目的效益和费用，所以税金、国内借款利息和补贴等均不应计为项目的效益和成本。财务评价只计算项目直接发生的效益及费用，即项目的内部效果；而国民经济评价对项目带来的间接效益与费用（即外部效果）也要进行计算和分析。

其中，效益与成本含义的差别，使财务评价和国民经济评价中采用的价格和主要参数有很大不同。财务评价对投入物和产出物都采用市场价格，国民经济评价则应采用根据机会成本和供求关系所确定的影子价格；财务评价对外汇采用官方汇率，对资金成本采用各行业的基准收益率作为折现率，国民经济评价则采用国家统一测定的影子汇率和社会折现率。

但是，以国民经济产出指标（GDP）为核心的国民经济评价体系中没有充分反映经济增长造成的环境污染、资源破坏和生态恶化等问题，也就没有反映出环境问题对经济增长、可持续发展以及国民福利的负面影响。

进行环境经济评价的关键是把环境影响外部性的成本和收益纳入测算，要对项目的实际和潜在的环境后果进行归类排序，筛选出重要影响结果，对其进行货币化测算。因此，该评价方法的核心就是将环境的经济影响的评价结果纳入到国民经济评价中去，即把货币化的环境影响的成本和收益纳入到项目的成本和收益中去，从而为项目的最终经济决策服务。

以上评价方法的具体测算方法如下，

净现值是项目评价的主要指标。

财务评价的净现值公式为（式4-1）：

$$FNPV = \sum_{t=0}^{T} (B_t - C_t) / (1 + r_m)^t \geq 0 \qquad (式4-1)$$

其中：

B_t: t 年以市场价格计算的项目收益；

C_t: t 年以市场价格计算的项目成本；

r_m: 资金的市场利率；

T: 项目的经济寿命。

国民经济评价公式为（式4-2）：

$$ENPV = \sum_{t=0}^{T} (B_t - C_t) / (1 + r_e)^t \geq 0 \qquad (式4-2)$$

其中：

B_t: t 年以影子价格计算的项目收益；

C_t: t 年以影子价格计算的项目成本；

r_e: 经济贴现率；

T: 项目的经济寿命。

环境经济评价公式为（式4-3）：

$$EENPV = \sum_{t=0}^{T}(B_t - C_t)/(1+r_e)^t \geq 0 \qquad （式4-3）$$

其中：

B_t：t年项目产生的环境经济收益；

C_t：t年项目的环境经济成本；

r_e：经济贴现率；

T：项目的经济寿命。

专栏4-1　项目的财务、国民经济和环境经济评价示例

财务评价和国民经济评价有时候可能导致相反的结论。

例如，某石油化工厂的原油可以出口，其成品油产品也可以出口，由于石油的国内价格低于国际市场价格，从财务评价考虑，企业的利润很高，项目可行；如果进行国民经济评价，采用国际市场价格为基础的影子价格来计算，该项目就可能对国民经济没有任何贡献，成为不可行项目。

如果再将原油开采过程和石油炼制过程中的水污染、土地污染和空气污染等环境影响这些外部成本考虑进来，则从环境经济评价角度看，出口原油或者成品油的项目更不可行。

（二）一般项目的财务评价

财务评价的主要内容为确定基本的项目投资、运行成本等财务数据，测算项目的净现值、内部收益率和投资回收期。

项目净现值是项目效益总现值减去成本总现值。如净现值大于零，那么项目可行。项目内部收益率，则是资金流入现值总额与资金流出现值总额相等、净现值等于零时的折现率。内部收益率如超过投资机会成本，则投资在该项目比其他替代项目具有更好的投资资金效果，项目可行。

具体计算时，首先要确定总成本B和总收益现值C。设b_n和c_n为第n年收益和成本，N为寿命期，i为贴现率。则根据现值因子计算公式，B和C分别表示成：

$$B = \sum_{n=1}^{N} \frac{b_n}{(1+i)^n} \text{ 和 } C = \sum_{n=1}^{N} \frac{c_n}{(1+i)^n} \text{。}$$

则净现值计算公式为,

$$NPV = B - C = \sum_{n=1}^{N} b_n (1+i)^{-n} - \sum_{n=1}^{N} c_n (1+i)^{-n}$$

内部收益率（IRR）计算公式为,

$$\sum_{n=1}^{N} b_n (1+i^*)^{-n} = \sum_{n=1}^{N} c_n (1+i^*)^{-n}$$

此时的 $IRR = i^*$。进行内部收益率的计算比较麻烦，用不同贴现率重复计算相应的净现值，直至它等于零时的那个贴现率，即为内部收益率。

投资回收期是指从项目的投建之日起，用项目所得的净收益偿还原始投资所需要的年限，分为静态投资回收期与动态投资回收期两种。静态投资回收期测算方法对资金的时间因素不做价值形态的量化。动态投资回收期测算方法中考虑了货币的时间价值，利用贴现现金流的分析将不同时间内的资金流入和流出换算成同一时点的值，为不同项目的比较选择提供了同等的基础。

投资回收期指标反映了项目在财务上回收投资的能力。当回收期小于项目的经济寿命时，项目可行。当比较几个项目时，就要选择具有最小投资回收期的项目。计算公式为：$\sum_{n=1}^{N^*} b_n = \sum_{n=1}^{N^*} c_n$。

式中 N^* 为投资回收期，一般用 RP 表示，可以通过财务现金流量表累计净现金流为零时求得，其计算公式表示成：

$$RP = \left(\frac{\text{累计净现金流量}}{\text{开始出现正值年份}}\right) - 1 + \frac{\text{上年累计净现金流量绝对值}}{\text{当年净现金流量}} \quad (\text{式}4-4)$$

当投资者希望尽快回收他们的初始投资资金时候，愿意使用投资回收期法。参见专栏4-2，若贴现率为10%，期望回收期为3年，则分别采用回收期法和净现值法计算，得到了不同结果。可以看出投资期回收法的主要问题是没有考虑货币时间价值，以及在投资回收后项目的盈利能力，因此这种方法不适用于周期较长的项目和后期才出现较高偿还收入的项目。

专栏 4-2　净现值、内部收益率和投资回收期的测算示例

我们对两个项目（甲和乙）的财务经济指标进行测算，如表 1 所示。

表 1　　　　　　　　　财务经济指标汇总表

年	项目甲 成本	项目甲 收益	项目甲 净现金	项目甲 累计净现金	项目乙 成本	项目乙 收益	项目乙 净现金	项目乙 累计净现金
1	1000		-1000	-1000	700		-700	-700
2	200	600	400	-600	300	100	-200	-900
3	200	600	400	-200	150	550	400	-500
4	200	600	400	200	200	650	450	-50
5	200	600	400	600	250	850	650	550
6	200	600	400	1000	250	850	600	1150
7	200	600	400	1400	250	850	550	1700

贴现率：$i = 10\%$

净现值 NPV：	674.7	799.7
内部收益率 IRR：	32.7%	33.1%
投资回收期：	3.5 年	4.1 年

二　减排项目增量成本测算

对于减排项目，因此需要确定合理的基准项目（作为基准线），才能测算对应的减排量，并进行增量减排成本的测算。

（一）基准项目选择

为了确定减排项目活动的减排量，必须确定合理的基准项目。基准项目是指在没有减排项目情况下，最可能出现的项目，其对应的温室气体 GHG 排放水平即为排放量的基准线。相对基准项目，减排项目活动带来的减排量和减排增量成本的基本步骤如图 4-1 所示。

基准项目的选择可以根据所考虑的具体设施/设备的技术经济参数和实际运行工况的统计资料和实地调查，比较准确地确定。这是一种最直接、最常用的方法。对于在同一行业里实施一批同类技术的减排项目群的情况，可以考虑

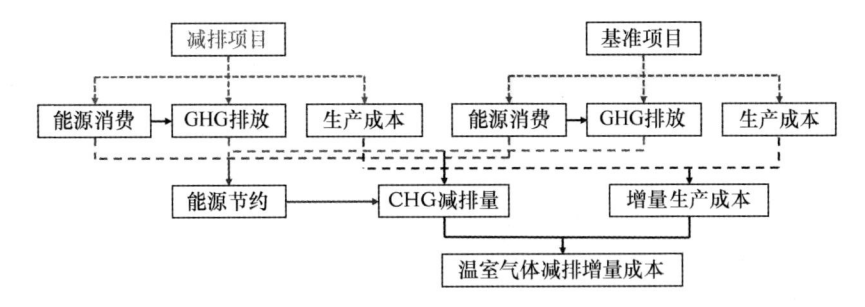

图 4-1 减排量和成本测算的基本步骤

其中典型的技术规范,或技术政策和有关技术标准和法规,作为技术级标志基准项目。

(二) 增量减排成本计算方法

减排项目中 CO_2 减排增量成本 ICER 就成为衡量 GHG 减排量信用额或抵销额价值的关键参数。

一个减排项目的 CO_2 减排增量成本,根据通常的项目评价方法,可以表达为现值成本 PIC 或年成本 ICER,如公式(式4-5):

$$PIC = NPV/NPD = \sum_{t=1}^{n} C_t (1+r)^{-t} / \sum_{t=1}^{n} D_t (1+r)^{-t} \quad (式4-5)$$

其中:

PIC:单位减排量的现值成本;

Dt:以实物量单位表示的第 t 年的减排量;

Ct:以货币量表示的第 t 年的生产增量成本;

NPV:减排项目寿期生产增量成本量现值;

NPD:减排项目寿期减排量现值;

R:折现率。

减排成本效益计算与一般工业生产情况不同的是,投入量不是固定资产、人工、燃料、原料等直接投入,而是相对基准线工况所增加的投入量,称之为生产增量成本(假定年生产规模相同);产出量不是工业产品而是 GHG 减排量。

货币量投入的贴现体现了货币的时间价值,而实物量本来是其减排量效益的一种物理表现形式,但它作为商品乘以价格(成本)就可转化为商品的货币量价值效益，也应考虑其时间价值。但如果对其价格（成本）年均化，不计其贴现，则就等价地转化为对实物量的时间贴现，这也相当于是考虑其商品货币量时间价值的一种等价表示方式。这种对实物量的时间贴现仅在财务分析中有意义。

如果货币量和实物产出量的贴现均采用同样的贴现率，那么其现值成本 PIC 与年成本 ICER 是相同的。以 $crf(r, n)$ 表示资本回收因子，如（式4-6）：

$$AIC = NPV \cdot crf(r,n)/NPD \cdot crf(r,n) = NPV/NPD = PIC$$

（式4-6）

ICER 定义为减排项目寿期年均单位 CO_2 减排增量成本，可以表达如（式4-7）所示：

$$ICER = \frac{\sum_{i}^{N}\left(\dfrac{\sum_{j}^{m}(ICER_{ij} \times \Delta ER_{ij})}{(1+r)^i}\right)}{\sum_{i}^{N}\dfrac{(\sum_{j}^{m}\Delta ER_{ij})}{(1+r)^i}}$$

（式4-7）

其中：

$$ICER_{ij} = \left(\frac{\Delta IC_{ij}}{\Delta ER_{ij}}\right) = \left(\frac{(UCCDM_{ij} - UCB_{ij})}{(ECB_{ij} - ECCDM_{ij}) \times EMF_{CO_2}}\right)$$

（式4-8）

为该减排项目投产后第 i 年，第 j 种产品（比如，电或热）引起的单位 CO_2 减排量的增量成本，

$$\Delta ER_{ij} = (ECB_{ij} - ECCDM_{ij}) \times EMF_{CO_2}$$

（式4-9）

为第 i 年份，第 j 种产品单位产量的 CO_2 净减排量，其等于基准线项目第 j 种产品单产能耗（ECB_{ij}）与减排项目该种产品单产能耗（$ECCDM_{ij}$）之差乘以给定燃料的 CO_2 排放系数（EMF_{CO_2}），

$$\Delta IC_{ij} = (UCCDM_{ij} - UCB_{ij})$$

（式4-10）

为第 i 年份，第 j 种产品单位产量的增量成本，其定义为减排项目该种产品的单产成本（$UCCDM_{ij}$）与基准线项目该种产品单产成本（UCB_{ij}）之差，N 和 m 分别为减排项目的寿期和产品种类数。

第二节　技术层面全生命周期分析方法

本节主要介绍全生命周期评价方法，以及全生命周期分析方法，并结合清华大学 TLCAM 模型的介绍，阐释全生命周期分析方法在车用燃料比较分析方面的应用。

一　全生命周期评价方法介绍

全生命周期（Life Cycle）的概念应用很广泛，特别是在政治、经济、环境、技术、社会等诸多领域经常出现，其基本含义可以通俗地理解为"从摇篮到坟墓"（Cradle-to-Grave）的整个过程。全生命周期评价（Life Cycle Assessment）作为一种环境管理工具，不仅能对当前的环境冲突进行有效的定量分析和评价，而且能对产品及其"从摇篮到坟墓"的全过程所涉及的环境问题进行评价，因而是面向产品环境管理的重要支持工具。

（一）LCA 定义和技术框架

所谓全生命周期评价，是指对产品的整个生命周期——从原材料获取到设计、制造、使用、循环利用和最终处理等，定量计算、评价产品实际、潜在消耗的资源和能源以及排出的环境负荷。全生命周期评价由 4 个相互关联的部分组成，即目标定义和范围界定、清单分析、影响评价、结果解释。全生命周期评价作为一种可持续的环境管理工具，同时也是一种定量化的决策工具，其应用领域非常广泛，如产品开发和改善、企业战略计划、公共政策制定、市场营销等，如图 4-2 所示。

（二）在温室气体排放方面的应用

2006 年 3 月 1 日，国际标准化组织发布关于温室气体排放的最新标准（即 ISO 14064-2006），作为一个实用工具，它使得政府和企业能够测量和控制温室效应气体的散发和减少活动，同时服务于废气排放贸易。希望以一个新的、中性的温室气体标准来提升温室气体测量与报告的可靠性，同时也让温室气体排放信用额度的交易进行得更为顺畅，让企业/组织能够更加有效地管理与其温室气体资产或负债相关的风险。

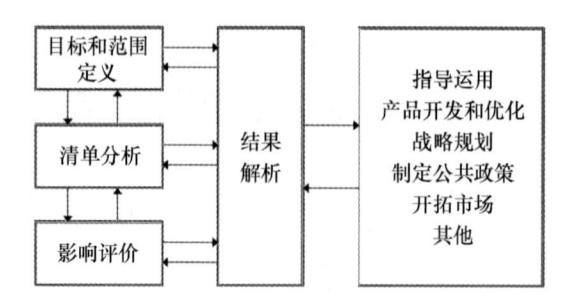

图 4-2 LCA 实施步骤

资料来源：ISO/DIS 14040, Environmental Management-Life Cycle Assessment Part: Principles and Framework. 1997.

专栏 4-3 国际标准化组织 ISO 14064-2006 标准

ISO 14064 标准给政府和工业界提供了一个项目的整套工具，旨在减少温室气体排放，以及增强排放权交易信用。

ISO 14064 系列有四个标准，分别就温室气体在组织层面和项目层面的量化和报告，审查和核证做出详细报告，以及对认证机构的要求（见表1）。

表1　　　　　　国际标准化组织 ISO 14064 系列标准

标准	名　称
ISO 14064-1：2006	《温室气体——第一部分：在组织层面温室气体排放和移除的量化和报告指南性规范》
ISO 14064-2：2006	《温室气体——第二部分：在项目层面温室气体排放减量和移除增量的量化、监测和报告指南性规范》
ISO 14064-3：2006	《温室气体——第三部分：有关温室气体声明审定和核证指南性规范》
ISO 14065：2007	《温室气体——温室气体确认和认证或认可的其他形式的使用认证机构的要求》

企业在通过认证后可以在以下几个方面受益。确定节约能耗的方法，提高能源利用效率；确定工艺改进的方向，通过技术改进达到减少排放的

目标;更好地理解不同部门、职务和行业过程如何交互将有害环境影响减到最小的方法;提升公司形象,目前 ISO 14064 系列标准已经被越来越多的国家和跨国企业采用,很多跨国企业已经将其纳入公司的采购标准和供应商考核标准,通过第三方的温室气体减排认证考核下游企业的温室气体减排量;提高利益相关方的认可程度(投资人、合作伙伴的认同度);为金融市场和保险公司提供可靠信息。

二 车用燃料全生命周期分析模型

(一) 主要模型

由于能源使用和 GHG 排放的全生命周期分析(Life Cycle Analysis,LCA)是车用燃料路线综合评价的重要方面,国内外学者较早就开始研究,并取得了一系列具有地域特征的研究成果。

在过去近 20 年间,对于替代燃料/车辆,国际上除了在车辆和能源技术上进行大量科学研究和试验之外,对不同路线的能源使用与污染物排放情况,许多研究机构和专家学者也进行了研究,并建立起专门的 LCA 模型,如 GREET(Greenhouse gas, Regulated Emissions and Energy use of Transportation energy)和 LEM(Life-cycle Emission Model)模型。基于这两种模型,有许多机构和学者进行了基于北美和欧洲等地区情况的技术路线的 LCA 研究,研究结论具有非常明显的地域差异性,不能简单地应用到其他地区。

国内 LCA 工作主要包括早年对车辆运行阶段(包括发动机台架试验)、新能源商用车和乘用车的单路线分析,和近几年来两条或者多条路线间的对比分析。在这些研究中,或由于缺乏大量的、基础的关于实际运行或者统计的数据支撑,许多结论主要是基于试验数据或者对未来情况的发展预测,因此很难简单地把来自不同文献的研究结果放到同一平台上进行比较而得到科学结论。近 10 年来,清华大学和福特公司,中国汽车技术研究中心和通用公司分别通过科研机构和汽车厂商、燃料供应商合作的形式,主要利用 GREET 模型(该模型基于美国能源生产链结构开发,参数的默认赋值为美国情况),并进一步采用尽可能多的中国本地化数据,进行了基本反映中国实际情况、基于同一计算平台的多燃料/车辆路线的全生命周期综合比较,并取得了一系列研究成果。

（二）阶段划分

在车用燃料/车辆制造的能源使用和污染物排放 LCA 微观分析中，如图 4-3 所示，包含两个周期。前一部分是燃料周期，又称为 WTW（Well-to-Wheels，从矿井到车轮），主要包括两个主要阶段：WTP（Well-to-Pump，从矿井到加油机）和 PTW（Pump-to-Wheels，从加油机到车轮），WTP 研究对象是车用燃料的上游生产阶段，包括资源开采、资源运输、燃料生产、燃料运输、分配和储存，以及燃料加注过程，PTW 的研究对象是车用燃料的下游使用阶段，也就是机动车行驶过程中的燃料燃烧和排放。后一部分是车辆周期，主要包括制造材料的上游生产阶段、车辆零部件制造组装阶段和车辆报废处理阶段。

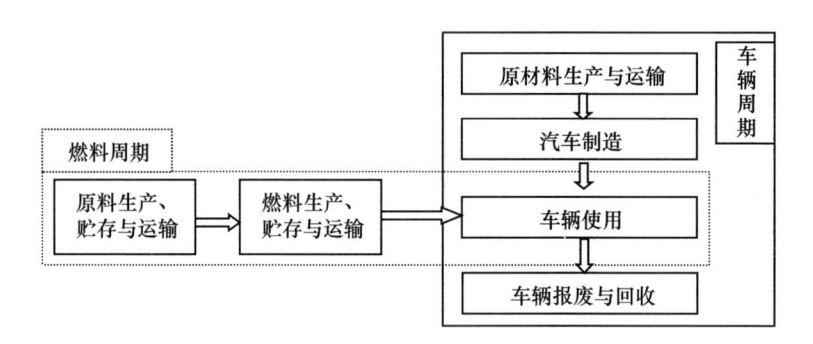

图 4-3 车用燃料/车辆制造全生命周期阶段划分

（三）功能单位

1. 化石能源强度

终端能源（包括车用燃料）基于热值的全生命周期化石能源强度为 1 兆焦终端能源获取过程中包括原料投入的一次化石能源总消费量（兆焦/兆焦）；如果考虑到车辆驱动系统的能源利用效率的差异性，车用燃料基于交通服务的化石能源强度定义为车辆行驶 1 千米的全生命周期能源总消耗量（兆焦/千米）。

2. GHG 排放强度（碳强度）

终端能源（包括车用燃料）基于热值的全生命周期 GHG 排放强度为 1 兆焦终端能源获取和利用过程中导致的 GHG 排放量（克二氧化碳当量/兆焦）；

如果考虑到车辆驱动系统的能源利用效率的差异性，车用燃料基于交通服务的GHG排放强度定义为车辆行驶1千米的全生命周期GHG排放量（克二氧化碳当量/千米）。此处，因CO_2为最主要GHG，GHG排放强度又被简称为碳排放强度或碳强度。

三　玉米乙醇的全生命周期分析案例

接下来，以我国玉米乙醇技术路线为例，进行全生命周期分析方法介绍。[①]

（一）阶段划分

全生命周期分析包含玉米种植、玉米运输、生产燃料乙醇、燃料乙醇运输和分配，以及燃用乙醇阶段。

（二）数据调研

通过实地调研、专家访谈和文献调研结合的研究方法，寻找本技术路线的真实可靠数据，以计算具有全国代表性水平的结果。关于原料产量、种植能耗、农化投入、收集半径和燃料转化率、提炼能耗、输配距离和副产品分摊比例等现状数据归纳如表4-2所示。

表4-2　　　　　　　　　　基本参数

项目	数值
原料产量（吨/公顷）	6.5
种植能耗（兆焦/公顷）	4047
N肥投入（千克/公顷）	162
P肥投入（千克/公顷）	13.3
K肥投入（千克/公顷）	131
农药投入（千克/公顷）	8
收集半径（千米）	125
转化率（吨原料/吨燃料）	3.2

---

① Ou Xunmin, Zhang Xiliang, Chang Shiyan, Guo Qingfang, "Energy Consumption and GHG Emissions of Six Biofuel Pathways by LCA in (the) People's Republic of China", *Applied Energy*, Vol. 86, 2009, pp. S197-S208.

续表

项目	数值
提炼能耗（吉焦/吨燃料）	25
输配距离（千米）	520
副产品分摊比例（%）	31

（三）测算农化投入阶段的能耗和碳排放

1. 测算农化产品的能耗强度和碳排放强度

对我国农化产品生产情况进行调研，可得到其平均能源投入情况如表4-3所示，结合已经求解的各种终端能源的化石能源强度和碳排放强度数据（见表4-4），则可计算得出农化产品的能源强度和碳排放强度（见表4-5）。

表4-3　　我国农化产品生产的能源投入的调研结果（兆焦/千克）

终端能源种类	N肥	P肥	K肥	农药
总能耗	27.490	6.0281	5.070	262.600
其中：煤炭	7.050	1.391	1.170	60.477
天然气	7.436	4.173	1.053	46.488
柴油	0	0	1.209	60.637
燃料油	0	0	0	60.637
电力	13.000	0.464	1.638	34.361

表4-4　　全生命周期一次化石能源与碳强度计算结果

项目	化石能源	煤炭	天然气	石油	温室气体
单位	兆焦	兆焦	兆焦	兆焦	克二氧化碳当量/兆焦
原煤	1.055	1.053	0.000	0.002	100.50
原始天然气	1.155	0.080	1.011	0.064	68.59
原油	1.167	0.097	0.023	1.047	89.19
精煤	1.172	1.061	0.001	0.110	104.50
精制天然气	1.196	0.081	1.015	0.065	72.73

续表

项目	化石能源	煤炭	天然气	石油	温室气体
柴油	1.319	0.156	0.027	1.119	102.40
汽油	1.331	0.164	0.049	1.130	98.86
燃料油	1.220	0.139	0.026	1.055	102.90
电力	2.924	2.572	0.021	0.330	297.70

表4-5 我国农化产品的全生命周期能源强度和碳排放强度计算结果

		N肥	P肥	K肥	农药
化石能源强度	兆焦/千克	55.17	7.98	8.90	381.64
其中：煤炭	兆焦/千克	41.52	3.01	5.71	174.68
天然气	兆焦/千克	7.83	4.25	1.14	52.52
石油	兆焦/千克	5.55	0.58	2.01	153.51
碳排放强度	克二氧化碳/千克	5148	587	811	32164

2. 测算玉米乙醇生物燃料的农化产品消耗强度

测算得出生物燃料路线的农化产品消耗强度，结果如表4-6所示。

表4-6 生物燃料路线的农化产品投入强度（千克/吨燃料）

原料类型	玉米
N肥投入	79.75
P肥投入	6.55
K肥投入	64.49
农药投入	3.94

3. 测算燃料农化产品消费的化石能耗和碳排放

结合前述农化产品强度数据，即可在表4-6的数据基础上并结合燃料乙醇热值参数（29.2兆焦/千克），计算因农化产品消费导致的化石能耗和碳排放，结果如表4-7所示。

表4-7　生物燃料因农化产品消费导致的能耗和碳排放

原料类型		玉米
N 肥投入		
化石能耗	兆焦/千克燃料	4.40
其中：煤炭	兆焦/千克燃料	3.31
天然气	兆焦/千克燃料	0.62
石油	兆焦/千克燃料	0.44
碳排放	克二氧化碳当量/千克燃料	411
P 肥投入		
化石能耗	兆焦/千克燃料	0.05
其中：煤炭	兆焦/千克燃料	0.02
天然气	兆焦/千克燃料	0.03
石油	兆焦/千克燃料	0.00
碳排放	克二氧化碳当量/千克燃料	3.84
K 肥投入		
化石能耗	兆焦/千克燃料	0.51
其中：煤炭	兆焦/千克燃料	0.19
天然气	兆焦/千克燃料	0.27
石油	兆焦/千克燃料	0.04
碳排放	克二氧化碳当量/千克燃料	37.86
农药投入		
化石能耗	兆焦/千克燃料	1.50
其中：煤炭	兆焦/千克燃料	0.69
天然气	兆焦/千克燃料	0.21
石油	兆焦/千克燃料	0.60
碳排放	克二氧化碳当量/千克燃料	126.68
农化产品合计		
化石能耗	兆焦/千克燃料	6.47
其中：煤炭	兆焦/千克燃料	4.21
天然气	兆焦/千克燃料	1.13
石油	兆焦/千克燃料	1.09
碳排放	克二氧化碳当量/千克燃料	578.92

4. 测算其他子阶段终端能耗数据

根据基础数据可求算出原料种植采收、原料运输、燃料加工和燃料运输共 4 个子阶段的终端能耗（$EN_{p,j}$）及其比例（$SH_{p,j}$），除精煤、柴油、汽油和电力之外的其他终端能源没有被使用，如表 4-8 和表 4-9 所示。

表 4-8　　生物燃料各子阶段终端能源消费（$EN_{p,j}$，千焦/兆焦燃料）

	玉米乙醇			
	玉米种植	玉米运输	生产燃料乙醇	燃料乙醇运输和分配
精煤	0.0	0.0	856.2	0.0
柴油	59.1	37.4	0.0	14.5
汽油	4.9	0.0	0.0	6.8
电力	4.2	0.0	0.0	0.0

表 4-9　　生物燃料各子阶段终端能源消费结构（$SH_{p,j}$，%）

	玉米乙醇			
	玉米种植	玉米运输	生产燃料乙醇	燃料乙醇运输和分配
精煤	0.0	0	100	0
柴油	86.6	100	0	68
汽油	7.2	0	0	32
电力	6.2	0	0	0

5. 测算氮肥 N_2O 效应数据

我们认定氮肥中 N 元素质量含量为 50%，且 2% 的 N 元素将转化为 N_2O 和[1]，则可测算出 N_2O 转化效应系数（NE_{NF}）为 15.8 克/千克氮肥（计算过程为 $15.8 = 50\% \times 2\% \times 44/28 \times 1000$）。

---

[1] Wang M. Q., "Allocation of Energy use in Petrol Refineries to Petrol Products", *International Journal of Life Cycle Assessment*, Vol. 9, 2004, pp. 34-44. 张阿玲、申威、韩维健等：《车用替代燃料全生命周期分析》，清华大学出版社 2008 年版。柴沁虎：《生物质车用替代能源产业发展研究》，博士学位论文，清华大学，2008 年。

然后基于 N 肥投入强度（见表 4-3）以及燃料乙醇热值，则可测算出基于单位热量产出的氮肥 N_2O 效应结果，如表 4-10 所示。

表 4-10　　　　　　　生物燃料路线的氮肥 N_2O 效应

原料类型		玉米
N 肥投入强度	千克/吨燃料	79.75
N_2O 转化效应系数	克/千克氮肥	15.8
氮肥 N_2O 效应	克/吨燃料	1260
氮肥 N_2O 效应	克/兆焦燃料	0.04

（四）得到研究结果

进行副产品分摊计算之后，基于单位热值的生物燃料的化石能源和碳排放强度结果如表 4-11 所示。

表 4-11　　生物燃料的化石能源和碳排放强度（基于单位热值）

原料	燃料	能源强度	煤	气	油	碳排放强度
		兆焦/兆焦	兆焦/兆焦	兆焦/兆焦	兆焦/兆焦	克二氧化碳当量/兆焦
玉米	乙醇	1.13	0.9	0.06	0.17	131

以 100 千米耗油 8 升的汽油乘用车为基准，根据现有研究成果表明，乙醇与汽油掺混后形成的 E10 基本不改变原有车辆的燃料经济性（千米/兆焦），即燃用 E10 车与汽油车燃油经济性相等。因此，基于交通服务的生命周期能耗与 GHG 排放情况如表 4-12 所示。

表 4-12　　　　　　E10 基于交通服务的能源强度

燃料类型	化石能源	煤耗	气耗	油耗	碳排放
单位	兆焦/千米	兆焦/千米	兆焦/千米	兆焦/千米	克二氧化碳当量/千米
93#汽油	3.09	0.38	0.21	2.50	266.19
E10（玉米乙醇）	3.04	0.55	0.21	2.29	273.22

（五）相似研究比较分析

1. 比较标准设定

通过定义以下四个标准，可将本研究结果与已有相似研究成果进行能耗和碳排放方面的对比分析：

净能值（Net Energy Value，NEV）：1兆焦生物燃料所含的1兆焦能量减掉其生产过程中的已经进行副产品抵免部分能耗后的LCA化石能耗的净值；

净能源生产效率（Net Energy Ratio，NER）：1兆焦生物燃料所含的1兆焦能量与其生产过程中的已经进行副产品抵免部分能耗后的LCA化石能耗的比值。

净减排量（NGRV，Net GHG Reduction Value）：1兆焦生物燃料相对于基准燃料的全生命周期GHG排放减少量；

净减排比例（NGRR，Net GHG Reduction Ratio）：1兆焦生物燃料的净减排量相对于基准燃料的全生命周期GHG排放量的比例。

2. NEV 和 NER

如表4-13所示对国内外不同研究成果进行了能耗情况对比分析。就玉米乙醇而言，本研究结果相对悲观，NER仅为88.57%，而其他研究中国相同路线的结果均大于100%。

表4-13　　生物燃料的全生命周期能耗结果对比分析

路线	地区	发表时间	化石能源强度（兆焦/兆焦）	NEV（兆焦/兆焦）	NER（%）
传统汽油	中国		1.331		74.40
玉米乙醇	中国		1.129		88.57
玉米乙醇	中国	2006	0.962	0.038	104.00
玉米乙醇	中国	2007	0.782	0.279	127.90
玉米乙醇	中国	2009	0.700	0.300	142.86
玉米乙醇	美国	2006	0.769	0.300	130.00

3. NGRV 和 NGRR

如表4-14所示，对国内外不同研究成果进行了GHG排放情况对比分析。对玉米乙醇路线而言，本研究结果悲观，NGRR值为负，与美国和瑞典情况截然相反。

表 4-14　　生物燃料的全生命周期 GHG 排放结果对比分析

路线	地区	发表时间	GHG（克二氧化碳当量/兆焦）	GHG（克二氧化碳当量/升）	NGRR（%）
传统汽油	中国		98.86	3268.28	
传统柴油	中国		102.40	3679.77	
玉米乙醇	中国		131.384	2781.66	-26.43
玉米乙醇	美国	2007			+48.40
玉米乙醇	瑞典	2009	48.000		
玉米乙醇	瑞典	2009	76.000		
玉米乙醇	瑞典	2009	103.000		

4. 原因解释

我国生物燃料路线的全生命周期能耗和碳排放的情况和其他国家情况存在较大差异的主要原因是：中国以煤为主的能源结构；中国农民在农作中大量使用农肥的习惯；中国燃料乙醇生产过程中相对较高的能耗水平。

而在对中国生物燃料路线的研究中，本研究的结果和其他研究也具有较大差异，主要差异表现在：对国内氮肥生产、运输和使用各阶段能耗，以及农业生产中氮肥 N_2O 效应的全面计算，和对国内煤炭、石油、天然气开采阶段由于逸散或者简单烧掉导致的 CO_2 和 CH_4 排放的全面核算。

（六）得出研究结论

第一，目前玉米乙醇生物燃料路线的节能减排作用不明显，但能发挥石油替代效应而具有可行性。

第二，玉米乙醇生物燃料路线耗能高及 GHG 排放量大的两大主要因素是肥料消耗和燃料生产。

第三，通过提高产量、降低物耗和深化副产品生产可以改善现有路线能耗、GHG 排放情况。

第三节　面向温室气体减排的能源项目综合分析

一　项目综合分析方法

本节包含三个部分，首先介绍项目层面的全生命周期能耗和温室气体排放分析，其次介绍技术经济分析方法，最后介绍基于全生命温室气体排放分析和技术经济分析的边际减排成本计算方法。

（一）项目层面全生命周期能耗和温室气体排放分析

本部分将会对多种温室气体的排放进行分析，全生命周期等效温室气体的计算如（式4-11）所示。其中，GHG_{eq} 是温室气体排放量的二氧化碳当量，EM_{CO_2} 是二氧化碳排放量，EM_{CH_4} 是甲烷排放量，EM_{N_2O} 是一氧化二氮的排放量。

$$GHG_{eq} = EM_{CO_2} + 23 \times EM_{CH_4} + 296 \times EM_{N_2O} \qquad (式4-11)$$

具体分析方法是：

如（式4-12）到（式4-14）所示，可以将第 k 种情景的第 i 种能源服务（产出）Y_{ik}，通过转换系数 C_{ijk} 转换并加总，转换为第 j 种能源投入 E_{jk}；再将能源投入 E_{jk} 通过全生命周期能耗系数 a_j 转化得到全生命周期能耗 LC_k。类似地，全生命周期温室气体排放 GHG_k 可以通过能源投入 E_{jk} 以及全生命周期温室气体排放系数 b_j 得到。

$$E_{jk} = \sum_i Y_{ik}/C_{ijk} \qquad (式4-12)$$

$$LC_k = \sum_j E_{jk} \times a_j \qquad (式4-13)$$

$$GHG_k = \sum_j E_{jk} \times b_j \qquad (式4-14)$$

通过比较各个情景，可以计算情景 k 和 k' 之间的全生命周期的节能率 $RLC_{kk'}$ 和温室气体减排率 $RGHG_{kk'}$，如（式4-15）和（式4-16）所示。

$$RLC_{kk'} = 1 - LC_k/LC_{k'} \qquad (式4-15)$$

$$RGHG_{kk'} = 1 - GHG_k/GHG_{k'} \qquad (式4-16)$$

（二）技术经济分析

评价项目的技术经济性常见的指标包括净现值 NPV、内部收益率 IRR 和回本周期等。如（式4-17）所示，NPV 是项目的净现值，由每一期的现金流 CF_i 经过折现因子 r 折现得到。

$$NPV = \sum_i CF_i/(1+r)^i \qquad (式4-17)$$

内部收益率 IRR 可以理解为使 $NPV = 0$（即盈亏平衡）时的贴现因子 r（收益率），反映了利率提升时现金盈利的安全边际。

回本周期是指项目收回初期投资本金的时间。如（式4-18）所示，T 是项目的绘本周期，CF_0 是初期投入的现金（绝对值），由于经济分析基于对项目财务状况的模拟，假设回报期 CF_i 固定，则项目回本周期是 CF_0 和 CF_i 的比值。

$$T = CF_0 / CF_i \qquad (式4-18)$$

（三）边际减排成本

边际减排成本是项目全生命周期增量成本（国民经济成本）的净现值与全生命周期增量温室气体排放净现值的比值。假设国民经济成本和温室气体排放的折现因子相同，则国民经济成本和温室气体排放均以年均成本计算。

边际减排成本的计算通过边际成本（机会成本）除以边际减排量得到。边际成本的计算与国民经济核算的原理相通，即运营成本去掉支付转移（如税收、补贴）。

如（式4-19）到（式4-21）所示，其中 PIC 是全生命周期减排现值成本，ICER 是年均单位二氧化碳减排量的边际成本，ΔIC 是项目与比较基准成本的差异，C_1 是本项目的年均运营成本去掉税收和补贴后的结果，C_2 是比较基准的成本，主要基于假设，GHG_1 是本项目的全生命周期排放量，GHG_2 是比较基准项目的全生命周期排放量。

$$PIC = ICER \qquad (式4-19)$$
$$ICER = \Delta IC / \Delta ER \qquad (式4-20)$$
$$ICER = (C_1 - C_2)/(GHG_2 - GHG_1) \qquad (式4-21)$$

二 四川A市啤酒厂天然气冷热电联供项目案例

（一）项目背景

四川A市啤酒厂天然气冷热电三联供项目（以下简称四川项目）是四川省首个天然气分布式能源项目，同时也是国家级分布式能源示范项目。该系统项目建有1台6兆瓦级燃气轮机、1台余热锅炉、2台燃气锅炉和1台1兆瓦级热水型溴化锂机组，同时提供了冷、热、电服务，替代了A市啤酒厂原有的燃煤锅炉等装置。

（二）主要研究方法

1. 系统边界确定

图4-4展示了本项目的系统边界，项目本身包含了能源输入、转换以及

输出,全生命周期分析需要考虑不同能源进入项目系统前的过程,包括采集、运输等,也需要考虑项目本身的排放。

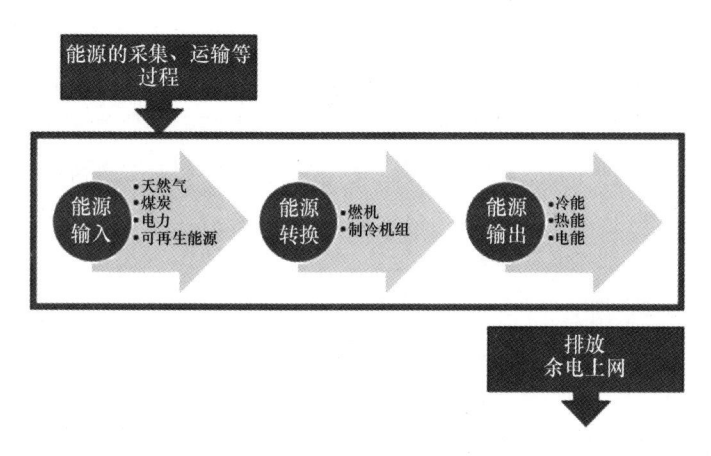

图 4-4 四川项目系统边界

2. 分析情景设计

在原有技术路线(纯天然气路线)的基础上,增加模拟了 5 种假设的情景,分别是煤+电、全煤、光伏、生物质能和风能路线,如表 4-15 所示。

表 4-15　　　　　　　　　　　分析情景设计

情景	路线简称	介绍
1	纯天然气 (All NG)	使用天然气发电及制冷,供热
2	煤+电 (Coal + Grid Electricity)	使用煤供热,外购网电制冷、供电
3	全煤 (All Coal)	燃煤发电、供热、制冷
4	光伏 (Local Solar Maximum Utilization)	用本地光伏部分供应电力,其余需求参照情景 2
5	生物质能 (Local Biomass Maximum Utilization)	使用本地生物质能(啤酒酒糟制沼气)发电、制冷,燃煤供热
6	风能 (Outside Wind Electricity)	使用远处的风电供电、制冷,燃煤供热

基于以下原因设计这 6 个情景：（1）传统的供能方式主要是只使用煤、借助自备电厂，或再借助外购网电。通过与传统供能方式对比可以看出天然气分布式能源的清洁替代效果；（2）在目前天然气冷热电联供的技术之外，还可以拓展可再生能源的潜在空间，其中光伏技术路线由于四川省太阳能资源有限（参见第三章第四节），只能部分供电，而结合项目自身特点，生物质能较为充足——根据项目公开信息，啤酒年产量 100 万吨，而假设酒糟在啤酒中的比例是 2.5%，白啤酒产气 505 毫升/克，生物质能可以充分满足项目的用能需求。根据 OSGeo（GIS 系统），四川省平均风速 1—2 米/秒，对于风电项目来说不一定经济，因此只能采用远距离风电，这样要考虑线损。

3. 计算公式

首先，根据每个情景的能源服务的需求计算能源投入的量：

如（式 4-22）所示，将情景 i 的 k 种能源服务（产出）Y_k 通过转换系数 C_{ijk} 转换为 j 种能源投入，加总得到情景 i 所需的 j 种能源投入 E_{ij}。

$$E_{ij} = \sum_k Y_k / C_{ijk} \qquad （式 4-22）$$

具体而言，情景 1 中，天然气消耗数据 E_{1Gas} 已知，不用计算。对比情景 2 到情景 6 中，将能源服务包括冷能、热能（蒸汽）和电力转换为能源投入，冷能可以等效为电力，热能可以等效为能源投入。

情景 2 中，燃煤供热，燃煤量 E_{2Coal} 取决于热能需求 Y_{Heat} 和燃煤锅炉效率 $C_{Coal\text{-}Heat}$，如（式 4-23）所示。

$$E_{2Coal} = Y_{Heat} / C_{Coal\text{-}Heat} \qquad （式 4-23）$$

如（式 4-24）所示，从电网购电、制冷，电力投入 E_{2Elec} 是用户用电 Y_{Elec} 和制冷用电的和，Y_{Cool} 是制冷需求，$C_{Elec\text{-}Cool}$ 是制冷系数（Coefficient of Performance，COP，以下简称冷系数），即单位功耗获得的冷量。

$$E_{2Elec} = Y_{Cool} / C_{Elec\text{-}Cool} + Y_{Elec} \qquad （式 4-24）$$

情景 3 中，全部由煤炭供能，煤炭投入 E_{3Coal} 来自供热、供电、制冷的需求，$C_{Coal\text{-}Elec}$ 是煤炭发电效率，过程如（式 4-25）所示。

$$E_{3Coal} = Y_{Heat} / C_{Coal\text{-}Heat} + Y_{Elec} / C_{Coal\text{-}Elec} + (Y_{Cool} / C_{Elec\text{-}Cool}) / C_{Coal\text{-}Elec} \qquad （式 4-25）$$

情景 4 中，光伏发电用于部分电力需求，光伏电力 E_{4Solar} 通过地理条件直接测算得出，其余与情景 2 相同，燃煤应该与情景 2 的燃煤 E_{2Coal} 相同，外购电力 E_{4Elec} 是原本电力需求（相当于 E_{2Elec}）与光伏发电 E_{4Solar}（由光伏

资源 E_{Solar} 和光伏发电效率 $C_{Solar-Elec}$ 计算）的差额，如（式 4 – 26）和（式 4 – 27）所示。

$$E_{4Elec} = E_{2Elec} - E_{4Solar} \qquad (式4-26)$$

$$E_{4Solar} = E_{Solar} \times C_{Solar-Elec} \qquad (式4-27)$$

情景 5 中，沼气发电及制冷，其等效电量 E_{5Bio} 在情景 2 的基础上，考虑沼气燃烧供热对应的沼气，取决于供热需求和沼气燃烧供热效率 $C_{Methane-Heat}$，如（式 4 – 28）所示。

$$E_{5Bio} = E_{2Elec} + Y_{Heat}/C_{Methane-Heat} \qquad (式4-28)$$

情景 6 中，燃煤应该与情景 2 的燃煤 E_{2Coal} 相同，使用远距离风电有一定线损率 C_{loss}，考虑线损后的电量 E_{6Wind} 应该与情景 2 中的外购电量 E_{2Elec} 相当，如（式 4 – 29）所示。

$$E_{6Wind} = E_{2Elec}/(1 - C_{loss}) \qquad (式4-29)$$

其次，根据每个情景的能源投入计算相应的全生命周期能耗和 GHG 排放：

根据先前文献的结果，可以由能源投入得出全生命周期能耗、GHG 排放，如（式 4 – 30）到（式 4 – 33）所示，EF_{jl} 是单位能源投入 j 在全生命周期消耗的一次能源 l，LE_{il} 是情景 i 下 l 的全生命周期消耗，而情景 i 下综合的全生命周期能耗是 LE_i。$GHGF_{jm}$ 是单位能源投入 j 在全生命周期排放的温室气体 m，GHG_{im} 是情景 i 下 m 的全生命周期排放，而情景 i 下综合的全生命周期 GHG 排放是 GHG_i。

$$LE_{il} = E_{ij} \times EF_{jl} \qquad (式4-30)$$

$$LE_i = \sum_l LE_{il} \qquad (式4-31)$$

$$GHG_{im} = E_{ij} \times GHGF_{jm} \qquad (式4-32)$$

$$GHG_i = \sum_m GHG_{im} \qquad (式4-33)$$

最后，比较不同情景的节能率和减排率：

通过比较各个情景，可以计算情景 i 和 i' 之间的全生命周期的节能率 $RLE_{ii'}$ 和 GHG 减排率 $RGHG_{ii'}$，如（式 4 – 34）和（式 4 – 35）所示。

$$RLE_{ii'} = 1 - LE_i/LE_{i'} \qquad (式4-34)$$

$$RGHG_{ii'} = 1 - GHG_i/GHG_{i'} \qquad (式4-35)$$

（三）关键数据与假设

关键数据与假设如表 4 – 16 所示和表 4 – 17 所示。表 4 – 16 中，将四川电网的电源（如火电和水电）发电比例乘以其对应的全生命周期能耗、GHG 排放系数，相加后是四川电网的全生命周期能耗、GHG 排放系数，全国电网用相同方法计算得到全国平均水平的全生命周期能耗、GHG 排放系数。

表4-16　本项目案例研究的数据与假设

变量、参数	含义	数值	单位
E_{1Gas}	全部使用天然气时，系统投入的天然气	1400	万立方米
Y_{Heat}	项目供热量（蒸汽量）	9.5	万吨
Y_{Cool}	制冷量（冷能）	4990	吉焦
Y_{Elec}	项目所需电量（不含制冷所需电量）	31160	兆瓦时
$C_{Coal-Heat}$	燃煤供热效率	80%	
$C_{Elec-Cool}$	冷系数（Coefficient of Performance, COP）	4.5	兆焦/兆焦
$C_{Coal-Elec}$	燃煤发电效率	35%	
E_{Solar}	太阳能资源	28	吉焦
$C_{Solar-Elec}$	光伏发电效率	20%	
$C_{Methane-Heat}$	沼气燃烧供热效率	34%	
C_{loss}	远距离风电线损	10%	千瓦时

资料来源：Liu H., Zhou S., Peng T., Ou X., "Life Cycle Energy Consumption and Greenhouse Gas Emissions Analysis of Natural Gas-Based Distributed Generation Projects in China", *Energies*, Vol. 10, No. 10, 2017, p. 1515. Ding, N., Liu, J., Yang, J., Yang, D., "Comparative Life Cycle Assessment of Regional Electricity Supplies in China", *Resources Conservation and Recycling*, Vol. 119, 2016, pp. 47-59. Qin, S. J., Zhang, W. K., Yin, H. T., "Cost of CO_2 Emission Reduction of Conventional Thermal Power Plants in Shanghai-An Estimation Based on Output Distance Function", *Enengy Management*, Vol. 25, 2011, pp. 704-708. 魏楚：《中国城市 CO_2 边际减排成本及其影响因素》，《世界经济》2014 年第 7 期。EPA, Assessing the Multiple Benefits of Clean Energy, 2010.

表4-17　区分一次能源类型、温室气体类型的能耗和 GHG 排放系数

系数单位	能耗 兆焦/兆焦	原煤 兆焦/兆焦	天然气 兆焦/兆焦	原油 兆焦/兆焦	二氧化碳 克/兆焦	甲烷 克/兆焦	一氧化二氮 毫克/兆焦
精煤[1]	1.172	1.061	0.001	0.110	5.7	0.4	0.2
精制天然气[2]	1.161	0.081	1.015	0.065	16.6	0.1	0.1
四川电网[2]	1.037	0.950	0.013	0.073	82.4	0.0	0.1

续表

系数单位	能耗 兆焦/兆焦	原煤 兆焦/兆焦	天然气 兆焦/兆焦	原油 兆焦/兆焦	二氧化碳 克/兆焦	甲烷 克/兆焦	一氧化二氮 毫克/兆焦
全国电网[2]	2.869	2.730	0.039	0.101	230.0	0.0	2.6
光伏发电[2]	0.176	0.164	0.000	0.012	13.9	0.0	0.2
生物质[1]	0.076	0.010	0.002	0.064	5.8	0.0	0.0
风电[2]	0.031	0.010	0.000	0.021	2.3	0.0	0.1
热电[2]	3.612	3.450	0.049	0.113	288.9	0.0	0.0
水电[2]	0.064	0.005	0.000	0.058	4.3	0.0	0.1

资料来源：[1] Ou, X., Yan, X., Zhang, X., "Life-cycle Energy Consumption and Greenhouse Gas Emissions for Electricity Generation and Supply in China", *Applied Energy*, Vol. 88, 2011, pp. 289 – 297.

[2] Ding, N., Liu, J., Yang, J., Yang, D., "Comparative Life Cycle Assessment of Regional Electricity Supplies in China", *Resources Conservation and Recycling*, Vol. 119, 2016, pp. 47 – 59.

（四）研究结果与讨论

1. 全生命周期节能和 GHG 减排分析

不同情景的全生命周期节能和 GHG 减排对比如图 4-5 所示。本项目（纯天然气）与两个传统情景（"煤+电"、全煤技术路线）相比，节能率在 -12% 到 24%，而 GHG 减排率分别达到 22% 和 48%，说明在减排方面有较大的优势。与"煤+电"技术路线的比较时本项目的节能率和 GHG 减排率相对不高，因为假设网电来自四川省，四川省 73% 的电力来自水电，而水电在全生命周期的减排效果上优势比节能的优势更大。因此，若将纯天然气分布式能源系统项目推广至水电比例低、网电能耗和 GHG 排放高的其他地区，会有更明显的全生命周期 GHG 减排效果。

本部分试图分析可再生能源应用于分布式能源系统的潜力。光伏发电技术路线受限于四川省本地的自然条件效率不高，而结合项目特点（啤酒厂剩余的酒糟）的生物质能情景有非常好的节能减排效果，与应用较广泛的"煤+电"的模式相比，全生命周期节能 20%，GHG 减排 18%，有着非常大的潜力和空间。远距离风能发电与"煤+电"的模式相比，全生命周期节能 20%，GHG 减排 19%。因此，可再生能源中最有应用价值和发展前景的是结合项目自身特点的生物质能路线。

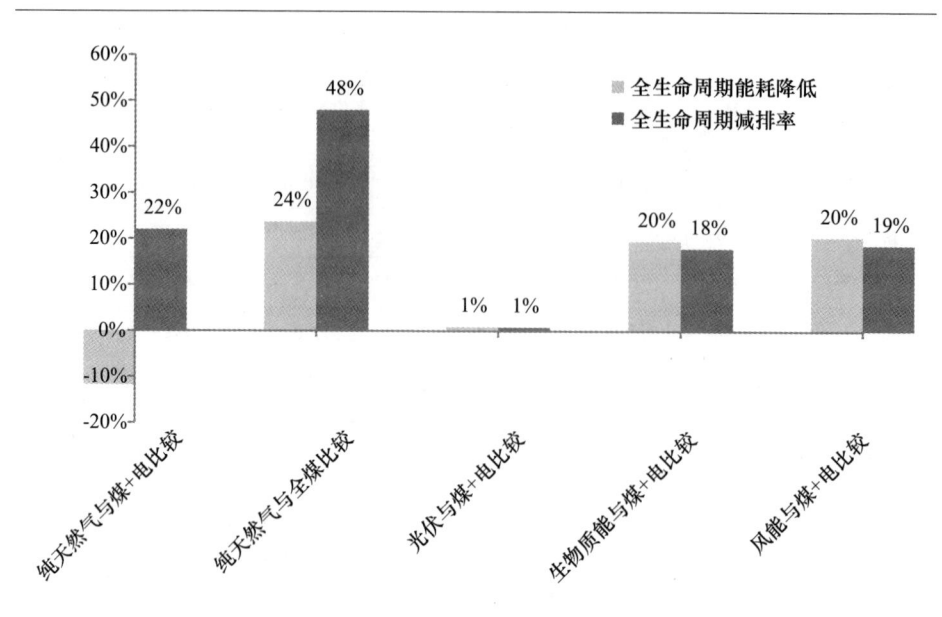

图 4-5　不同情景的全生命周期节能和 GHG 减排对比

对一次能耗进行分解，结果如表 4-28 所示。可以看出，纯天然气冷热电联产在一次能源消耗上并不比现有的常规供能方式要少，消耗 605.5×10^6 兆焦，但其他方式中只有利用项目自身的生物质能资源或者其他地区的风能才有可能进一步节能。从资源约束的角度讲，全煤路线最容易引起能源消耗过度的问题。

表 4-18　　　　　　四川项目不同情景的一次能源消耗对比　　　　（单位：10^6 兆焦）

	原煤	天然气	原油	合计 一次能源消耗
纯天然气	42.2	529.4	33.9	605.5
"煤 + 电"	506.4	1.9	49.7	558.0
全煤	740.3	0.7	76.8	817.7
光伏	581.2	1.9	55.3	638.5
生物质能	399.9	0.6	48.6	449.1
风能	400.0	0.4	44.0	444.4

对直接阶段和上游阶段产生的能耗进行分解,结果如图 4-6 所示。直接阶段是指从直接能源投入(例如生物质能)到终端能源服务(冷热电需求)产生的能耗,是直观意义上的"效率",上游阶段是指全生命周期能耗减去直接能源投入热值的部分。如图 4-6 所示,"煤+电"的模式能耗较低。生物质能在直接使用阶段效率不高,但是通过考察能源生产的上游阶段,可以发现使用网电("煤+电"和光伏部分发电模式)隐藏了大量的上游能源消耗,而生物质能在生产阶段不但不会消耗能源反而有能源的净生产。

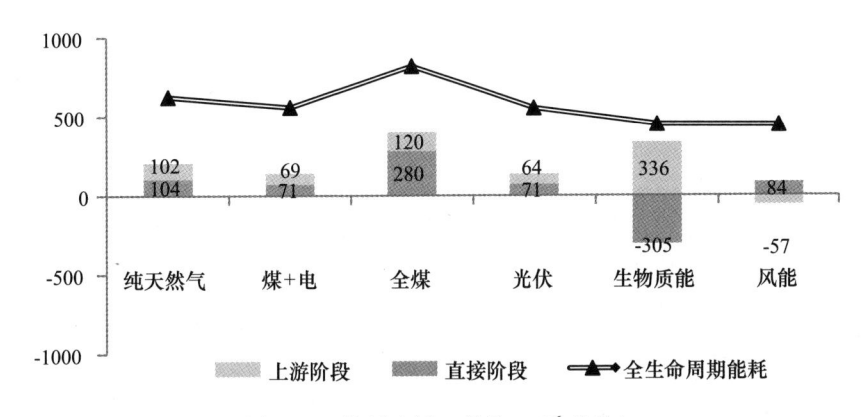

图 4-6 能耗分析(单位:10^6 兆焦)

对不同情景下的温室气体类型进行分解,结果如表 4-19 所示。可以看出,二氧化碳是 GHG 排放的主要成分。

表 4-19 不同情景的 GHG 排放对比

[单位:吨(二氧化碳当量)]

	二氧化碳	甲烷	一氧化二氮	合计 GHG 排放
纯天然气	37334.4	599.8	18.5	37952.7
"煤+电"	44934.6	3720.4	21.6	48676.7
全煤	66096.2	6900.6	35.1	73031.9
光伏	44551.5	3720.3	21.7	48293.5
生物质能	36260.7	3717.1	18.9	39996.7
风能	36296.8	3725.9	33.3	40056.0

2. 边际减排成本分析

参照文献①中各省电网全生命周期能耗与 GHG 排放，推广纯天然气分布式能源系统项目替代一些省份的电网供电，可以有效地节能与减排。

若假设对比路线中平均电价 0.5 元/千瓦时、煤价 500 元/吨，则四川项目的边际减排成本为 175 元/吨，与上海市火电行业的二氧化碳减排成本为 234.2 元/吨②和四川省整体边际减排成本 447 元/吨③等相比具有相对优势。

纯天然气代替"煤+电"路线的边际减排成本小于四川省内边际减排成本，说明采用纯天然气分布式能源在局部范围内是具有减排经济性的，在省级范围具有推广价值；纯天然气代替"煤+电"路线的边际减排成本大于其他地区火电改造项目的边际减排成本，说明在全国范围内存在更具有减排经济性的项目，需要综合分析不同项目的减排与成本。

（五）主要研究结论

以四川省 A 市啤酒厂的天然气冷热电三联供项目作为案例，分析纯天然气类分布式能源系统项目在节能、环保上的优势。从全生命周期的角度，纯天然气类分布式能源系统项目可以显著降低一次能源消耗，缓解资源约束问题，同时减少了温室气体尤其是更具环境危害作用的一氧化二氮的排放。本项目（纯天然气技术路线）与两个传统情景（"煤+电"、全煤技术路线）相比，节能率分别达到-12%和24%左右，GHG减排率分别达到22%和48%左右。在现有路线如果发电量提升10%，并且余电上网情况下，替代四川电网电力使得 GHG 排放减少24%。如果替代全国平均排放水平的电网电力，则可以减排42%。

可再生能源也是分布式能源系统发展的一个重要方向，但其应用需要结合项目本身的特点，例如本项目地处四川，风、光资源不足而电网电力本身相对清洁，因此利用风、光资源的必要性不大；项目自身具有的酒糟可以进行充分利用，与"煤+电"的模式比较利用酒糟制沼气的生物质能技术路线全生命

---

① Ding, N., Liu, J., Yang, J., Yang, D., "Comparative Life Cycle Assessment of Regional Electricity Supplies in China", *Resources Conservation and Recycling*, Vol. 119, 2016, pp. 47 – 59.

② Qin, S. J., Zhang, W. K., Yin, H. T., "Cost of CO_2 Emission Reduction of Conventional Thermal Power Plants in Shanghai-An estimation Based on Output Distance Function", *Energy Management*, Vol. 25, 2011, pp. 704 – 708.

③ 魏楚：《中国城市 CO_2 边际减排成本及其影响因素》，《世界经济》2014 年第 7 期。

周期节能 20%，GHG 减排 18%，存在进一步节能减排的可能。

  目前来看较有优势的项目路线为纯天然气和生物质能路线，并且具体的装置和效率对 GHG 减排效果的影响远不及技术路线的选择。这两种技术路线的上游阶段能耗小，如果根据直接阶段的能耗给予政策支持，可能会低估其实际节能减排效益，因此，在激励政策的制定过程中有必要使用全生命周期分析的方法。

  从边际减排成本的角度看，项目的边际减排成本为 175 元/吨左右，说明纯天然气冷热电三联供路线在一定情况下具有优势。因地制宜地推广该类项目可以同时做到经济高效和节能减排。

  本章重点介绍了减排项目层面的评价分析方法，需要重点掌握减排项目增量减排成本测算方法、全生命周期分析方法和能源类减排项目的节能减排经济性综合分析。在接下来的模型方法章节中，可以延伸性地学习对于工业、交通和建筑等部门，以及对于地区和经济体等层次的减排评价方法。

延伸阅读

1. 何建坤、陈文颖：《应对气候变化研究模型与方法学》，科学出版社 2015 年版。

2. 欧训民、张希良：《中国车用能源技术路线全生命周期分析》，清华大学出版社 2011 年版。

3. 欧训民、袁杰辉、彭天铎：《重大能源行动的降碳减排协同效益分析方法及中国案例研究》，经济管理出版社 2018 年版。

练习题

1. 什么是增量减排成本计算方法？
2. 全生命周期评价的步骤和原理是怎样的？如何应用于碳减排领域？
3. 温室气体的边际减排成本如何计算？

第 五 章

减缓气候变化：模型与方法

为达到《巴黎协定》所规定的 2℃ 以内温升目标，需要各国在 21 世纪中叶前实现深度温室气体减排，尽快向绿色发展转型、尽早达到碳排放峰值。气候变化减缓长期目标的顺利实现，依赖于各国积极的气候政策措施与气候行动。而气候变化带来的风险与损失以及减缓气候变化的成效和影响，取决于社会经济与地球系统的众多复杂因素，有很大的不确定性。

在众多不确定因素的影响下，众多问题需要广泛关注：如何制定前瞻的全球低碳绿色转型路径？如何探讨全球共同合作的减缓方案，并进一步具体到国家层面来绘制各国落实减缓目标的行动蓝图？如何探讨气候减缓的成本、效益及相关的不确定性？这些问题需要依赖系统模型方法，通过对气候变化减缓政策的定量模拟评估，来描述未来不同减缓路径的可行性与对应结果。这其中，各类模型包括技术优化模型、宏观经济模型和全球气候变化综合评价模型等，分别可以从不同层次和角度提供相应的见解和启示。

第一节 方法综述

分析气候变化减缓政策的综合评价模型很多，其研究内容涵盖了减缓政策评估领域的各个方面。这些模型有不同的分类方法：按研究内容分类，可分为能源—经济模型、环境—经济模型、能源—经济—环境模型；按研究方法分类，可分为仿真模型、技术优化模型、可计算一般均衡模型和投入—产出模型；按建模方法分类，则可分为自上而下模型、自下而上模型和混合模型。

本节内容主要围绕三种不同的建模方法，包括：（1）重点表现经济、能源系统并可以与气候模型连接的自上而下模型（Top-down）；（2）以工程技术模型为出发点、详细描述能源消费及生产过程中所使用的技术的自下而上模型（Bottom-up）；（3）耦合和互补了上述两种模型的混合模型（hybrid model）。① 本节在概括分析其建模方法特点的基础上简介三类模型的运用。

Top-down（自上而下）和 Bottom-up（自下而上）是两种建模角度；"自上而下"和"自下而上"这两个术语是聚合（aggregate）模型和分解（disaggregate）模型的简写。② Top-down 方法是利用宏观经济变量如总产值和总收入来评价系统，这类模型的出发点是经济发展对部门的影响，能够较好地描述国民经济各部门相互关联作用，但对能源生产、利用技术等方面则描述得比较抽象。CGE（Computable General Equilibrium，可计算一般均衡）模型、宏观计量经济模型都属于 Top-down 模型。而 Bottom-up 方法则从技术政策或某个减缓气候变化的特定工程来分析系统，对各种技术工艺流程有比较详细的描述，能清晰地说明资源消耗变化及其成本变化的原因；但由于未与宏观经济模块有机地联系在一起，因而难以分析减缓政策对经济的全局性影响。技术优化模型、仿真模型、部门预测模型等就是基于 Bottom-up 方法进行建模的模型。

尽管模型在主要涉及的学科和结构上存在一定的差异，但这两种类型的模型都能在全球和国家层面提供未来能源和排放路径预测。③ 由于研究方法不同、模型类型不同及所做的假设不同，各种模型的模拟结果往往也有所

---

① 石莹、朱永彬、王铮：《成本最优与减排约束下中国能源结构演化路径》，《管理科学学报》2015 年第 10 期。

② Markandya, A., K. Halsnaes, "Costing Methodologies", *Guidance Papers on the Cross Cutting Issues of the Third Assessment Report of the IPCC*, 2000, pp. 15 – 31.

③ Markandya, A., K. Halsnaes, "Costing Methodologies", *Guidance Papers on the Cross Cutting Issues of the Third Assessment Report of the IPCC*, 2000, pp. 15 – 31. Grubb, M., et al., "The Costs of Limiting Fossil-Fuel CO_2 Emissions: A Survey and Analysis", *Journal of Guizhou University*, Vol. 18, No. 1, 1993, pp. 397 – 478. Rivers, N., M. Jaccard, "Useful Models for Simulating Policies to Induce Technological Change", *Energy Policy*, Vol. 34, No. 15, 2006, pp. 2038 – 2047.

不同。①

一 自上而下模型

自上而下模型是以经济学模型为出发点，以温室气体排放价格、能源价格、经济弹性为主要的经济指数，粗略地表现它们与温室气体排放和经济活动之间的关系，因此主要适用于宏观经济分析和碳减排政策经济影响方面的研究。② 在自上而下模型的建模过程中，建模者需要将宏观经济理论和计量经济学技术应用于消费、价格、收入和要素成本的历史数据，以模拟商品和服务的最终需求以及能源部门、交通、农业和工业等主要部门的供应。因此，与考虑技术选择的自下而上模型相比，自上而下模型能更好地评估碳排放约束对整个经济系统的影响，③ 用于评估碳减排的边际减排成本和宏观经济成本，但是要牺牲特定的部门或技术细节。一般来讲，自上而下分析模型包括3种类型，即投入产出模型、宏观经济模型和可计算一般均衡模型。④

（一）投入产出模型

投入产出模型利用联立线性方程组描述经济体系各个部门之间的复杂关系。一般情况下，投入产出模型将总需求作为已知，主要研究在需求已知的条件下如何对其他要素进行调整。在联立线性方程组中，由于系数通常被假定是固定的，这类模型不能评价由于产品要素间相对价格变化导致的要素替代、技术变化与气候变化减缓政策的相关要素，因此，通常此类模型的时间跨度比较短。

（二）宏观经济模型

宏观经济模型主要研究不同部门中的投资模式和消费模式问题，以及与温室气体减排政策相关的驱动因素问题。这类模型主要是通过数量调整而非价格调整来实现均衡。由于模型往往是基于历史数据对未来进行预测，对于未来时

---

① Vuuren, D. P. V., et al., "Comparison of Top-down and Bottom-up Estimates of Sectoral and Regional Greenhouse Gas Emission Reduction Potentials", *Energy Policy*, Vol. 37, No. 12, 2009, pp. 5125 – 5139.

② 蒋金荷、姚愉芳：《气候变化政策研究中经济—能源系统模型的构建》，《数量经济技术经济研究》2002年第7期。

③ Markandya, A., K. Halsnaes, "Costing Methodologies", *Guidance Papers on the Cross Cutting Issues of the Third Assessment Report of the IPCC*, 2000, pp. 15 – 31.

④ 赵娜：《基于LEAP的粮食干燥行业能源种类与装备型式的能耗及排放、经济效益的分析》，硕士学位论文，北京邮电大学，2017年。

间段内消费者的反应行为并未充分考虑，因此通常被应用于中短期内的温室气体减排政策研究。

（三）可计算一般均衡（CGE）模型

CGE 模型基于微观经济理论构建了代理人的行为，运用包含供给和需求行为在内的方程组来模拟生产要素、产品、外汇等市场，从而能够反映多个部门、多个市场之间的相互依赖和相互作用的关系。该模型可体现不同政策通过价格调控机制所产生的对经济系统的全局性影响。不同研究机构按其不同的研究目的开发了不尽相同的 CGE 模型，如 G-Cubed 模型、MERGE 模型、SGM 模型和 MIT-EPPA 模型等。

二 自下而上模型

自下而上模型以生产和消费过程中的技术为基础，通过对能源生产和消费进行系统仿真和模拟来预测能源供需及对温室气体排放的影响，以此评价不同政策对技术选择、碳排放、减排成本等方面的影响。由于自下而上系统分析方法强调技术的重要性，这类模型在碳减排研究中的应用多是从工程技术的角度出发，分析能源效率、燃料、用能和减排设备的变化对能源利用和碳排放的影响。简单的自下而上分析模型可对某一个部门进行单独分析，而复杂的自下而上模型则能够刻画所有经济部门，进而确定满足全社会碳排放约束下的成本最小化的最优技术组合。[①]

自下而上模型的优势包括能够在局部均衡框架下刻画碳减排技术，给出不同方案的减排技术组合和相应成本评估。然而，由于其结构的局限性，自下而上模型无法捕捉到碳减排政策的全部宏观经济影响。自下而上分析模型也主要有 2 种类型，即技术优化模型和系统仿真模型。

（一）技术优化模型

技术优化模型也被称为部分均衡模型。该类模型以技术为基础，研究如何以最小化的系统成本满足既定的能源服务需求的问题，成本包括设备投资成本、运维成本、能源使用成本和碳排放成本等。近年来，技术优化模型在温室气体减排潜力评价和减排成本估算方面应用广泛，对技术的详细描述能够较为

[①] 赵娜：《基于 LEAP 的粮食干燥行业能源种类与装备型式的能耗及排放、经济效益的分析》，硕士学位论文，北京邮电大学，2017 年。

有力地评价资金周转情况。

（二）系统仿真模型

系统仿真模型对能源需求技术和能源供给技术以及伴随的碳排放活动等有详细的描述，如终端用能技术、能源转换技术、生产技术。在这类模型中，来自技术优化模型、计量经济预测的外生情景假设推动需求和技术的发展。由于对能源需求的详细技术信息进行了充分的刻画，该类模型在对碳减排的短期研究中具有重要的实际意义。

三　自上而下和自下而上模型的区别

自上而下和自下而上模型是考察经济与特定温室气体排放部门（如能源系统）之间联系的两种基本方法。自上而下的模型从总体经济变量评估系统，而自下而上的模型重点考虑技术选择。两种模型结果之间的差异来自于减排目标、模型结构和输入假设这些因素之间的复杂相互作用。[1][2] 两类模型的基本区别在于以完全不同的方式描述技术。自下而上的模型考虑了工程意义上的技术，即与碳减排、能源消耗或供应相关的给定技术，这些技术具有给定的技术性能和成本。相比之下，自上而下模型中的"技术"一般是指中间消费、生产函数以及劳动力、资本和其他投入中购买特定投入的份额，这些份额构成了经济体技术描述的基本要素。

自上而下和自下而上方法之间的另一个区别是如何对各系统的行为进行内生化和外推。自上而下聚合式（aggregated）地刻画变量之间的经济关系，在这方面通常比自下而上分解式的（disaggregated）变量更可靠，对于这些变量的模拟更稳定。因此，当将自上而下模型应用于长时间尺度（如超过10—15年）分析时，通常采用高程度的聚合。周期越长，自上而下和自下而上模型之间的聚合差距越大。

自上而下的模型基于广泛的部分均衡框架，该框架涉及能源与碳排放部门与其他经济部门之间的反馈。自下而上的模型考虑了特定的能源和碳减排技术选择，特别是对于终端需求的刻画比较充分；由于关注技术细节，这类模型就

---

[1] 魏一鸣等：《能源—经济—环境复杂系统建模与应用进展》，《管理学报》2005年第2期。

[2] 张彩虹等：《能源政策模型在碳减排应用中的差异和CIMS模型的发展》，《世界林业研究》2014年第3期。

要求建模者在考虑能源部门和各经济部门的联系时更加细致。

自上而下和自下而上模型对当前和未来技术效率的进步也有不同的假设和预期。自下而上模型通常关注在微观经济层面上显而易见的技术效率提升路径,并详细分析具体政策选择的技术和经济层面;与自上而下的模型相比,该类模型倾向于考虑生产成本增加和其他部门投资减少的影响,以及特定部门成本最小化的相应调整。

自下而上和自上而下模型之间关键结构的区别如表5-1所示,自下而上的模型倾向于非常详细地描述能源和碳排放系统,而很少将行为内生化,也缺少与经济系统的互动关联。自上而下的模型往往对能源和碳排放部门的细节知之甚少,但对行为和更广泛的经济关系有明确的处理,这些特性使得这两种模型回答不同的问题。自下而上的模型更善于模拟详细的技术替代潜力,而自上而下的模型更善于预测更广泛的经济影响。

表5-1　　　　　自下而上和自上而下模型之间关键结构的区别

结构维度	早期模型		近期模型	
	自上而下	自下而上	自上而下	自下而上
行为内生化	高	低	高	逐渐增加
关于非能源部门的细节	高	低	高	逐渐增加
能源最终用途的细节	低	高	逐渐增加	高
能源供应技术的细节	低	高	逐渐增加	高
预测方向	高	低	逐渐降低	逐渐增加

碳减排成本在整个温室气体减排评估中是一个非常重要的指标;减排量及减排方式均取决于减排成本。但是,由于减排成本定义的多样化以及技术变化对减排成本长期影响的不确定性等原因,减排成本的估算呈现多样化的趋势。[1][2]

---

[1] Hourcade, Jean C., et al., "Estimating the Costs of Mitigating Greenhouse Gases", Climate Change 1995, Economic and Social Dimensions of Climate Change, Contribution of Working Group Ⅱ, 1996, pp. 263-296.

[2] 赵娜:《基于LEAP的粮食干燥行业能源种类与装备型式的能耗及排放、经济效益的分析》,硕士学位论文,北京邮电大学,2017年。

对技术有详细描述的"自下而上"的模型倾向于揭示减排的效益,其中减排成本是投资、运维和燃料等成本与进出口的收益等综合比较而得出的。自上而下的模型大多对长期的技术进步和发展进行了假设,并且模型中的政策或管理办法也对最终成本产生影响。例如,排放权交易和联合履行机制对主体行为和减排成本的影响。自上而下的一般均衡模型则通常得出比自上而下的时间序列数量经济模型更低的减排成本,主要原因包括:自上而下模型采用新的灵活手段,如排放贸易和联合履行机制;税收或出售排放许可证的收入通过减税措施返还给经济部门产生的效益都在成本的考虑之中,并且环境污染减少的效益也被包含在结果中。最后,自上而下的模型多半假定了长期的技术进步和扩散。不同的假设或者更集成、更动态的研究方法也会对研究结果产生重要的影响。

四 混合模型

自上向下模型和自下而上模型各有优势和不足,在模型构架上具有一定程度的互补性。混合模型就是将这两种结构的模型进行对接,从而实现两种模型的信息共享和融合,兼顾了模型的宏观经济信息和微观技术信息,使模型更加可靠。[1]

混合模型通过系统仿真来对能源系统(从能源的开采、转化、运输、市场到最终能源需求)和碳排放活动进行模拟,预测各部门能源的供应能力、能源价格、需求量以及宏观经济参数,因此既包括自上而下的宏观经济模块,又包括自下而上的能源供应和需求模块。这类模型包括经济、供应、转化、需求、环境等模块的综合集成模型,研究范围多是全球的、区域的或国家的,从而可以为国家制定气候政策提供科学支持。最具代表性的混合模型是美国能源部开发的 NEMS 模型。

自上而下模型、自下而上模型、混合模型的优缺点分析和典型代表如表 5-2 所示。

---

[1] 石莹、朱永彬、王铮:《成本最优与减排约束下中国能源结构演化路径》,《管理科学学报》2015 年第 10 期。

表 5-2　　　　　　　　　　　若干主要能源模型比较

	研究方法	主要功能	优缺点	典型代表	开发机构
自上而下模型	计量经济学方法；一般均衡理论；线性规划理论	适用于减缓政策的宏观经济影响分析	采用经济学方法，便于提供经济分析；不能详细地描述技术；反映了被市场接受的可行技术；利用大量的数据来预测；低估了技术进步的潜能；不能控制技术进步对经济的影响；通过经济指标决定能源需求，但是强调能源供给的变化	EPPA	MIT
				3Es-Model	NUT/ Japan
				MACRO	IIASA
				GEM-E3	NTUA/EU
自下而上模型	线性规划理论；非线性规划理论；多目标规划理论；系统动力学方法；投入—产出方法	碳排放约束下的技术选择策略研究；能源技术选择对碳排放的影响分析；能源供需预测；碳减排的成本分析	利用工程学方法，不擅长经济分析；对技术有详细的描述；反映了技术的潜力；高估了技术进步的潜能；利用分散的数据详细地描述供给技术，强调能源消费的变化；直接评价技术选择的成本；假设能源部门和其他部门的关系可以忽略	MARKAL	ETASP/IEA
				MESSAGE	IIASA
				EFOM	EU
				MEDEE	IEPE/France
				ERIS	PSI、NTYA and IIASA
				LEAP	SEI/Sweden
				AIM/Enduse	NIES/Japan
混合模型	线性规划理论；非线性规划理论；混合整数规划方法；计量经济学方法	碳排放约束下的能源供需预测；能源政策分析；低碳技术的演化及成本分析	综合了上述两种模型的优点，既充分考虑技术选择的成本，又考虑了价格弹性的作用，是对整个能源系统的模拟和分析；便于进行更详尽的碳减排经济分析；研究范围多是全球的、区域或国家的；功能比较齐全，结构比较复杂，是对现实能源系统进行模拟和仿真的复杂系统	NEMS	EIA/DOE of America
				IIASA-WEC E3	IIASA and WEC
				PRIMES	JOULE/EU
				POLES	JOULE/EU
				MIDAS	JOULE/EU

资料来源：蒋金荷、姚愉芳：《气候变化政策研究中经济—能源系统模型的构建》，《数量经济技术经济研究》2002 年第 7 期。

第二节　以碳排放为约束的技术优化模型

一　发展与演变

自 20 世纪 70 年代初以来，技术优化模型在分析能源系统或其子系统（如电力系统）中得到广泛应用，主要解决的问题是在给定的能源服务需求水平和环境（如碳排放）约束下更好地设计能源供应系统，以便更好地刻画当前和未来的需求—供应互动、能源和环境相互作用以及能源—经济互动和能源系统规划。技术优化模型是基于包括工程学、经济学、运筹学和管理科学在内的多个学科的理论和分析方法构建的,这些模型通常需要应用不同的技术方法进行优化和评估,包括数学规划(尤其是线性规划)、计量经济学和相关的统计分析方法和网络分析。[1] 技术优化模型在数据要求、技术规范、技能要求和计算需求方面各不相同。大多数模型是由工业化国家研究团队开发和应用,近年来也已经应用于发展中国家。这类模型需要庞大的数据库,其中大部分数据在发展中国家并不容易获取。

尽管由于加入了更多的技术和资源使得技术优化模型变得更加复杂,但是在给定终端需求的前提下,这种方法的优势在于能够应用优化技术来分析使用替代技术和能源替代形式的系统配置。因此,从开发的早期阶段开始,线性规划就成了这种模型的组成部分。比如,美国为进行有效资源配置而开发的Brookhaven 能源系统优化模型(BESOM),在国家层面上用于对未来时间点进行情景分析。随后又开发了许多其他版本,扩展了模型的功能,包括通过投入产出表与宏观经济产生联系。[2] 类似地,也出现了多周期动态模型。事实上,当今最著名的能量系统模型之一——MARKAL 模型就是 BESOM 模型的衍生物。Munasinghe 和 Meier[3] 指出,许多国家都在 BESOM 模型的基础上,开发了适用于自己国家的模型或改编了 BESOM 模型。例如印度的 TERI 能源经济环境模拟评估模型和墨西哥的 ENERGETICOS 模型。同时那些应用更广泛的模型都相继问世,如能量流优化模型(EFOM)和市场分配模型(MARKAL)。在发展中国家,广泛使用模型包括区域能源情景生成器(RESGEN)。在计量经济学方向,Hudson and Jorgenson[4] 率先将计量经济学宏观经济增长模型与行业间能源模型结合起来。行业间能源模型的投入产出系数是内生的,同时宏观模型允许对需求和产出进行一致的估计。

虽然上述大多数建模都是基于国家层面进行的,但大型全球模型的开创性

---

[1] Hoffman, K. C., D. O. Wood, "Energy System Modeling and Forecasting", *Annual Review of Energy*, Vol. 1, No. 1, 1976, pp. 423 – 453.

[2] Hoffman, K. C., D. W. Jorgenson, "Economic and Technological Models for Evaluation of Energy Policy", *The Bell Journal of Economics*, 1977, pp. 444 – 466.

[3] Munasinghe, M., P. Meier, *Energy Policy Analysis and Modelling*, Cambridge: Cambridge University Press, 1993.

[4] Hudson, E. A., D. W. Jorgenson, "US Energy Policy and Economic Growth, 1975 – 2000", *The Bell Journal of Economics and Management Science*, 1974, pp. 461 – 514.

工作始于 Jay Forrester 对其全球动态演变和增长极限理论的应用。[1] 众所周知，该报告预测的世界末日引发了一场关于依赖资源型经济增长和可持续性问题的激烈争论。尽管能源部门的代表性有限，而且对报告的支持有限，但这引发了全球模拟的新趋势，涌现出了替代能源研讨会、美国能源信息管理局和国际应用系统分析研究所等优秀的机构。

1973 年至 1985 年期间的一个主要发展是关于能源与经济之间相互作用和相互依赖的调查和辩论。在一个简单的综合概念框架中，Hogan and Manne[2] 通过资本和能源之间的替代弹性解释了这种关系，从而影响了能源需求。Berndt and Wood[3] 研究表明资本和能源在短期内可能是互补的，但从长远来看是可以替代的。相比之下，Hudson and Jorgenson[4] 使用了一个分解研究，使用一般均衡框架来分析油价上涨对经济的影响。这一时期的另一个主要发展是自上而下和自下而上的建模者之间的意见分歧。虽然传统的自上而下的方法遵循总体观点并相信价格和市场的影响，但自下而上的模型强调能源部门的技术特征。

20 世纪 70 年代石油的高价格强调了能源系统协调发展的必要性，并进而推动了一系列战略规划的模拟工作。国际原子能机构于 1978 年为电力部门规划制定了 Wien 自动化系统规划（WASP）。该模型在过去 30 年中得到了广泛的使用和改进，并增加了各种功能。电力相关模型往往倾向于依赖优化作为基本方法。Hobbs[5] 将以下内容确定为其模型结构的主要元素：

- 目标函数，通常考虑成本最小化，但也可以使用经济和环境目标；
- 建模者旨在通过模型决定的一组决策变量；
- 一组约束，确保决策变量的可行范围。

综合规划的概念此时受到关注，越来越多的学者通过链接不同的模块或开

---

[1] Meadows, D. H., The Limits to Growth, Green Planet Blues: Critical Perspectives on Global Environmental Politics, 2014.

[2] Hogan, W. W., Alan S. Manne, "Energy-economy Interactions: The Fable of the Elephant and the Rabbit?", *Advances in the Economics of Energy and Resources*, Vol. 1, 1979, pp. 7 – 26.

[3] Berndt, E. R. and D. O. Wood, "Engineering and Econometric Interpretations of Energy-capital Complementarity", *The American Economic Review*, Vol. 69, No. 3, 1979, pp. 342 – 354.

[4] Hudson, E. A., D. W. Jorgenson, "US Energy Policy and Economic Growth, 1975 – 2000", *The Bell Journal of Economics and Management Science*, 1974, pp. 461 – 514.

[5] Hobbs, B. F., "Optimization Methods for Electric Utility Resource Planning", *European Journal of Operational Research*, Vol. 83, No. 1, 1995, pp. 1 – 20.

发独立模型来进行集成建模。在国家层面，前文已经指出了能源模型在美国的发展。法国也开发了一套替代模型，包括两种广泛使用的模型，即 MEDEE 和 EFOM。印度依靠投入产出模型进行规划，并将能源纳入该框架。Parikh[①] 报告了能源系统分析的综合模型，这是一种混合模型，其宏观经济因素与详细的以最终用途为导向的能源部门描述相关联。20 世纪 80 年代中期，能源系统模型建模的重点转向能源—环境相互作用。能源模型更加精细地纳入了环境问题，并且在此阶段开始了长期建模的实践。后来，TEEESE 模型在印度被用于评估能源—环境相互作用，并用于制订绿化印度发展计划。[②]

20 世纪 90 年代，能源建模的重点转向能源—环境相互作用和气候变化相关问题。大多数能源系统模型试图分析环境问题。包括以下几个方面：（1）核算模型通过纳入适当的环境系数来建立和能源生产、转化和使用过程的环境影响关联；（2）基于网络的模型可以利用环境污染系数识别环境负担，并通过考虑减缓成本来分析经济影响；（3）具有宏观联系的能源模型可以考虑整体经济影响来分析能源配置问题。在电力部门模型方向，Markandya[③] 确定了四种用于处理电力规划模型中环境问题的方法，具体如下：（1）包括环境成本在内的模型，作为能源供应成本的一部分，并将总成本降至最低；（2）模型包括供应方面的环境成本，但最大限度地减少了受环境限制的成本；（3）旨在降低成本的模型，但也包括迭代运行以评估替代方案的影响计算模块；（4）模型不是基于优化，而是分析替代电力开发方案的影响。

在此期间，出现了许多新的区域和全球模型，其中包括亚太综合评价模型（AIM），第二代模型（SGM），区域空气污染模拟模型（RAINS），Global 2100 模型，气候与经济动态综合模型（POLES）等。MARKAL 模型在全球范围内的应用也越来越多。同时，LEAP 模型成为联合国气候变化框架公约报告使用的标杆模型。与此同时，现有模型也不断更新以用于分析新问题。例如，由于

[①] Parikh, J. K., Modelling Energy Demand for Policy Analysis, Government of India, Planning Commission, 1981.

[②] Pachauri, R. K., L. Srivastava, "Integrated Energy Planning in India: A Modeling Approach", *The Energy Journal*, Vol. 9, No. 4, 1988, pp. 35 – 48.

[③] Markandya, A., "Environmental Costs and Power Systems Planning", *Utilities Policy*, Vol. 1, No. 1, 1990, pp. 13 – 27.

气候变化问题需要长期研究（100年或更长时间），建模人员开始超越一般情况的20—30年，开始考虑100年或200年。然而，这种扩展的不确定性和风险也很大，行为假设、技术规范和资源分配的有效性变得复杂。这导致一方面需要将概率风险分析纳入分析框架，另一方面又纳入新模型开发计划，例如欧盟的长期能源环境模型倡议。

二 模型原理

（一）动态优化模型[①]

动态优化模型是局部均衡模型，这些模型以技术为导向，包括所有终端使用部门，时间尺度超过40—50年的范围，以最小化能源系统的总成本为目标函数，最后计算出能源市场的部分均衡状态。在基于要素成本和温室气体排放税假设的前提下，成本包括所有部门的投资和运营成本。这类模型的早期版本评估了如何以最低成本满足能源需求。最新版本允许需求响应价格。另一些模型发展在总体宏观经济需求和能源需求之间建立联系。优化模型有助于评估温室气体减排潜能和成本的动态问题。模型中丰富的技术信息有助于评估内生的资本存量周转和技术学习。动态能源优化模型的基本结构如图5-1所示：

（二）模型系统优化原理

技术系统优化模型是线性规划问题，每一种模型都有其各自的目标函数和约束方程，但总体来说，其基本公式都有相似性，如下所示：

$$Min \ c \cdot X \quad \text{（式5-1）}$$

$$s.t. \sum_k ACT_{k,i}(t) \geq DM_i(t) \quad \text{（式5-2）}$$

$$and \ B \cdot X \geq b \quad \text{（式5-3）}$$

（式5-1）表示整个能源系统总成本最小化，不同模型包括不同的成本，但一般会包括初始投资成本、运维成本、能源成本、能源税和碳排放税。（式5-2）表示一系列能源服务需求约束，活动水平（ACT）变量表示终端技术所能产生的服务需求，需要满足外生的能源服务需求（DM），即整个社会

[①] Pachauri, R., T., Taniguchi, K. Tanaka, Guidance Papers on the Cross Cutting Issues of the Third Assessment Report of the Intergovernmental Panel on Climate Change (IPCC), Intergovernmental Panel on Climate Change (IPCC), 2000.

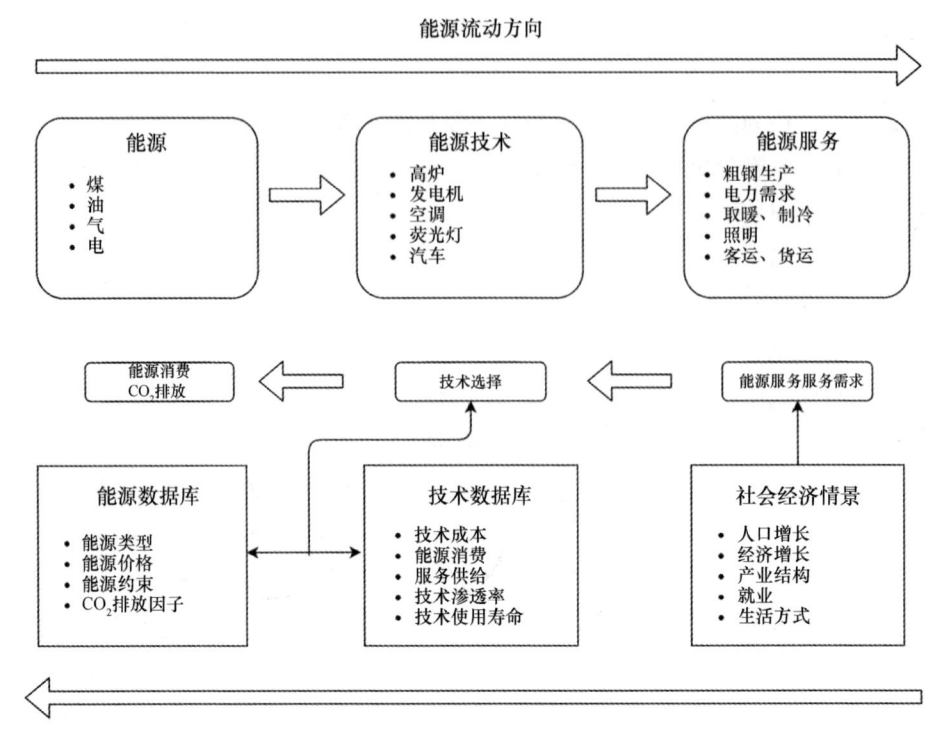

图 5-1 能源优化系统的基本结构

需要的能源服务需求。(式 5-3)表示一系列其他能源系统约束,诸如能源供给限制,技术工艺容量限制,污染物和温室气体排放总量限制等。

线性程序可以针对特定的参数(效率)、终端使用需求和供应可得性来计算得出最佳供应策略,以最大限度地降低供应成本。这是一种灵活的工具,可以非常详细地捕获能源系统和碳排放的技术特征。它还可以考虑新兴技术以及新需求,找到替代途径,以获得最佳解决方案。通常,线性编程模型对数据敏感,并且参数或约束的微小变化都可能导致明显不同的结果。虽然该方法可以详细捕获技术细节和能量系统结构,但是对于收集代表性的数据要求非常高,也需要对能源部门有深入理解。

三 代表性模型介绍

（一）LEAP 模型[①]

LEAP（Long-range Energy Alternatives Planning System），即长期能源替代规划系统，是一种基于情景分析的自下而上的能源—环境核算工具，由斯德哥尔摩环境研究所与美国波士顿大学共同开发。基于对人口、经济发展、技术、价格等一系列替代假设，LEAP 情景对特定区域的经济系统中能源如何消耗，转换和生产以及产生的碳排放进行了综合核算。凭借其灵活的数据结构，LEAP 可以根据用户的选择分析丰富的技术规格和终端使用细节。

通过 LEAP 模型，用户可以通过简单的会计模型来构建复杂的模拟和数据结构。与宏观经济模型不同，LEAP 模型不考虑碳减排政策对就业或 GDP 的影响。同样，尽管 LEAP 模型可用于识别最低成本情景，但是不会自动生成最优或市场均衡情景。LEAP 模型的重要优势在于其灵活性和易用性，使决策者能够迅速从政策理念转向政策分析，而无须采用更复杂的模型。

LEAP 模型有多种用途：作为数据库，它提供了一个维护能源信息的综合系统；作为预测工具，它使用户能够在长期规划期间对能源供需进行预测；作为一种政策分析工具，它模拟和评估替代能源计划，投资和行动对未来温室气体排放的影响。用户可以使用 LEAP 模型来预测能源供需情况，以便了解未来温室气体排放的路径，识别潜在问题并评估碳减排政策的效果和其他影响。LEAP 模型可以帮助用户评估各种项目、计划、技术、能源和碳减排规划，并制定解决环境和能源问题的最佳战略。

（二）MARKAL 和 TIMES 模型[②]

MARKAL（MARKal ALlocation）模型及其改进的 TIMES（The Integrated MARKAL-EFOM）模型由国际能源署开发，是单个或多个区域的能源系统优化模型，可为长时期、多时段地评估能源发展动态提供一个具有详细技术的模型

[①] Caire, G. and F. Pieri, Leap User Guide, TILab, Jan., 2006.

[②] Loulou, R., G. Goldstein, K. Noble, Documentation for the MARKAL Family of Models, Energy Technology Systems Analysis Programme, 2004, pp. 65 – 73. Loulou, R., et al., Documentation for the TIMES Model, PART I: Energy Technology Systems Analysis Programme, International Energy Agency Paris, 2005.

基础。用户需要首先根据经济和人口统计预测估计未来终端能源服务需求（例如，客车或货车道路行驶里程、住宅照明、造纸工业中的蒸汽热需求等）。此外，用户还需要提供现有能源相关设备库存的估计、未来可用技术的特征以及一次能源供应的替代来源及其资源潜力。

模型计算能源系统各个层面的能源平衡，如一次能源、二次能源、终端能源使用和能源服务。该模型旨在通过按地区同时制定设备投资和运营决策以及主要能源供应决策，以最低的全球成本提供能源服务。例如，在模型中，如果住宅照明能源服务有所增加（可能是由于住宅照明成本下降），则必须更加高强度地使用现有的发电设备，或者必须安装新的发电设备。发电设备的选择包括对替代发电技术的特征和一次能源供应的经济性的分析。因此，该模型是整个能源系统的垂直整合模型。

模型计算能源市场的局部跨期均衡，这意味着各种燃料和其他商品的数量和价格处于均衡状态，市场处于出清状态。此外，这种均衡具有在整个范围内总盈余剩余最大化的特性，在任何特定时期进行的投资都是最佳的。在标准MARKAL模型中，有几个选项可用于模拟能源系统的特定特征，例如某些外部成本的内部化，内生技术学习，某些投资本质上是"块状"的事实，以及某些模型参数中不确定性的表示。

该模型的范围不仅是能源问题，还包括环境污染物和温室气体排放，以及与能源系统相关的原材料的选择。此外，TIMES 模型也适用于能源—环境政策的分析，由于所有部门的技术和燃料具有代表性和明确性，这些政策可以准确地表示。TIMES 模型中，就像在 MARKAL 模型中一样，各种商品的数量和价格处于均衡状态，即市场出清。这种均衡具有总经济盈余最大化的特性。

（三）EFOM 模型[①]

EFOM（Energy flow optimization model）是 MARKAL 系列姊妹型模型，最初由 Finon 于 20 世纪 70 年代在法国格勒诺布尔的经济和法律能源研究所开发，然后被广泛应用于世界各地。EFOM 模型主要被用于欧盟国家，是一种基于线性规划的多周期系统优化工具，可最大限度地降低总贴现成本，以满足一

---

① Van der Voort, E., Energy Supply: Modelling Package EFOM-12C Mark I. CABAY; Commission of the European Communities, 1985.

个国家的外部特定能源服务需求。该模型可用于分析特定部门（单部门分析模式）或整个能源系统规划工作（多部门模式）。为了提高模型的环境模拟能力，衍生出了 EFOM-ENV 的拓展版本。

（四）AIM/Enduse 模型[①]

AIM/Enduse 模型是由日本国立环境研究所开发的技术优化模型。它是一个技术选择框架，通过详细的技术刻画对能源和物质流动进行建模，用于分析与温室气体减排和当地空气污染控制等相关的国家政策，还可以进行能源政策分析，模拟经济系统中的能源和材料流动，从一次能源和材料的供应，到二次能源和材料的转换和供应，到终端使用服务。

在 AIM/Enduse 能源和材料供应的可得性以及其他系统约束的若干约束下，最小化系统的总成本。系统成本包括固定成本和技术运营成本，能源成本以及税收或补贴等其他成本。该模型可以同时执行多年动态的计算，也可以在 AIM/Enduse 中分析包括政策干扰在内的各种情景。

第三节　以碳排放为约束的宏观经济模型：可计算一般均衡模型

一　发展与演变

CGE（Computable General Equilibrium）全称为"可计算一般均衡"，其理论源自于完全竞争市场经济下的一般均衡理论。一般均衡是指在一个多部门的经济系统中达到一系列资源配置和价格构成的理想状态，是标准微观经济学中的原则性理论。[②] 20 世纪 60 年代后，由于数据可得性和计算机技术的增强的发展，使得可计算一般均衡理论向着"可计算化"方向发展。

可计算一般均衡模型（以下简称 CGE）中明确定义了经济系统内各个主体（消费者、生产者等）的需求（效用）函数和生产函数，运用数量化的方

[①] Hibino, G., et al., *A Guide to AIM/Enduse Model*, in *Climate Policy Assessment*, Springer, 2003, pp. 247 – 398.

[②] Walras, L., "Éléments d'économie Politique Pure", *Political Science Quarterly*, Vol. 4, No. 4, 1889, p. 679. Arrow, K. J. and G. Debreu, "Existence of an Equilibrium for a Competitive Economy", *Econometrica*, Vol. 22, No. 3, 1954, pp. 265 – 290.

式模拟经济系统运行和市场机制运作。与计量经济模型相比，CGE 可以在没有任何历史经验的情况下模拟可能的政策冲击并得出其影响，进而实现对整个经济系统的定量评估。最具有开拓性的早期 CGE 模型是由 Johansen[1] 所开发的挪威多部门增长模型，随后 Scarf[2] 于 1973 年提出了一种基于计算机求解的大型 CGE 的算法。自 20 世纪 80 年代 CGE 模型不断发展后，其在宏观、贸易、财政税制、交通和能源环境等领域得到了广泛的应用。[3] 其中，在全球能源与气候变化方向上可计算一般均衡模型经历了几十年的快速发展，已经成了能源经济领域的重要分支和气候变化模型评估中的重要组成部分。全球能源经济可计算一般均衡模型的应用既有在全球尺度下讨论国际减排目标对不同区域的影响，也有在特定区域中讨论碳交易市场等具体政策对不同部门的影响。与其相关的模型有 GTAP-E、OECD-GREEN、G-cubed[4]、C-GEM、C-REM、IMED｜CGE 等（见表 5-3）。

表 5-3　　　　　　　　　　CGE 模型的研究领域举例

领域	举例
一般的宏观经济学	公共开支精减、贸易与税制改革对收入分配的影响
财政政策	增值税的引入、商品税改革
贸易	农产品关税、贸易壁垒（贸易战）的影响
交通	交通部门节能减排
产业与劳动力	碳减排目标对高耗能产业的影响、外部劳动力的流入

---

[1] Johansen, L., "A Multi-sectoral Study of Economic Growth", *The Canadian Journal of Economics and Political Science*, Vol. 28, No. 3, 1962, p. 460.

[2] Scarf, H., *The Computation of Economic Equilibria*, Yale University Press, 1973, p. 305.

[3] Whalley, J., *Trade Liberalization among Major World Trading Areas*, The MIT Press, 1984. Pearson, K. R., et al., "Notes and Problems in Applied General Equilibrium Economics", *De Economist*, Vol. 74, No. 3, 1992, pp. 463 – 465. Burniaux, J. M., G. Nicoletti, J. Oliveira-Martins, "GREEN: A Global Model for Quantifying the Costs of Policies to Curb CO_2 Emissions", *Economic Costs of Reducing CO_2 Emissions*, Vol. 19, No. 19, 1992, pp. 49 – 92. 李丕东：《中国能源环境政策的一般均衡分析》，博士学位论文，厦门大学，2008 年。郭正权：《基于 CGE 模型的我国低碳经济发展政策模拟分析》，博士学位论文，中国矿业大学，2011 年。冷雪：《碳排放与我国经济发展关系研究》，博士学位论文，复旦大学，2012 年。

[4] 王灿、邹骥：《可计算一般均衡模型理论及其在气候变化研究中的应用》，《上海环境科学》2003 年第 3 期。

续表

领域	举例
环境、能源	碳排放交易市场的影响、环境问题与健康效应

资料来源：[日]细江敦弘、长泽建二、桥本秀夫：《可计算一般均衡模型导论：模型构建与政策模拟》，东北财经大学出版社2014年版。

二 模型基本原理[①]

为了简单介绍 CGE 模型的基本原理，我们考虑一个只有居民和企业两个部门的简单市场：假定企业使用要素投入 $F_{h,j}$，只生产两种商品 Z_j，两种商品在市场中卖给居民部门，形成消费 X_j，进而产生居民效用 UU。居民所得要素收入由企业提供，居民使用获得的收入来支付商品的购买（见图 5-2、图 5-3）。接下来，我们讨论两个部门各自的最优化行为以及市场出清条件：

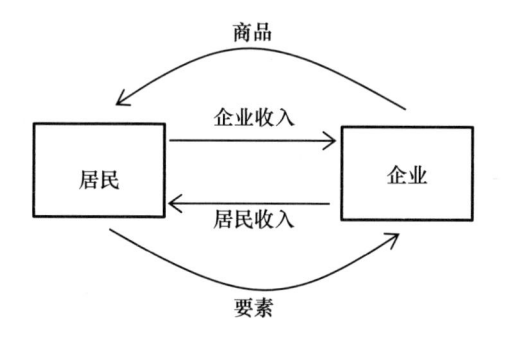

图 5-2 经济结构图

（一）居民最优化行为

假定居民将所有的资本（CAP）和劳动力（LAB）要素禀赋均出售给企业换取收入，通过对企业生产商品的消费组合来实现效用的最大化（同时假定效用函数为 Cobb-Douglas 函数）。这里，商品及要素价格为外生给定。

---

① [日]细江敦弘、长泽建二、桥本秀夫：《可计算一般均衡模型导论：模型构建与政策模拟》，东北财经大学出版社 2014 年版。

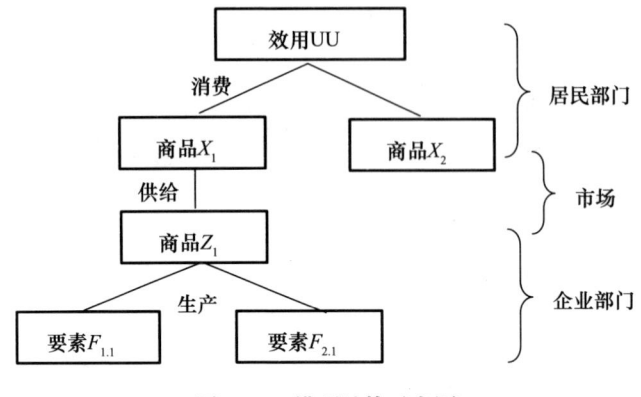

图 5-3 模型结构示意图

基于预算约束,最优化表述: $\max_{X_i} UU = \prod_i X_i^{\alpha_i}$ （式 5-4）

需满足: $\sum_i p_i^x X_i = \sum_h p_h^f FF_h$ （式 5-5）

其中,i 表示商品类型 ($i = 1, 2$),h 表示要素类型 ($h = 1, 2$);UU 表示效用;X_i 表示居民消费的第 i 种商品数量,$X_i \geq 0$,FF_h 表示居民的第 h 种要素禀赋数量;p_i^x 表示第 i 种商品的需求价格,$p_i^x \geq 0$,p_h^f 为第 h 种要素的市场价格,$p_h^f \geq 0$。α_i 为 CD 效用函数中的份额系数,$0 \leq \alpha_i \leq 1$,$\sum_i \alpha_i = 1$。

求解上述,我们可以得到第 i 种商品的需求函数为:

$$X_i = \frac{\alpha_i}{p_i^x} \sum_h p_h^f FF_h \quad \forall i$$ （式 5-6）

（二）企业最优化行为

简单假定有两家企业分别只生产一种商品。每个企业投入劳动和资本要素来生产商品,并且基于给定的生产技术约束以利润最大化为目标。

基于生产技术约束,企业最优化表述为:$\max_{Z_j, F_{h,j}} \pi_j = p_j^z Z_j - \sum_h p_h^f F_{h,j}$

（式 5-7）

需满足: $Z_j = b_j \prod_h F_{h,j}^{\beta_{h,j}}; \forall j$ （式 5-8）

其中,π_j 表示第 j 个企业的利润,Z_j 表示第 j 个企业的产出数量,$F_{h,j}$ 表示第 j 个企业所投入 h 要素的数量;p_j^z 为第 j 种产品的供给价格,p_h^f 为第 h 种要素的市场价格。$\beta_{h,j}$ 为生产 CD 函数中的份额系数，$0 \leq \beta_{h,j} \leq 1$，$\sum_{h} \beta_{h,j} = 1$，$b_j$ 为生产规模系数。

求解上述，我们可以得到企业 j 对要素 h 的需求函数为

$$F_{h,j} = \frac{\beta_{h,j}}{p_h^f} p_j^z Z_j \,\forall h,j \qquad (式5-9)$$

（三）市场出清

考虑要实现商品和要素市场数量和价格上的均衡，需嵌入以下三个市场出清条件：

$$X_i = Z_i \,\forall i \qquad (式5-10)$$

$$\sum_{j} F_{h,j} = FF_h \,\forall h \qquad (式5-11)$$

$$p_i^x = p_i^z \,\forall i \qquad (式5-12)$$

（式5-10）表示商品市场中，所有供给数量等于需求数量；（式5-11）表示要素市场上对所有要素的需求等于要素禀赋的数量；（式5-12）表示商品市场上每种商品的居民需求价格等于企业供给价格。

（四）模型体系

将上述商品和要素的供给与需求方程、市场出清条件联立起来 [方程（式5-6）、（式5-8）、（式5-9）、（式5-10）、（式5-11）、（式5-12）] 便可以组成这个简单的 CGE 模型系统：

$$X_i = \frac{\alpha_i}{p_i^x} \sum_{h} p_h^f FF_h \,\forall i \qquad (式5-6)$$

$$Z_j = b_j \prod_{h} F_{h,j}^{\beta_{h,j}}; \forall j \qquad (式5-8)$$

$$F_{h,j} = \frac{\beta_{h,j}}{p_h^f} p_j^z Z_j \,\forall h,j \qquad (式5-9)$$

$$X_i = Z_i \,\forall i \qquad (式5-10)$$

$$\sum_{j} F_{h,j} = FF_h \,\forall h \qquad (式5-11)$$

$$p_i^x = p_i^z \,\forall i \qquad (式5-12)$$

三 代表性 CGE 模型

部分知名 CGE 模型如表5-4所示。不同的能源经济 CGE 模型有各自不

同的政策背景和适用范围。随着全球气候变暖、能源利用转型和低碳社会的进程，更多的能源经济 CGE 模型不断被开发出来，用以评估将来可能出现的各种情景。

本节的介绍仅仅是抛砖引玉，需要研究者根据具体的问题不断创新。

表 5-4　　　　　　　　一些代表性 CGE 模型对比

模型名称	区域×部门	时间跨度	特点概括	数据	开发机构
AIM/CGE	17×40	2100	全球模型，详细刻画能源转化技术、土地利用，可与技术优化模型硬连接	GTAP	日本国立环境研究所（NIES）
C-GEM	19×20	2050	中国数据，高耗能部门的详细划分	GTAP、中国官方能源、经济数据	清华大学、麻省理工学院
C-REM	36×16		对中国省级区域交通部门的细致研究	GTAP、中国投入产出表、中国能源统计年鉴	清华大学、麻省理工学院
MIT-EPPA	16×16	2100	采用内生化技术和自动能效进步因子 AEEI，包含主要的 GHG 排放和气候影响评估外生表述	GTAP 数据库及补充的温室气体与污染气体数据库	麻省理工学院气候变化科学与政策联合项目
IMED/CGE	15×22	2050	系统综合评价全球、国家及省级层面的空气污染减排、人群健康、能源和气候变化应对政策	IO 表、能源平衡表、产业统计年鉴	北京大学环境科学与工程学院能源环境经济与政策研究室（LEEEP）
GTAP-E	20×37	2100	保留了 GTAP 模型及其数据库对全球贸易账户的详细表述	GTAP	美国普渡大学
GREEN 模型	12×11	2050	允许资本对能源消费的替代；CES 与阿名顿贸易假设	OECD	OECD 秘书处
G-CUBED 模型	8×12		模型参数基于计量分析而非"校准"（calibration）		澳大利亚国立大学
DART 模型	113×57	2030	环境损害影响外生评价；模型参数采用减排成本曲线校准	GTAP	全球经济基尔研究所（IFW）

续表

模型名称	区域×部门	时间跨度	特点概括	数据	开发机构
ICES 模型	8×17		设立虚拟世界银行账户表述全球投资；包括 CO_2、CH_4 和一氧化二氮三种 GHG		马特艾基金会（FEEM）
GEM-E3 模型	(37+24)×26	2050	用减排成本曲线对模型参数进行校准；对技术变革的表述有内生化与外生化两种途径，主要取决于研发是由私人投资还是由公共投资		欧洲经济研究中心/比利时天主教鲁汶大学/希腊雅典国家科技大学

资料来源：齐天宇、张希良、何建坤：《全球能源经济可计算一般均衡模型研究综述》，《中国人口·资源与环境》2016 年第 8 期。

（一）MIT-EPPA（MIT Emissions Projection and Policy Analysis）

MIT-EPPA 是由 MIT 开发的全球可计算一般均衡模型，用以考察政策对全球经济、污染排放、土地利用与农业等方面的影响。模型既可以单独运行，也可以和 MESM-MIT（Earth System Model）一起连接入 IGSM-MIT（Integrated Global System Modeling）系统，用于对全球及区域气候政策进行综合评价。经过 2001 年[1]、2005 年[2]对 EPPA 基础模型的构建与完善，最新的 EPPA version6[3]将原名称中的"P"由"Prediction"改为"Projection"。新版模型定义了更多更细致的部门和行业，比如详细地新增了交通部门、新一代生物燃料、土地利用变化、航空部门、污染造成的健康影响等方面的数据，这也意味着全新的 EPPA 将更加细致地在整个地球系统中考察政策冲击所带来的影响。具体

---

[1] Yang, Z., et al., The MIT Emissions Prediction and Policy Analysis (EPPA) Model. Mit Joint Program on the Science & Policy of Global Change, 2001.

[2] Paltsev, S., et al., The MIT Emissions Prediction and Policy Analysis (EPPA) Model: Version 4. Mit Joint Program on the Science & Policy of Global Change, 2005.

[3] Chen, Y. H. H., et al., The MIT EPPA6 Model: Economic Growth, Energy Use, and Food Consumption, 2015.

的应用实例可以参见相关文献等[①]。

(二) AIM/CGE

AIM/CGE 是由日本国立环境研究所主导开发的多区域、多部门、动态递归的全球可计算一般均衡模型。作为亚太综合评价模型 AIM (Asia-Pacific Integrated Model) 的一个部分，AIM/CGE 可以有效模拟政策等外部冲击，诸如温室气体排放，减排成本和碳排放税等对经济系统的全局影响。最新的 AIM/CGE 默认将部门和区域分成 40 个 (14 个非能源部门和 26 个能源部门) 和 17 个。模型对区域的划分侧重于"亚洲—太平洋"地区，而且部门的刻画十分详细。比如，能源部门的刻画上，在基础数据中含有以实物量计算的能源产品 (煤炭、原油、天然气、电等) 投入产出信息，这在其他的 CGE 模型中比较少见。更多的模型介绍及应用可以参见相关文献[②]。

(三) IMED/CGE 模型

IMED 模型，全称为 Integrated Model of Energy, Environment and Economy for Sustainable Development，是一套包括经济能源环境资源数据库和模型的体系，由北京大学环境科学与工程学院能源环境经济与政策研究组 (LEEEP) 开发，目的是以系统和定量的方法，在市区、省级、国家、全球尺度上，分析经济、能源、环境和气候政策。IMED 的核心模型包括 IMED/CGE 模型、IMED/MIN (统计回归模型)、IMED/HIO (系统动力模型)、IMED/HEL (人群健康模型) 等，这些模型都将可以和已有的空气质量模型、水文水质模型、作物模型、气候模型等其他领域模型耦合，从社会—经济—产业—能源—气候等全链条的角度分析评估多学科复杂系统问题，为能源与气候变化减缓相关决

[①] Zhang, D., S. Paltsev, "The Future of Natural Gas in China: Effects of Pricing Reform and Climate Policy", *Climate Change Economics*, Vol. 7, No. 4, 2016, p. 1650012. Octaviano, C., S. Paltsev, A. C. Gurgel, "Climate Change Policy in Brazil and Mexico: Results from the MIT EPPA Model", *Energy Economics*, Vol. 56, 2016, pp. 600 – 614.

[②] Fujimori, S., T. Hasegawa, T. Masui, "AIM/CGE V2.0: Basic Feature of the Model", in S. Fujimori, M. Kainuma, and T. Masui, *Post-2020 Climate Action. Global and Asian Perspectives*, Springer: Singapore, 2017, pp. 305 – 328. Zhang, R., S. Fujimori, and T. Hanaoka, "The Contribution of Transport Policies to the Mitigation Potential and Cost of 2℃ and 1.5℃ Goals", *Environmental Research Letters*, Vol. 13, No. 5, 2018. Fujimori, S., N. Hanasaki, and T. Masui, "Projections of Industrial Water Withdrawal under Shared Socioeconomic Pathways and Climate Mitigation Scenarios", *Sustainability Science Official Journal of the Integrated Research System for Sustainability Science*, Vol. 12, No. 2, 2017, pp. 275 – 292.

策提供科学依据。IMED 模型近年来被系统地应用于综合评价我国国家层面和省级层面的空气污染减排[①]、人群健康[②]、资源效率[③]以及能源和气候政策[④]。（见图 5-4）

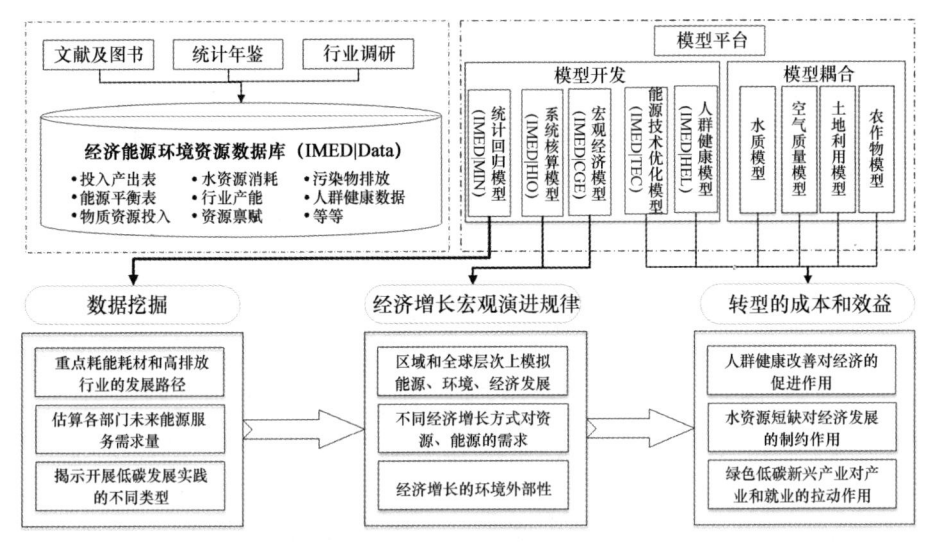

图 5-4　IMED 模型框架

[①] Dong, H., et al., "Pursuing air Pollutant Co-benefits of CO_2 Mitigation in China: A Provincial Leveled Analysis", *Applied Energy*, Vol. 144, 2015, pp. 165-174.

[②] Xie, Y., et al., "Economic Impacts from PM2.5 Pollution-related Health Effects in China: A Provincial-level Analysis", *Environmental Science & Technology*, Vol. 115, No. 9, 2016, pp. 220-229. Xie, Y., et al., "Health and Economic Impacts of Ozone Pollution in China: A Provincial Level Analysis", *Atmospheric Chemistry & Physics*, 2017, pp. 1-63.

[③] Wang, H., et al., "Co-benefit of Carbon Mitigation on Resource Use in China", *Journal of Cleaner Production*, Vol. 174, 2018, pp. 1096-1113.

[④] Dai, H., et al., "Closing the Gap? Top-down Versus Bottom-up Projections of China's Regional Energy Use and CO_2 Emissions", *Applied Energy*, Vol. 162, 2016, pp. 1355-1373. Li, Z., et al., "Exploring the Impacts of Regional Unbalanced Carbon Tax on CO_2 Emissions and Industrial Competitiveness in Liaoning Province of China", *Energy Policy*, Vol. 113, 2018, pp. 9-19. Wu, R., et al., "Achieving China's INDC Through Carbon Cap-and-trade: Insights from Shanghai", *Applied Energy*, Vol. 184, 2016, pp. 1114-1122. Tian, X., et al., "The Effects of Household Consumption Pattern on Regional Development: A Case Study of Shanghai", *Energy*, Vol. 103, 2016, pp. 49-60. Wang, P., et al., "Achieving Copenhagen Target Through Carbon Emission Trading: Economic Impacts Assessment in Guangdong Province of China", *Energy*, Vol. 79, 2015, pp. 212-227. Dai, H., et al., "Green Growth: The Economic Impacts of Large-scale Renewable Energy Development in China", *Applied Energy*, Vol. 162, 2016, pp. 435-449. Dai, H., et al., "Aligning Renewable Energy Targets with Carbon Emissions Trading to Achieve China's INDCs: A General Equilibrium Assessment", *Renewable and Sustainable Energy Reviews*, Vol. 82, 2018, pp. 4121-4131.

IMED/CGE 则是过去数年间研究小组自主开发的全球多部门、多区域动态可计算一般均衡模型。该模型包含 22 个经济部门，以 2002 年（全球模型）或 2012 年（国家和省级模型）社会经济数据为基础，结合能源平衡表，产业统计年鉴数据组成。模型由 GAMS/MPSGE 建模并用 PATH 算法器求解，以 1 年为步长动态模拟 2002 年至 2030 年期间全球各国经济走势、产业结构变化、能源消费及其碳排放趋势。模型将全球划分为若干个地区。国内区域可灵活配置为 30 个省区市（港澳台、西藏除外）、7 个地区或者东中西 3 个地区，而国际区域可划分为 1 个区、3 个区或 14 个区。模型的详细技术性介绍可以参见相关文献[1]。

（四）C-GEM 与 C-REM 模型

C-GEM（China-in-global energy model）是一个多区域、多部门、递归动态的全球可计算一般均衡模型。作为 CECP 项目（China Energy and Climate Project）的主要成果之一，由清华大学与 MIT 联合开发。该模型是在 GTAP 和中国官方投入产出表的最新数据基础上，旨在模拟现有或未来政策将会对技术进步、跨燃料竞争、环境和全球视域下的中国经济产生的影响。模型包括 19 个区域和 20 个工业部门。与其他递归动态的多区域多部门模型相比，C-GEM 不仅通过将中国最新的经济数据输入 GTAP 进而可以在全球 CGE 模型中对中国问题进行独特研究，也对高耗能部门进行了更为详细的分类。[2]

同样由清华大学和 MIT 联合开发的 C-REM 是一种多区域、多部门的全球静态可计算一般均衡模型，类似于 C-GEM，C-REM 也是基于 GTAP 以及中国官方能源、经济等数据，旨在提供全球低碳转型背景下的中国能源政策分析。不同于 C-GEM，该模型包含更细致的中国 30 个区域，可以做更详细的区域政策分析。

---

[1] Dong, H., et al., "Pursuing Air Pollutant Co-benefits of CO_2 Mitigation in China: A Provincial Leveled Analysis", *Applied Energy*, Vol. 144, 2015, pp. 165 – 174. Xie, Y., et al., "Economic Impacts from PM2.5 Pollution-related Health Effects in China: A Provincial-level Analysis", *Environmental Science & Technology*, Vol. 115, No. 9, 2016, pp. 220 – 229. Dai, H., et al., "Closing the Gap? Top-down Versus Bottom-up Projections of China's Regional Energy Use and CO_2 Emissions", *Applied Energy*, Vol. 162, 2016, pp. 1355 – 1373.

[2] Qi, T., et al., The China-in-Global Energy Model, Mit Joint Program on the Science & Policy of Global Change, 2014.

第四节　全球能源—环境—温室气体排放—经济综合评价模型

一　综合评价模型简介

全球气候变化给人类带来巨大挑战。由全球变暖而产生的极端气候事件、野火、干旱等环境问题，粮食生产、能源安全等经济与能源问题，正受到全世界的广泛关注。如何评估这类气候变化的影响直接关系到各国的政策走向、世界的发展路径和人类福利。在气候变化及政策的影响评估方面，综合评价模型（Integrated Assessment Model，IAM）一直是强有力的工具。

综合评价模型起源于20世纪60年代；[1] 90年代Nordhaus[2]应用综合评价模型来评价气候政策，则标志着气候变化综合模型的开端。进行综合评估的目的是综合自然科学与社会科学的广泛学科见解，而使用模型方法就是为了能更好地模拟自然环境系统与能源经济系统、社会系统之间的联动和相互作用（见图5-5），从而反映真实世界的运行机制，并能够给出政策影响的定性及定量结论——这些结论往往是单一学科研究无法得到的。

事实上，学界目前对于"综合评价模型（IAM）"尚无统一的定义。Weyant等人[3]将其定义为任何使用了多学科研究知识的模型；而Ackerman等人[4]则指出IAM是用以研究气候变化并利用GCM（General Circulation Model，大气环流模型）评估气候政策带来的效益和损失的跨学科计算模型。Yang等人[5]指出许多关于气候变化的经济学研究已经与气候学、生态学、区域科学以及工

---

[1] 魏一鸣、米志付、张皓：《气候变化综合评估模型研究新进展》，《系统工程理论与实践》2013年第8期。

[2] Nordhaus, W. D., "To Slow or Not to Slow: The Economics of the Greenhouse Effect", *Economic Journal*, Vol. 101, No. 407, 1991, pp. 920-937.

[3] Weyant, J. P., et al., *Integrated Assessment of Climate Change: An Overview and Comparison of Approaches and Results*, Cambridge, United Kingdom and New York, NY, USA: Cambridge University Press, 1996, pp. 367-396.

[4] Ackerman, F., et al., "Limitations of Integrated Assessment Models of Climate Change", *Climatic Change*, Vol. 95, No. 3-4, 2009, pp. 297-315.

[5] Yang, Z., et al., *Strategic Bargaining and Cooperation in Greenhouse Gas Mitigations*, Mit Press Books, 2008, pp. 2354-2370.

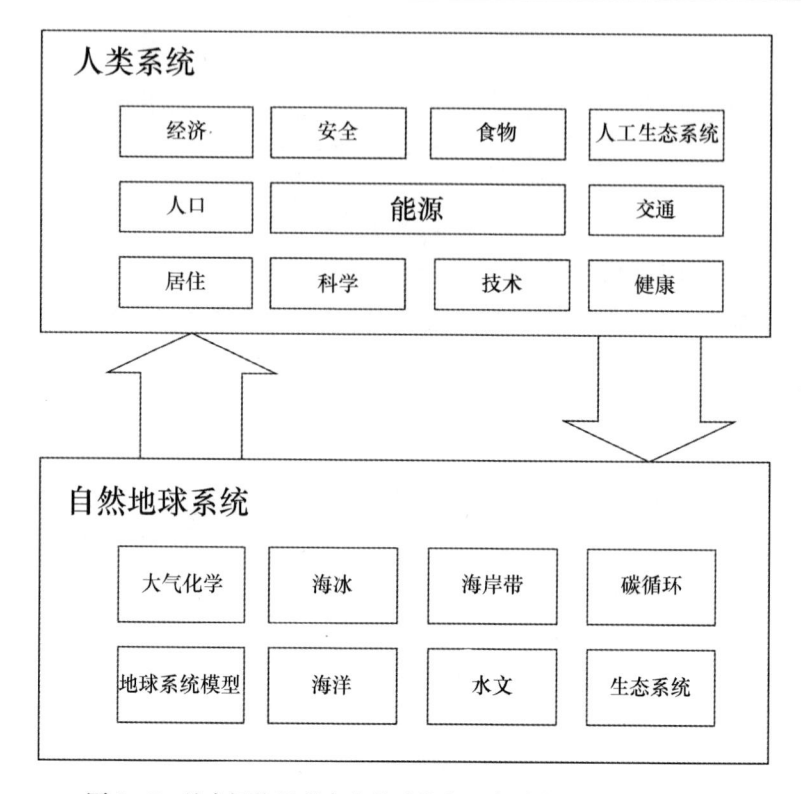

图 5-5　综合评价模型中自然系统和人类系统之间的相互作用

资料来源：Institute, J. G. C. R., *Human-Earth Systems Models*.

程学联系起来，并逐渐形成一个特殊的研究领域，即气候变化的集成评估模型。综合各类观点，我们可以认为，IAM 是结合了气候模型和经济模型的大规模跨学科模型，它能够模拟能源、环境、经济系统及其相互关系，并用于气候变化研究和气候政策评估。

随着全球范围数据的丰富、对自然和社会现象认识的提升以及计算机软硬件技术的发展，综合评价模型的开发研究已经有了很大的进展。而今，气候变化综合评价模型将整个能源—环境—温室气体排放—经济系统纳入模拟与评估的范围，它可以帮助确定温室气体减排的成本效益，识别达到特定减排目标的最佳路径、各减排方法对经济的影响等。因此，IAM 被用于评估全球范围的气候变化及气候政策的影响，也可以作为国家和地区应对气候变化的基础工具，还能够研究空气污染控制、生物多样性保护等其他生态环境目标，对于研究气候变化的适应和减缓起了很大的促进作用。

二　IAM 模型结构及特点

所有综合评价模型都有一些共同的特性。其中最基础的共性，就是对极端复杂的自然和社会系统的简化、特征化与定量化表征。各复杂系统在被简化表征后，构成了模型的基本要素组成。这些系统一般有四类：第一是人类活动系统，包括社会和经济系统，以及能源消费、生产、农林业、畜牧业、城市活动和其他活动；第二是大气系统，主要包括大气化学反应和海洋碳循环系统；第三是气候系统，包括辐射对流、海洋环流系统等；第四则是生态系统，包括陆地碳循环、自然生态系统、作物与林业、水文学系统以及它们之间的相互作用。① 其中，人类活动系统通过两种途径与自然系统建立联系——人类的生产和生活所产生的 CO_2 排放和土地利用改变等可直接影响气候变化，同时也受到气候变化的直接或间接影响。模型中被简化的气候模块大多是经过复杂的气候模型校正的。四个系统之间的关系如图 5-6 所示。

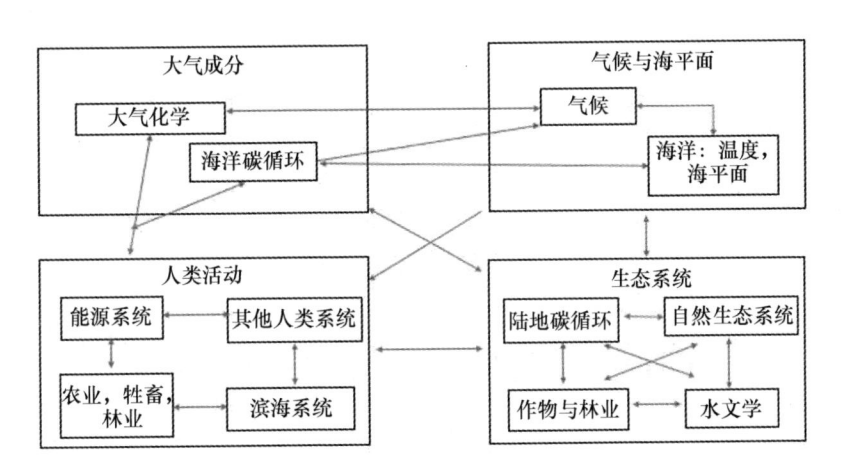

图 5-6　气候变化综合评价模型要素框架

在模型的区域尺度上，除了少数模型外，大多数模型是从全球尺度上探讨问题的（如 GCAM 或 IMAGE 3.0）。模型一般将全球划分为十几个或者更多区

---

① 张雪芹、葛全胜：《气候变化综合评估模型》，《地理科学进展》1999 年第 1 期。

域，模拟的时间步长为 5—10 年。模型的运行依赖于一系列假设和情景的输入，重要的输入内容包括人口增长、基准情景经济增长、资源、技术进步、减缓政策环境等；情景设置则一般由一种基准情景（或称常规情景）和多种政策干扰情景组成。综合评价模型几乎都使用经济要素作为政策制定的基准（如 DICE），通常是以达到气候变化减缓目标的综合经济成本最小化为约束，来计算得到相应的模拟结果；仅有少数模型侧重于自然系统（如 MAGICC）。因此，模型中设置的各类情景往往也是对未来社会标准化、以经济为关注重点的描述。一般来说，模型假设中要求存在完全的市场功能和完全竞争市场，这也就意味着非市场的转移支付、信息不对称等因素并未较全面地进入模型中；这是因为要模拟长期、全球范围的变化，各类关键过程的细化程度之间就需要做出一定的权衡。也正是因此，综合评价模型一般都会忽略一些系统动力过程，如经济周期，或是对于风能、太阳能而言非常重要的电力系统运行情况等。[①]

模型内部由耦合模块将气候系统和经济系统动态联结起来，这一联结通常是通过计算气候变化的经济损失和减排的成本效益来实现的。IAM 的各模块关系如图 5-7 所示。[②] 在此基础上，模型计算得到能源系统和土地利用转型、减缓措施带来的经济影响以及排放路径等方面的输出结果。在模型的结构当中并未展现许多影响世界演化的经济和政治力量（例如 1970 年的石油冲击）——这些因素通过相应的经济增长、资源供应假设进入到模型中。

在以上的共同点之外，各类综合评价模型又在许多方面有所不同。基于同样的构成要素，不同模型在结构的复杂程度以及构成要素的重要性、内生或外生性等方面都有所区别。这些区别又形成了不同模型之间在情景设置上的差异。森田恒幸等人[③]指出各个综合评价模型中有 5 点重要的区别，分别是：温

---

① Clarke L., K. J., K. Akimoto, et al., "Assessing Transformation Pathways", in O. Edenhofer, R. Pichs-Madruga, et al., *Climate Change* 2014: *Mitigation of Climate Change. Contribution of Working Group III to the Fifth Assessment Report of the Intergovernmental Panel on Climate Change*, Cambridge, United Kingdom and New York, NY, USA, 2014.

② 张海玲、刘昌新、王铮：《气候变化综合评估模型的损失函数研究进展》，《气候变化研究进展》2018 年第 1 期。

③ [日] 森田恒幸、胡秀莲、姜克隽：《气候变化综合评价的进展》，《中国能源》1997 年第 12 期。

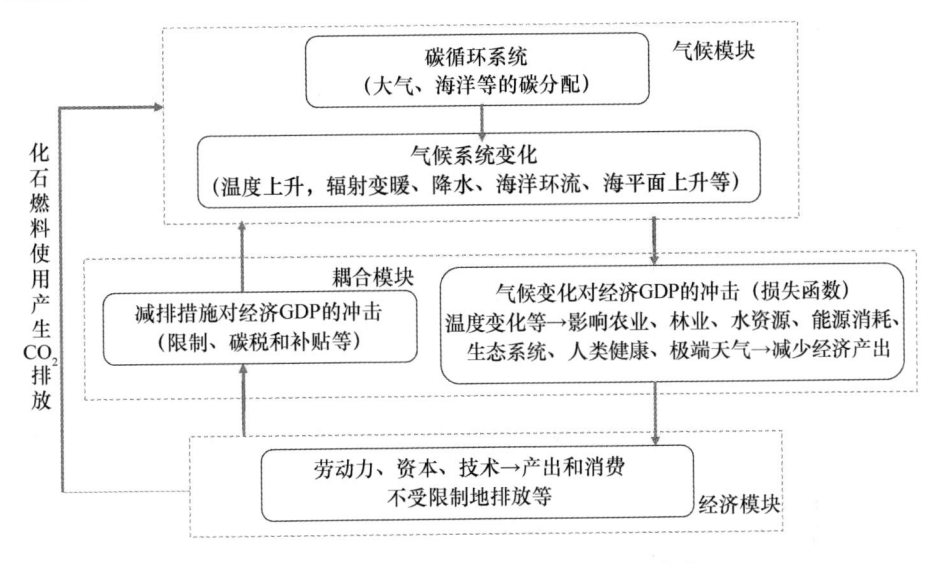

```
                    ┌─────────────────────────────────┐
                    │         碳循环系统               │  气候模块
                    │    （大气、海洋等的碳分配）      │
                    └─────────────────────────────────┘
                                   ↓
                    ┌─────────────────────────────────┐
  化                │         气候系统变化             │
  石                │ （温度上升，辐射变暖、降水、海洋  │
  燃                │   环流、海平面上升等）           │
  料                └─────────────────────────────────┘
  使         耦合模块
  用    ┌──────────────┐    ┌──────────────────────────┐
  产    │减排措施对经济 │    │气候变化对经济GDP的冲击（损失函数）│
  生    │GDP的冲击     │    │温度变化等→影响农业、林业、水资源、│
  CO₂   │（限制、碳税  │    │能源消耗、生态系统、人类健康、极端│
  排    │和补贴等）    │    │天气→减少经济产出           │
  放    └──────────────┘    └──────────────────────────┘
                    ┌─────────────────────────────────┐
                    │ 劳动力、资本、技术→产出和消费    │
                    │ 不受限制地排放等                 │  经济模块
                    └─────────────────────────────────┘
```

图 5-7　综合评价模型中各模块之间的关系

室气体排放情景的预测方法、技术进步的考虑、人口和土地利用变化过程的研究、辐射增温或大气与海洋环流等的地球物理化学过程的研究以及影响评价方法。IPCC 第三工作组第五次分析报告（AR5）也指出了各 IAM 之间重要的差异，包括：（1）经济系统的复杂性和政策影响的交互程度。"完全经济系统"模型包含了各经济部门的活动以及减缓政策对经济的影响，"部分经济系统"模型则不包含。（2）模型的前瞻性。跨期优化模型等"完美预见模型"可以随时间推移进行优化并将未来决策纳入现期考虑之中，因此意味着更有效的减排量分配和更低的总成本；而递归动态模型中的决策则仅根据当期信息做出。（3）对贸易行为的表征。不同模型对于商品跨区域流动的难易度的设定不尽相同。（4）模型的灵活性。它是模型中基于对于资本部门间再分配能源技术替代的难易程度、能源资源限制存在与否等一系列问题的选择而得出的模型复杂性的综合结果；更高的灵活性往往意味着更低的减缓成本。（5）部门、区域、技术和温室气体排放等方面的细节，主要区别在于部门和区域数量的选择、技术刻画的细致程度、温室气体种类、是否包括碳循环和土地利用模块等。（6）技术进步的表现程度，根据技术变化的外生或内生性可将模型分为两种不同的类别。

三 IAM 模型应用

（一）IAM 模型分类

许多学者对于气候变化综合评价模型进行了总结和分类。Dowlatabadi 和 Morgan[①]认为气候政策模型需要对气候变化的起因、过程和结果进行综合评估，他们总结了气候变化综合评价模型的发展成果，并着重介绍了 IMAGE、DICE、CETA、PAGE、ICAM-0/ICAM-1 等模型。Dowlatabadi[②]概括了 18 个气候政策模型，将其分为成本—效果模型（cost-effectiveness framing）、成本—影响模型（cost-impact framing）和成本—效益模型（cost-benefit framing）。

森田恒幸等[③]介绍了气候变化综合评价模型开发的概括研究，并提出这种模型开发面临的主要问题。在总结 20 多个气候变化综合评价模型的基础上，按模型规模大小将其分为全范围综合评价模型、气候变化核心模型、社会经济核心模型和气候政策核心模型共四类。Goodess 等人[④]则将 IAM 分为三类：(1) 基于成本—效益分析的 IAM，例如 CETA、DICE、FUND、ICAM-3、MERGE 和 GCAM。这些模型首要评估的是气候变化带来的经济损失和备选政策；模型的气候模块往往低于 2 维甚至是 0 维，但模型具有运算时间短的优点，可以快速评估类似京都议定书这样的减排协定的影响。(2) 基于生物物理影响的 IAM，例如 CLIMPACTS、ESCAPE、IMAGE、IGSM，这些模型强调对生物—物理过程的定量评估，经济模块相对单薄，优点是可以在较高的空间分辨率上分析气候变化的影响。(3) 基于政策导向的 IAM，例如 ICLIPS，这类模型将农业、植物、水资源等的可承受的经济损失阈值首先通过气候冲击响应函数转化为用温升、降水和海平面上升表示的"可容忍窗口"（tolerable win-

---

[①] Dowlatabadi, H. and M. G. Morgan, "Integrated Assessment of Climate Change", *Science*, Vol. 259, No. 5103, 1993, pp. 1813-1932.

[②] Dowlatabadi, H., "Integrated Assessment Models of Climate Change: An Incomplete Overview", *Energy Policy*, Vol. 23, No. 4-5, 1995, pp. 289-296.

[③] [日] 森田恒幸、胡秀莲、姜克隽：《气候变化综合评价的进展》，《中国能源》1997 年第 12 期。

[④] Goodess, C. M., et al., "Representing Climate and Extreme Weather Events in Integrated Assessment Models: A Review of Existing Methods and Options for Development", *Integrated Assessment*, Vol. 4, No. 3, 2003, pp. 145-171.

dows），① 再将此容忍范围输入到温室气体排放—气候变化模块，来计算出将不利后果维持在一定范围内所要求的碳排放限额。王铮等人② 梳理了目前主要的 IAM 模型及相应的特点，表 5-5 在其梳理的基础上进行了补充和完善：

表 5-5　　　　　　　　　主要的 IAM 模型

模型名称	全球/区域	国家/部门经济水平	区域间经济联系	部门间联系	优化/模拟	温度上升的损失评估	温度对经济系统的反馈
AIM	全球	国家经济水平，考虑能源供需均衡	—	有	模拟	有	无
IMAGE	全球	5 部门	无	无	模拟	有	无
MESSAGE	全球	国家经济水平	无	—	优化	有	无
MARIA	全球	国家经济水平，考虑能源供需平衡	有	无	优化	有	有
MiniCAM (GCAM)	全球	国家经济水平，考虑能源供需平衡以及农业供需平衡	无	无	模拟	有	有
REMIND	全球	国家经济水平	有	无	优化	无	无
RICE	全球	国家经济水平	无	—	优化	有	有
MRICES	全球	国家经济水平	有	兼有	优化	有	有
MERGE	全球	国家经济水平	无	—	优化	有	有
WITCH	全球	国家经济水平	无	无	优化	有	有
FUND	全球	部门水平	有	有	模拟	有	无
GREEN	全球	部门水平	有	有	模拟	无	无
G-CUBED	全球	部门水平	有	有	优化	无	无
WIAGEM	全球	部门水平	有	有	模拟	有	无

（二）IAM 模型在减缓气候变化路径选择中的应用

气候变化综合评价模型能够模拟能源、农业和经济系统这些重要的人类系统之间的相互作用关系，并且大多数也包含了重要的与气候变化相关的物理过

---

① Füssel, H. M., et al., "Climate Impact Response Functions as Impact Tools in the Tolerable Windows Approach", *Climatic Change*, Vol. 56, No. 1-2, 2003, pp. 91-117.

② 王铮等：《气候变化经济学集成评估模型》，科学出版社 2015 年版。

程（如碳循环）。有学者将这类模型的精髓概括为：（1）考虑了自然—社会—经济各种关系和反馈过程；（2）无量纲化处理比较完善；（3）给出了定量框架。[①] 具备这些特性的综合评价模型能预测到21世纪中叶甚至更远时期的转型路径关键参数，也因此成为气候变化应对政策制定尤其是气候变化减缓的长期路径选择中的重要工具。

联合国政府间气候变化专门委员会（Intergovernmental Panel on Climate Change，IPCC）是世界气象组织（WMO）及联合国环境规划署（UNEP）于1988年联合建立的政府间机构，以整理与评估气候变化各领域科学知识为首要任务。在进行气候变化的潜在影响以及减缓气候变化路径的科学评估工作时，IPCC就是通过汇总分析各综合评价模型的结果来得到对未来情景的判断。

IPCC下设三个主要工作组：第一工作组负责从物理科学的角度评估气候系统和气候变化；第二工作组负责评估自然和社会经济系统的脆弱性、气候变化的正负面影响以及适应措施；第三工作组则致力于评估通过温室气体的去除

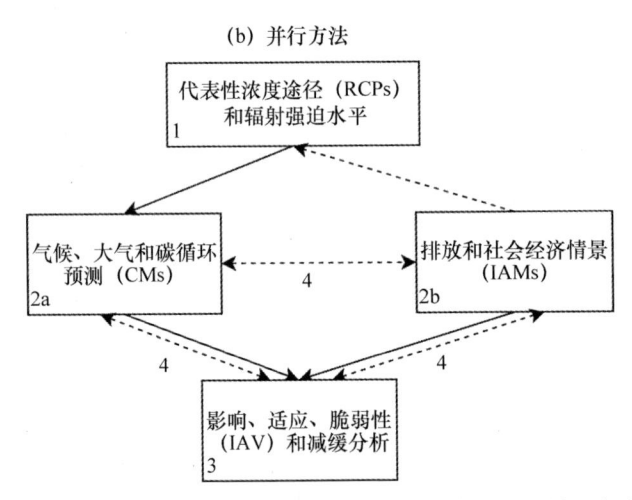

图5-8　IPCC第五次评估工作中的新研究机制——"并行方法"

资料来源：IPCC. Moss, R., et al. Towards New Scenarios for the Analysis of Emissions: Climate Change, Impacts and Response Strategies. Geneva, Switzerland: Intergovernmental Panel on Climate Change Secretariat（IPCC），2008.

---

① 张雪芹、葛全胜：《气候变化综合评估模型》，《地理科学进展》1999年第1期。

措施和排放限制来减缓气候变化的可能性。① 综合评价模型的建立与发展，将三个工作组的研究有机结合了起来（见图5-8）。在其第五次分析报告（AR5）中，IPCC采用了"并行方法"（Parallel Approach）以考察各个系统之间的交互作用；在这一框架中，IAM是非常重要的一个部分。它首先是减缓气候变化研究的重要工具，同时又通过图5-8所示的与气候模型（CM）、与效应和脆弱性分析体系（IAV）的耦合，② 关联了对未来气候变化情景、气候变化影响和适应的研究。

在图5-9中我们还能够看到，IPCC更新的气候变化未来情景——温室气体浓度变化代表性情景（Representative Concentration Pathways，RCPs）亦是由

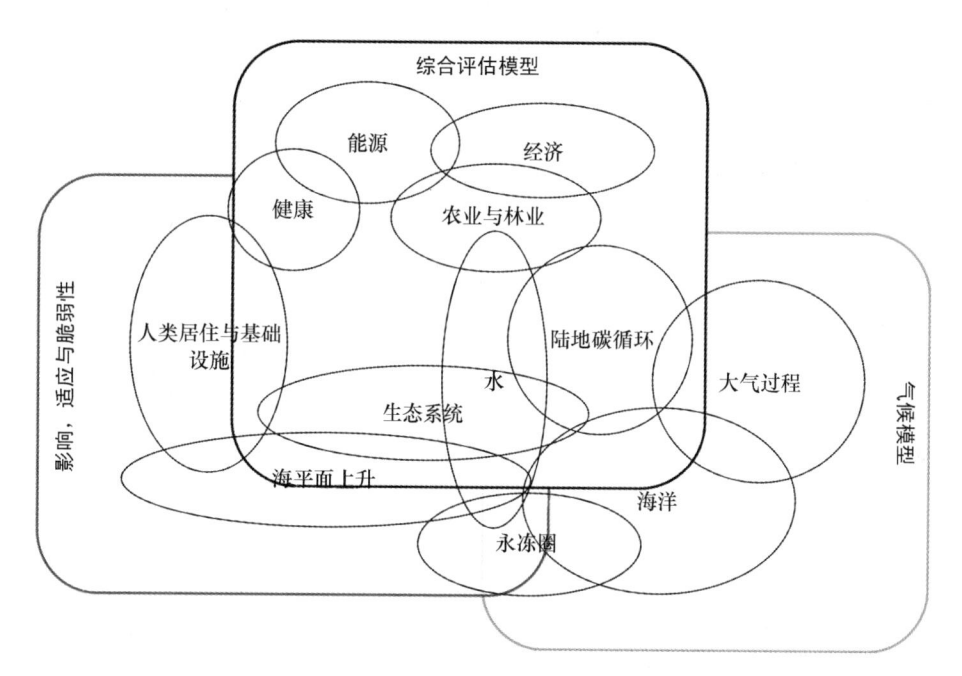

图5-9 气候变化未来情景评估的模型和分析框架

资料来源：IPCC. Moss, R. H., et al., "The Next Generation of Scenarios for Climate Change Research and Assessment", *Nature*, Vol. 463, No. 7282, 2010, p. 747.

---

① Change, I. P. O. C. Working Groups/Task Force, http://www.ipcc.ch/working_groups/working_groups.shtml, 2018.8.30.

② Moss, R. H., et al., "The Next Generation of Scenarios for Climate Change Research and Assessment", *Nature*, Vol. 463, No. 7282, 2010, p. 747.

综合评价模型来生成的。IMAGE、GCAM、AIM 和 MESSAGE 模型分别用于生成 RCP 2.6[①]、RCP 4.5[②]、RCP 6.0[③]、RCP 8.5[④] 这四个情景；这些情景生成后，就作为其他气候变化模拟分析研究中标准输入情景，以减少不同模型之间的不一致性。不难看出，综合评价模型是气候变化相关研究的关键工具。

下面，我们对全球几个重要的 IAM 模型分别进行简单介绍。

1. IMAGE 模型

IMAGE 模型（Integrated Model to Assess the Global Environment version 3.0）[⑤] 是由荷兰的国立环境战略政策评估机构——荷兰环境评估署（PBL Netherlands Environmental Assessment Agency）下的 IMAGE 团队从 20 世纪 80 年代开始开发的，目前最新的版本为 IMAGE3.0，它的特点包括综合且均衡地结合了能源和土地系统、覆盖了包括自然源/汇在内的所有源和汇等。

作为一种动态综合评价模型，IMAGE 模型搭建的目的是探索社会经济和环境要素之间互相作用所带来的全球变化长期动态特征及影响。总体而言，IMAGE 模型属于更侧重自然系统，但同样充分关注人类系统的综合评价模型（见图 5 - 10）；模型由人类系统部分、地球系统部分以及温室气体排放和土地利用模块、政策反馈模块和效应模块等组成，各部分之间有相互链接（见图 5 - 11）。

---

① Vuuren, D. P. V., et al., "Long-Term Multi-Gas Scenarios to Stabilise Radiative Forcing — Exploring Costs and Benefits Within an Integrated Assessment Framework", *Energy Journal*, Vol. 27, No. S3, 2006, pp. 201 - 233. Vuuren, D. P. V., et al., "Stabilizing Greenhouse Gas Concentrations at Low Levels: An Assessment of Reduction Strategies and Costs", *Climatic Change*, Vol. 81, No. 2, 2007, pp. 119 - 159.

② Clarke, L. E., et al., "Scenarios of Greenhouse Gas Emissions and Atmospheric Concentrations", *Environmental Policy Collection*, 2007. Smith, S. J. and T. M. L. Wigley, "Multi-Gas Forcing Stabilization with Minicam", *Energy Journal*, Vol. 27, No. 4, 2006, pp. 373 - 391.

③ Fujino, J., et al., "Multi-gas Mitigation Analysis on Stabilization Scenarios Using Aim Global Model", *Energy Journal*, Vol. 27, No. S3, 2006, pp. 343 - 353. Hijioka, Y., et al., "Global GHG Emission Scenarios under GHG Concentration Stabilization Targets", *Journal of Global Environmental Engineering*, Vol. 13, 2008, pp. 97 - 108.

④ Riahi, K., et al., "RCP 8.5—A Scenario of Comparatively High Greenhouse Gas Emissions", *Climatic Change*, Vol. 109, No. 1 - 2, 2011, pp. 33 - 57.

⑤ Stehfest, E., et al., Integrated Assessment of Global Environmental Change with IMAGE 3.0. Model Description and Policy Applications, 2014.

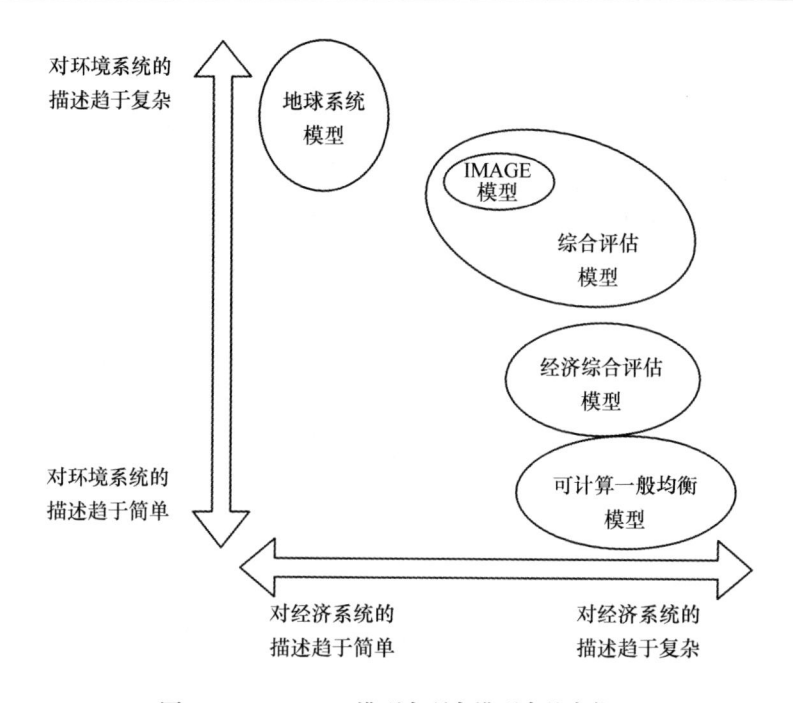

图 5 - 10　IMAGE 模型在所有模型中的定位

资料来源：笔者改编自 PBL 2014。

　　IMAGE 模型能够综合评价各因素对社会发展、能源结构以及气候变化的影响，主要用于分析：（1）维持现有经济技术政策发展趋势下的未来情景；（2）政策措施的引入将如何帮助避免对全球环境和人类发展的不利影响。模型提供的未来情景预测依赖于模型输入中对关键驱动力的假设；模型根据未来人类系统（主要分为能源和农业系统）中人类活动的发展情况，通过中间的土地利用和排放模块来推导出对生态服务的需求；情景设置中引入政策干预的影响则在模型中表现为各种相互作用和反馈。IMAGE 3.0 模型的输出结果包括能源消费、加工和供应情况、农业产出、土地利用方式和灌溉水资源的使用、大气温室气体和污染物的排放量、未来的温室气体浓度、辐射强迫、温升、降水情况等；IMAGE 模型的输出结果也能够输入其他模型进行进一步的模拟，从而得到生物多样性和洪水风险等相应指标。

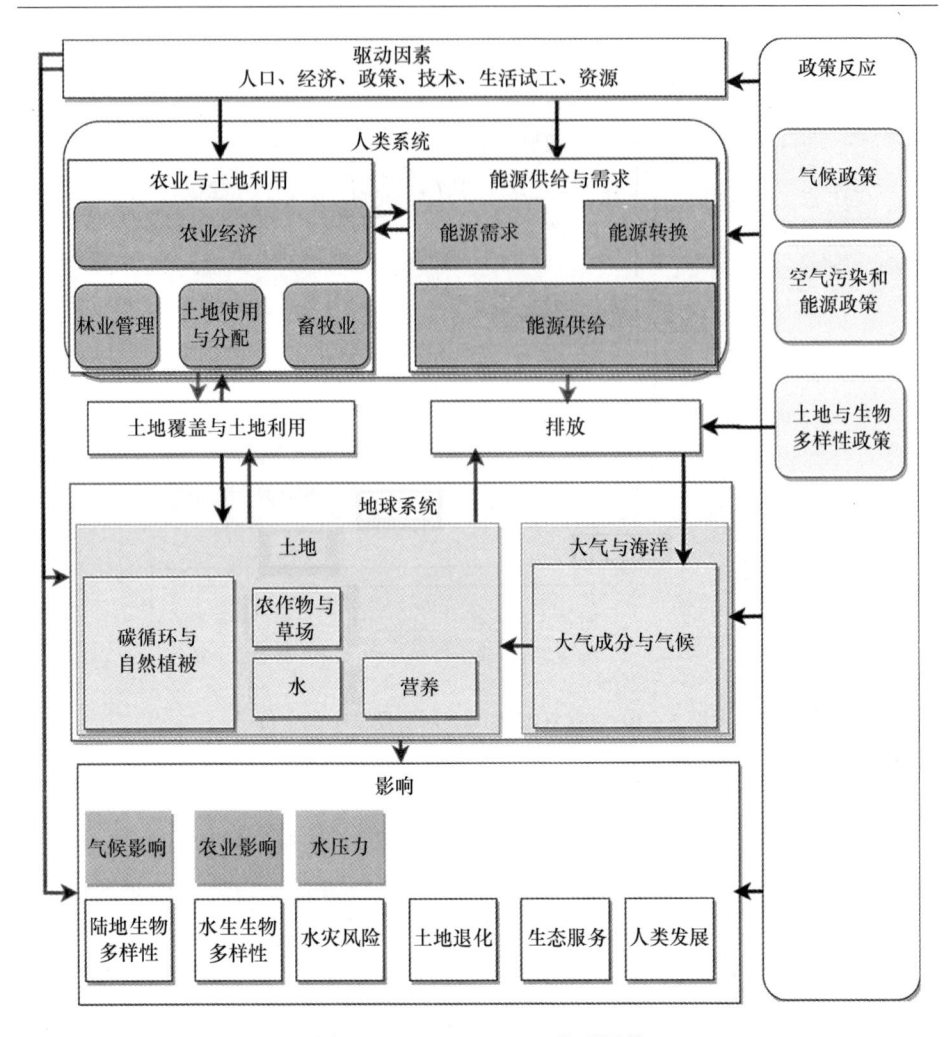

图 5-11　IMAGE 3.0 模型结构

资料来源：Stehfest, E., et al., Integrated Assessment of Global Environmental Change with IMAGE 3.0. Model Description and Policy Applications, 2014.

2. GCAM 模型

GCAM 模型（Global Change Assessment Model）[①] 是由美国西北太平洋国

[①] Institute, J. G. C. R. Global Change Assessment Model, http://www.globalchange.umd.edu/gcam/. 2018-8-30. Kim, S. H., et al., "The ObjECTS Framework for Integrated Assessment: Hybrid Modeling of Transportation", *Energy Journal*, Vol. 27, No. S2, 2006, pp. 63-91.

家实验室和马里兰大学两单位组成的全球变化联合研究机构(Joint Global Change Research Institute)开发的探索全球变化后果及反馈的一个综合评估工具,目前已有 20 多年的发展历史。

GCAM 是一种递归动态模型。它与气候模型相联结,包括了经济模块、能源部门、土地利用和水资源模块等,并对技术有详细的描述。GCAM 以 5 年为一次运行间隔,总时间范围为 1990 年至 2100 年。在模型的基本结构中,设定的区域人口和劳动生产率的增长将推动能源服务的生产、转化和提供,以及农业和林产品的生产;这些过程涉及生产技术的选择,并会对能源系统和土地利用模式、土地覆盖情况产生影响。图 5 – 12 即为 GCAM 模型的具体内部结构。模型的输出结果则包括对未来能源供需以及由此产生的温室气体排放量的预测、辐射强迫和气候效应、气溶胶与短寿命物种在 0.5×0.5 度分辨率上的气候影响,以及人口、经济、技术等方面的基于初始条件设定、气候减缓政策假设而得到的未来情景。

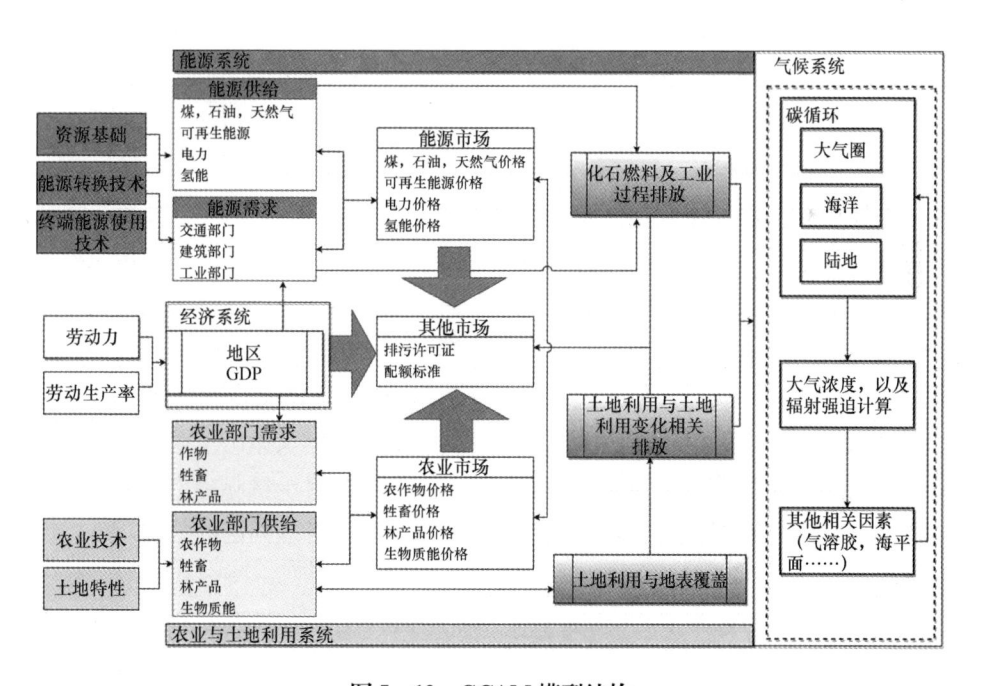

图 5 – 12 GCAM 模型结构

资料来源:TEAM, T. J. G., Overview of the Global Change Assessment Model (GCAM), Joint GCAM Community Modeling Meeting and GTSP Technical Workshop, October 13, 2016.

GCAM 模型能够模拟多种情景、政策、排放目标下的情形，因此被用于研究包括碳税、碳交易、法律规定和能源技术的加速部署在内的气候变化减缓政策。它也可用于探索新兴能源及能源供应技术的潜在作用，分析采用特定能源技术对温室气体排放的影响；相关的能源和技术包括：碳捕集与封存技术，生物能源、氢能、核能以及相应的可再生能源技术，建筑、工业和运输部门的能源使用技术等。

3. AIM 模型

AIM 模型（Asia-Pacific Integrated Model）[①] 又称亚太综合评价模型，是由日本国家环境研究所与京都大学、瑞穗信息研究所和亚太地区的其他几个研究机构合作开发的一个大型计算机模拟模型。该目标评估了稳定全球气候的政策选择，特别是在亚太地区；其目标是减少温室气体排放、避免气候变化的不利影响。

AIM 中包括三个主要的子模型：温室气体排放模型（AIM/emission），全球气候变化模型（AIM/climate）和气候变化影响模型（AIM/impact）。[②] AIM/emission 模型估算温室气体排放并评估减排的政策选择；AIM/climate 模型预测大气中温室气体的浓度和全球平均温升；AIM/impact 模型则估计了气候变化对亚太地区自然环境和社会经济的影响。模型的主要结构如图 5-13 所示：

AIM 模型实现了排放、气候和影响模型的整合。模型中既有用于在区域和国家层面进行详细评估的、自下而上的国家模块，也有用于确保各国家模块一致性的、自上而下的全球模块。在自下而上模块中就包含非常详细的技术选择部分，可以评估引入先进技术的效果；模型输出结合了地理信息系统的详细信息进行评估和可视化。AIM 模型已被用于向 IPCC 提供全球和区域排放情景以及区域影响评估，为国家、区域和全球各级的政策审议做出了重大贡献；此外，除了用于应对气候变化的研究，AIM 同样可以用于区域空气污染问题、酸雨问题、森林管理政策和其他能源、农业与水资源管理问题的分析。[③]

[①] Team, T. A. p. About AIM. Available from: http://www-iam.nies.go.jp/aim/about_us/index.html.

[②] Matsuoka, Y., T. Morita, and M. Kainuma, Integrated Assessment Model of Climate Change: The Aim Approach, 2001, pp. 339–361.

[③] Team, T. A. P. About AIM, Available from: http://www-iam.nies.go.jp/aim/about_us/index.html.

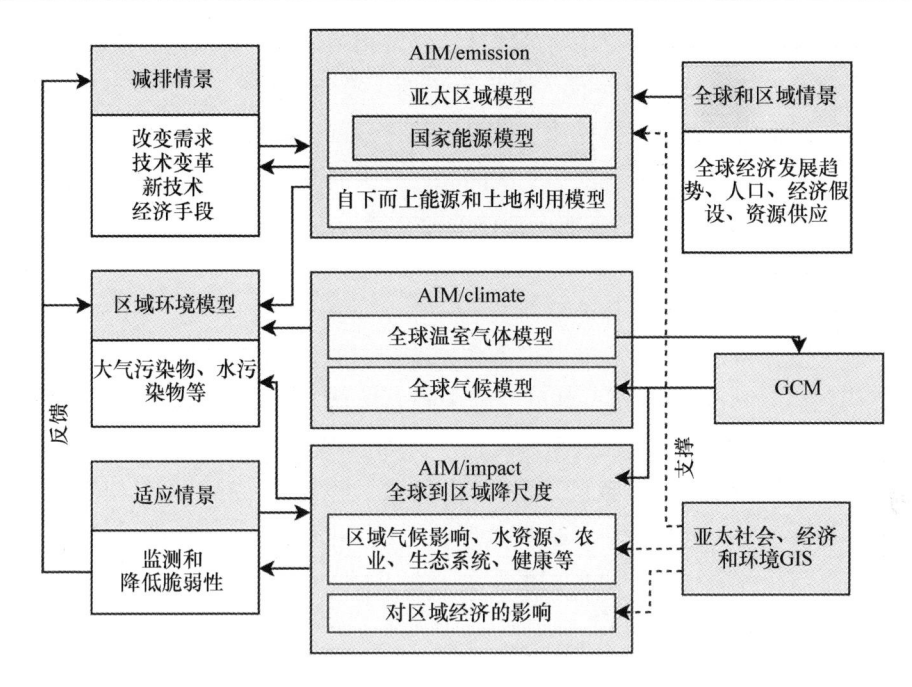

图 5-13 AIM 模型主要结构

4. MESSAGE 模型

MESSAGE 模型（Model for Energy Supply Strategy Alternatives and Their General Environmental Impact）[①] 是国际应用系统分析研究所（IIASA）建立的一个动态线性规划模型。它是 IIASA 的能源研究项目（Energy Program，ENE）及其综合评估建模框架的核心，被用于中长期能源系统规划、能源政策分析和能源情景开发，为全面评估主要能源挑战、确定应对该挑战的社会经济战略提供了灵活的框架。

MESSAGE 为主要国际评估和情景研究提供核心支持，被 IPCC 用于综合评估，也为世界能源理事会（WEC）、德国全球变化咨询委员会（WBGU）、欧洲委员会等提供技术支持并被用于最近的全球能源评估（GEA）。

MESSAGE 主要运用于两个方面的研究：（1）描述未来的不确定性；（2）分析和制定满足一系列用户指定的政策目标的技术战略和投资组合。典

[①] Analysis, I. I. F. A. S. MESSAGE, Available from：http://www.iiasa.ac.at/web/home/research/researchPrograms/Energy/MESSAGE.en.html.

型的情景分析结果可以提供丰富的能源、经济相关信息，包括国内资源利用情况、能源进出口以及与贸易有关的货币流动、投资需求、技术选择与技术替代、空气污染物和温室气体排放、燃料间替代过程，以及从能源供应端至能源需求端的各个过程，即资源层、一次能源、二次能源、终端能源这4个能源链层次。MESSAGE 也越来越多地用于详细分析能源需求问题，例如住宅部门能源获取的政策分析等。

行业模型的整合是整体全球挑战的一个关键的议题。因此，MESSAGE 也在不断地拓展和完善。分离能源供需和终端使用的传统工具、"自上而下"和"自下而上"的分析表征等，都已经越来越多地与 MESSAGE 模型正式集成或相链接，以评估重要的相互关系和反馈。例如，MESSAGE 可与 MAGICC 模型协同使用来计算内部一致的气候变化情景，也能与 MACRO、GLOBIOM、GAINS 等模型进行链接来更好地反映经济系统对能源需求的反馈、能源系统的生态影响和健康效应。图 5-14 展示了在 IIASA 综合评估体系中 MESSAGE 与其他各个模型的相互关系。

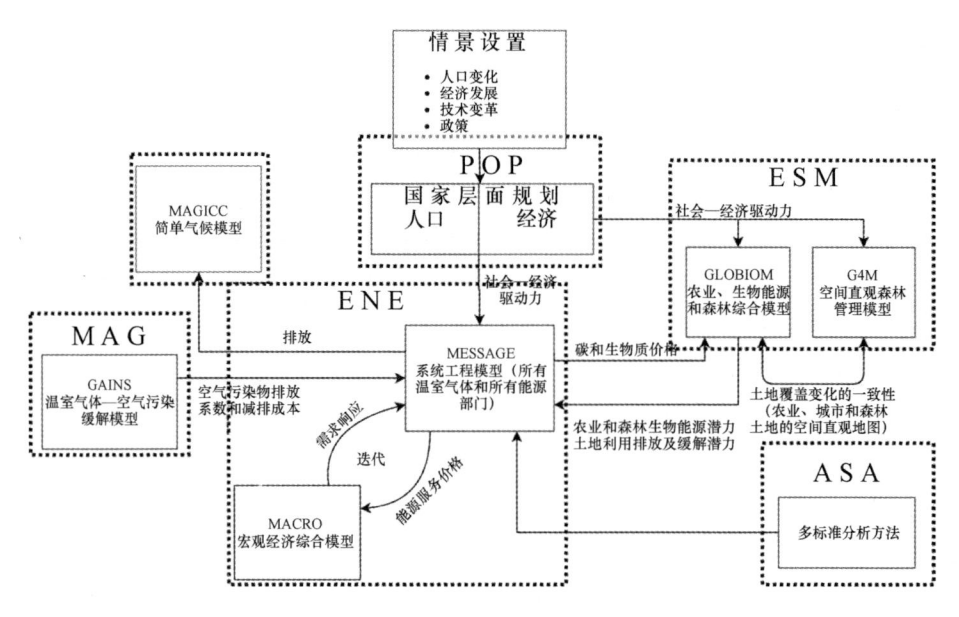

图 5-14　IIASA 的综合评价模型框架

资料来源：Volker Krey, I. E. P. *IIASA Integrated Assessment Framework*, Available from：http：//www.iiasa.ac.at/web/home/about/events/1_IIASA_(Krey).pdf.

5. REMIND 模型

REMIND 模型（Regional Model of Investments and Development）是德国波茨坦气候影响研究所（The Potsdam Institute for Climate Impact Research, PIK）开发的综合评价模型，最初由 Leimbach 等人于 2010 年引入。[①]

REMIND 是一个时间范围为 2005—2100 年的全球能源—经济—气候模型。[②] 这一模型将世界划分为 11 个国家或地区：中国、印度、日本、美国和俄罗斯五个国家，以及六个地区［欧盟，拉丁美洲，撒哈拉以南非洲（不含南非），中东/北非/中亚，亚洲其他地区，以及世界其他所有国家］。图 5-15 说明了它的一般结构。

REMIND 宏观经济部分的核心是实现跨期福利最大化的拉姆齐最优增长模型。这一模型所实现的福利最大化市场均衡有两类，一是全球福利最大化的帕累托最优解（一种假设所有外部性都被内化的合作解决方案），二是区域内福利得到优化，但区域间的外部性没有内在化的非合作的纳什解决方案。宏观经济部分和能源部分通过最终的能源需求和能源系统产生的成本"硬链接"——宏观经济产出是资本、劳动和最终能源消费的函数；这些产出的一部分又用于能源系统的支出。能源模块同时考虑了非可再生能源禀赋和可再生能源潜力，并有 50 余种可行的能源转化技术选择。而模型的贸易部分则不仅包括最终产品和能源的贸易，也包括碳排放限额的交易。

REMIND 模型输出温室气体排放量，将此数据再输入到 MAGICC 6[③] 这一气候模型中，就能计算得到由此引起的大气组成、辐射强迫的改变等气候变化情况。就其宏观经济形式而言，REMIND 类似于其他完善的综合评价模型，如 RICE[④] 和 MERGE[⑤]。但 REMIND 的范围更广，在能源系统技术、贸易和全球

[①] Leimbach, M., et al., "Mitigation Costs in a Globalized World: Climate Policy Analysis with REMIND-R", *Environmental Modeling & Assessment*, Vol. 15, No. 3, 2010, pp. 155–173.

[②] Luderer, G., et al., *Description of the REMIND Model* (Version 1.6), Social Science Electronic Publishing, 2015.

[③] Meinshausen, M., T. M. L. Wigley, and S. C. B. Raper, "Emulating Atmosphere-ocean and Carbon Cycle Models with a Simpler Model, MAGICC6-Part 2: Applications", *Atmospheric Chemistry and Physics*, Vol. 11, No. 4, 2011, pp. 1417–1456.

[④] Nordhaus, W. D., Z. Yang, "A Regional Dynamic General-Equilibrium Model of Alternative Climate-Change Strategies", *American Economic Review*, Vol. 86, No. 4, 1996, pp. 741–765.

[⑤] Manne, A., R. Mendelsohn, and R. Richels, "MERGE: A Model for Evaluating Regional and Global Effects of GHG Reduction Policies", *Energy Policy*, Vol. 23, No. 1, 1995, pp. 17–34.

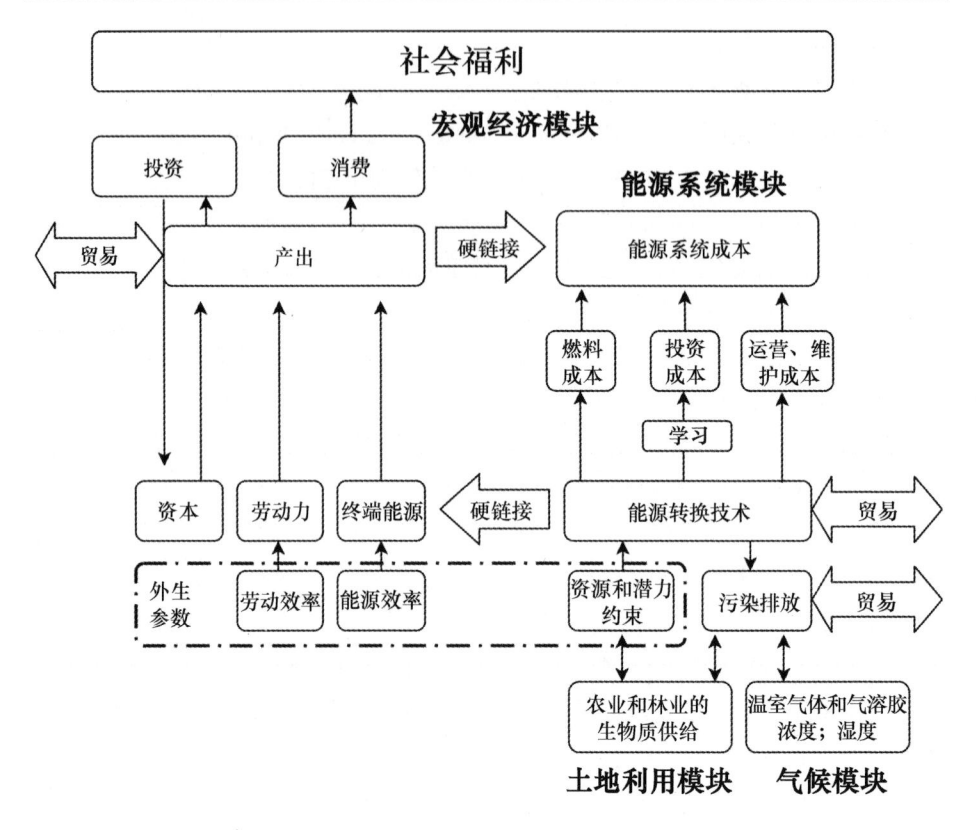

图 5-15　REMIND 模型的总体结构

资本市场的代表性方面具有更高的细节水平。不过，与 RICE 相比，REMIND 并未将气候损害货币化，因此不适用于经济最优的气候变化减缓水平的确定，而主要用于寻找给定气候目标的有效实现策略。

（三）IAM 模型在国家和地区减缓气候变化决策中的应用

除了用于全球气候变化影响和气候减缓路径分析，一些综合评价模型亦着眼于国家或地区的未来情景分析，或是发展出了用于具体国家和地区分析的衍生版模型。

随着气候变化问题的持续发酵以及被关注，气候变化所代表的问题已经从自然科学问题转变成国际经济乃至政治问题。减缓气候变化要求低碳化，但如果技术问题无法解决，碳减排在一定程度上会限制化石能源的使用从而可能影响经济的发展。通过对气候变化综合评价模型在全球层面的研究，我们能够了解全球碳减排趋势以及全球所需的碳减排程度；而进一步面对"如何合理分配碳排放权""如何衡量每个国家满足经济发展需要的最低碳排放额"等问题时，就需要用这些能够模拟国家、地区未来情景的 IAM，来研究不同程度的碳减排对国家社会经济的影响，并以模型分析结果为依据平衡碳减排的国际责任。

近年来，许多基于气候变化综合评价模型的国家或地区减缓路径的研究也为政府进行气候政策决策提供了帮助。例如 MESSAGE 模型的衍生版本 MESSAGE-Access，[1] 就是一个区域的能源—技术选择模型，它着眼于南亚、亚太、美洲中部和撒哈拉以南非洲地区，能够分析这些地区通过加快向清洁燃料和电气化的过渡来实现到 2030 年现代能源普遍渗透的路径。[2] 若再把分析对象确定为国家内的不同省（区、市）/区域，关注的内容就能够更加细致。例如基于 GCAM 这一全球综合评价模型系统框架下的中国分省尺度能源系统模型 GCAM-China，就是一种高区域分辨率的模型，它针对中国 31 个省（区、市）进行了区域细化，其中能源供给部门及建筑、交通、工业等能源终端需求部门已做到了分省尺度，能够用于分省尺度的能源和排放预测。此外，AIM-Local 模型[3]以及 MESSAGE 模型在省级能源的规划方面的运用[4]等，就是在区域尺度上用模型去分析减排技术改善、可再生能源比例提高对区域的社会经济环境的影响。

（四）IAM 未来展望

尽管目前 IAM 有强大的功能并且已经成为评估应对气候变化战略的常用工具，但对 IAM 的批评也并不鲜见。值得注意的是，IAM 有很多类型，不同模型之间往往在功能和优缺点方面互补。以下列举了 IAM 中存在较多的问题

---

[1] IIASA, I. I. f. A. S. A. MESSAGE-Access, Available from：http：//www.iiasa.ac.at/web/home/research/researchPrograms/Energy/MESSAGE-Access. en. html. 2018－8－30.

[2] Ekholm, T., et al., "Determinants of Household Energy Consumption in India", *Energy Policy*, Vol. 38, No. 10, 2010, pp. 5696－5707. Pachauri, S., et al., "Pathways to Achieve Universal Household Access to Modern Energy by 2030", *Environmental Research Letters*, Vol. 8, No. 2, 2013. van Vliet, O., et al., "Synergies in the Asian Energy System：Climate Change, Energy Security, Energy Access and Air Pollution", *Energy Economics*, Vol. 34, 2012, pp. S470－S480.

[3] van Vliet, O., et al., "Synergies in the Asian Energy System：Climate Change, Energy Security, Energy Access and Air Pollution", *Energy Economics*, Vol. 34, 2012, pp. S470－S480.

[4] 杨宏伟：《应用 AIM/Local 中国模型定量分析减排技术协同效应对气候变化政策的影响》，《能源环境保护》2004 年第 2 期。

以及未来综合评价模型的发展方向。

1. 模型复杂性和可操作性之间的取舍

IAM 模型需要考虑大的地理范围,同时需要模拟复杂的经济、能源部门运行情况以及自然系统变化,因此会面临模型复杂性和可操作性之间的取舍——这是综合评价模型中的一个关键的权衡。模型既需要能够对复杂系统做出细致描绘,又需要保证透明度和评估的可行性。Goodess 指出①,由于 IAM 需要集成不同学科的内容,因此可能导致模型的复杂化。因此,出于计算时间和模型可操作性的考量,模型还是必须做出很多简化。许多综合评价模型就用相对简单的方程来刻画部分机制,尤其是在气候系统、碳循环系统的描述上(有的 IAM 模型就用很少的几个方程,且很多是线性方程来描述气候系统)。因为气候模块过于复杂将会耗费大量的计算时间、降低可操作性;对于最优化模型则甚至可能导致模型不可解。

王铮等②指出,一种名为 OBOT(oracle based optimization technique)的新算法已经取得了一些突破,它首先将 IAM 分解为两个子模块——气候模块与经济模块,然后在两个子模块中采用数据库交互搜索技术完成最优减排路径的搜索。③ 不过,若要使得经济和气候模块真正做到紧密结合,还需要解决"部门层面上的最优化会增加巨大计算量"等问题。

2. 不确定性问题

气候变化面临着巨大的不确定性,这也成为对气候变化综合评价模型的一个巨大挑战。自然界固有的非线性属性、贴现率选择的差异、人类消费模式等行为的非理性、社会经济文化过程的难预测性以及技术进步的不确定性等,都导致了气候政策的成本和收益的不确定性,同时也给未来的气候路径和气候系统反馈带来了不确定性。现有模型的参数化方案往往过于简单,假设情景已存有误差,导致参数化后误差转移,并经多个量级放大,模型结果很可能已无预测意义。④

---

① Goodess, C. M., et al., "Representing Climate and Extreme Weather Events in Integrated Assessment Models: A Review of Existing Methods and Options for Development", *Integrated Assessment*, Vol. 4, No. 3, 2003, pp. 145-171.

② 王铮等:《气候变化经济学集成评估模型》,科学出版社 2015 年版。

③ Bahn, O., et al., "The Coupling of Optimal Economic Growth and Climate Dynamics", *Springer Netherlands*, 2006, pp. 103-119.

④ 张雪芹、葛全胜:《气候变化综合评估模型》,《地理科学进展》1999 年第 1 期。

针对不确定性，现有的气候模型采用了不确定性下的连续决策、不同情境下的蒙特卡洛模拟等方法进行定性和定量评估。① 但是，未来的气候变化综合评价模型仍需要解决气候变化影响的概率分布、人类对气候变化的风险厌恶程度、人类对社会福利的时间偏好等一些重要问题。② 并且目前不同的模型之间缺少一致性、缺少一个完整一致的全球数据库，这将是未来模型需要完善的方向。

3. 气候变化对经济系统的反馈以及损失函数构建

目前的综合评价模型的一个重要缺陷是经济机制仍然相对简单、和气候模块的耦合不足。IMAGE 等大型的集成模型大部分都没有考虑气候变化对经济系统的反馈，即没有将气候变化因素纳入经济模块（生产函数）当中。一些模型虽然对经济、气候模块都做了扩展，但往往忽略了一些最本质的东西，即气候变化对经济增长的影响，以及经济增长通过技术进步减少碳排放的环节。因此有学者期望建立一种从经济增长理论出发的综合评价模型，充分考虑气候变化模式下的经济增长模式；在气候变化背景下，气候变化因素会影响碳浓度、温度等这些"有负面影响"的自然资本，进而影响生产力。③

具体来看，现有的许多模型是采用损失函数作为综合评价模型中耦合模块的核心部分的。但目前模型中构建的损失函数尚未能做到更紧密地联结气候、经济两个模块。当前，损失函数存在的问题主要包括：由于完整性、准确性不足而存在诸多不确定性；间接损失的评估机制以及对经济增长的动态持续影响机制暂不完善；气候变化信息表达不够全面并缺少时空差异性的体现，同时无法直接描述极端气候事件损失；气候系统和经济系统的时空维度匹配尚存缺陷等。④ 这些问题广泛存在于目前的 IAM 及其应用中（包括 IPCC 第五次评估报告）并已经成为限制 IAM 发展的瓶颈，因此损失函数的完善、重构，以及更多新的反馈机制构建方法的提出，将是 IAM 未来发展的重要内容。

4. 以发展中国家为对象的综合评价模型研究滞后性

发展中国家在全球环境问题的解决中是重要的参与者，因此发展中国家也

---

① 魏一鸣、米志付、张皓：《气候变化综合评估模型研究新进展》，《系统工程理论与实践》2013 年第 8 期。

② Heal, G. and B. Kriström, "Uncertainty and Climate Change", *Environmental & Resource Economics*, Vol. 22, No. 1–2, 2002, pp. 3–39.

③ 王铮等：《气候变化经济学集成评估模型》，科学出版社 2015 年版。

④ 张海玲、刘昌新、王铮：《气候变化综合评估模型的损失函数研究进展》，《气候变化研究进展》2018 年第 1 期。

需要应用综合评价模型来支持相应的气候变化决策。但是目前综合评价模型在发展中国家的应用中还存在较多的不足。首先，较多发展中国家仍未拥有综合评价模型的研究工具；其次，发展中国家的社会经济、自然环境数据都较为缺乏；最后，目前开发的综合评价模型多以发达国家的社会经济和文化为前提，因此往往与发展中国家的实际情况存在较大差异。[①] 这些问题导致综合评价模型在发展中国家的运用存在较大的瓶颈，表现为在全球模型中相应部分的结果可能存在一定误差，而对于具体的发展中国家也难以给出足够真实的描述和可信的预测。因此，未来需要改变仅以发达国家为中心的模型研究情况，对发展中国家的综合模型研究应更加重视。

5 继续完善现有模型中薄弱的领域

除了上述提到的问题和发展趋势以外，未来气候变化综合模型还需要进一步完善诸如土地利用、陆地生态系统、生物多样性、水资源、气候变化健康影响等目前仍然较薄弱的模块。模型需要充分体现气候变化自然机制的新研究成果并结合环境健康等相应领域的最新进展，从而使综合评价模型不止于以能源、污染物的排放为中心的仿真，也能够对资源利用、生态系统功能和人群健康等有较好的模拟和表述。

而在经济运行和影响评价部分，未来如果能够对生命风险、环境资产等非市场影响进行评价，同时补充完善适应气候变化行为的仿真，模型的框架无疑将进一步丰富，从而实现更综合的模拟和评估。当然，模型的完善也需要考虑到模型运行时间的限制（所以不太可能纳入特别复杂的三维气候系统模块等）。

综上所述，在未来，综合评价模型需要进一步丰富和完善其所使用的数据库、所结合的学科，应用综合评价模型所开展的在全球和国家层面的研究都将继续得到发展。同时，综合评价模型也将会更多地面临复杂性、不确定性、计算时间等方面的冲突和取舍，新的综合评价模型需要在运行时间、计算能力允许的范围内，尽可能充分地纳入重要的自然和社会模块，并且考虑到各模块之间的耦合互动，从而实现更加细致、不确定性低而又具备可操作性的气候变化未来情景模拟和政策评估。

---

① ［日］森田恒幸、胡秀莲、姜克隽：《气候变化综合评价的进展》，《中国能源》1997 年第 12 期。

本章主要介绍了适用于气候变化减缓路径分析和政策评估的各类相关模型，主要包括以碳排放为约束的技术优化模型、宏观经济模型，以及系统全面模拟全球能源—环境—温室气体排放—经济的综合评价模型。

三类模型在建模方法、可模拟的对象范围（全球、国家或区域）以及对各个自然和社会系统刻画的细致程度等方面表现出较大的区别。其中，自下而上的技术优化模型可以探讨如何以成本最小化的技术选择同时实现碳减排目标和能源服务需求的问题；自上而下的宏观经济模型可以分析碳减排目标在能源、工业等各主要部门的具体落实和相应影响；而综合评价模型则对经济、环境（气候）系统及其相互反馈都有复杂而细致的刻画，适用于评估全球性的气候政策、气候变化减缓路径及相关损益。

在探讨气候变化减缓路径和方案时，我们需要准确识别所要研究的具体问题，并考虑数据可得性，选择合适的模型开展模拟和评估工作，为全球、国家和地区的气候变化减缓政策与行动提供启示和参考。

延伸阅读

1. IPCC, *SAR Climate Change 1995*: *Economic and Social Dimensions of Climate Change*, Cambridge Press, 1995.

2. 王铮等：《气候变化经济学集成评估模型》，科学出版社 2015 年版。

练习题

1. 自下而上模型、自上而下模型与混合模型有何区别和联系？

2. 一个典型的综合评价模型通常包括哪些重要模块？

3. 利用综合评价模型评估气候变化减缓政策时的不确定性主要体现在哪些方面？

第 六 章

减缓气候变化的一般路径与制度选择

应对气候变化是一项复杂的系统工程,需要统筹规划经济—社会—生态的方方面面。无论是从当前还是长远的角度考虑,国内和国际通常把应对气候变化与实施可持续发展战略、加快建设资源节约型、环境友好型社会和创新型国家等目标结合起来。现阶段,我国已初步制定了应对气候变化的总体目标,并且在控制温室气体排放上取得明显成效,同时适应气候变化的能力也在不断增强。[1] 本章将进一步通过战略视角,从国际和国内低碳总体规划、市场—政府协同制度选择、创新—技术变革—金融投资以及教育—管理—个体行为转变等方面,探索适合当前经济新常态下的具有中国特色的减缓气候变化的一般路径和优化制度。

第一节 低碳战略总体规划

一 国际低碳战略总体规划

气候变化是全球面临的共同挑战,属于全球公共物品范畴,因此有效减缓气候变化需要国际合作,在全球范围内共同行动。[2] 1988年世界气象组织(WMO)和联合国环境规划署(UNEP)共同建立了政府间气候变化专门委员

---

[1] 气候变化影响及减缓与适应行动研究编写组:《气候变化影响及减缓与适应行动》,清华大学出版社2012年版。

[2] 邹骥等:《减缓气候变化社会经济评价研究的最新进展——对IPCC第五次评估报告第三工作组报告的评述》,《气候变化研究进展》2014年第5期。

会（Intergovernmental Panel on Climate Change，IPCC），主要负责对气候变化的成因、气候变化对人类和地球生态系统的影响以及应对措施进行科学的分析与评估。IPCC 自建立以来已发布了五套多卷册综合性评估报告，为国际社会应对气候变化的行动提供了科学依据。2007 年 IPCC 与时任美国副总统的戈尔共同获得当年的"诺贝尔和平奖"，以表彰他们对应对气候变化做出的突出贡献。[1]

与之相关，各类国际性协议及法规也应运而生：1990 年，IPCC 第一份评估报告明确承认科学存在不确定性，并建议应尽快启动一项框架公约的谈判；1992 年 5 月，联合国环境与发展大会在巴西里约热内卢签署《联合国气候变化框架公约》（UNFCCC）；1996 年，IPCC 发布了第二份评估报告（《气候变化 1995》），明确提出大气中二氧化碳成分增加是人类外部强迫气候变化的主要原因，因此必须采取切实有效的减排措施；而后在 1997 年 11 月，第 3 次缔约方大会（COP3，京都）通过了《京都议定书》。此外，2003 年 6 月，欧盟立法委员会以降低减排工作的投入，确定排放权交易手段的合法性为目的，通过了排污交易计划（Emission Trading Scheme，ETS）；2007 年，IPCC 第四份评估报告指出：过去 50 年全球平均气温升高要归因于人类活动，并呼吁《联合国气候变化框架公约》缔约方采取更加有效的措施以减少温室气体排放。为此，在同年 12 月举行的第 13 次缔约方大会（COP13，巴厘岛）上通过了"巴厘路线图"；在 2010 年 12 月第 16 次缔约方大会（COP16，坎昆）上通过了"坎昆协议"；在 2011 年举行的第 17 次缔约方大会（COP17，德班）上建立了"德班平台"（Durban Platform）；2012 年在第 18 次缔约方大会（COP18，多哈）上将《京都议定书》的有效期延长至 2020 年……

之后，2015 年 12 月 12 日，在第 21 次缔约方大会（COP21，巴黎）上，各国达成了一项新的由所有缔约方共同参与且具有法律约束力的协定——《巴黎协定》，旨在将全球变暖控制在 2 摄氏度以内，同时努力将其限制在 1.5 摄氏度以内，并且该协议启动了一个自下而上的过程，不断更新国家的具体贡献，以实现这些长期目标。[2] 具体来看，《巴黎协定》包含一个"行动透明度

---

[1] 宋英：《〈巴黎协定〉与全球环境治理》，《北京大学学报》（哲学社会科学版）2016 年第 6 期。
[2] Gunnar L., Zoi V., Christoph B., et al., "Residual Fossil CO$_2$ Emissions in 1.5 – 2℃ Pathways", *Nature Climate Change*, Vol. 8, No. 7, 2018, pp. 626 – 633.

框架"用以跟踪各国在实现各自减排目标方面的进展,以及一个定期的"全球盘点"(Global stocktake)用以评估各国在实现协定长期目标方面的集体进展情况。① 截至 2018 年 1 月,已有 173 个缔约方批准了《巴黎协定》,197 个缔约方提交了自主减排贡献方案。除各国的中期(2025—2030 年)减排目标外,《巴黎协定》还要求各国在 2020 年前制定并与《气候变化框架公约》秘书处沟通长期的低温室气体排放发展战略。②

同时,欧盟在气候与能源政策中承诺,在 UNFCCC 的后京都协议达成后,到 2020 年减排 30%、能源消耗量降低 20%、可再生能源消费比重提高到 20%。欧盟低碳经济的长期目标是到 2050 年温室气体排放要比 1990 年减少 60%—80%。③ 2014 年 10 月,由欧洲理事会审批通过的《2030 气候和能源框架》提出:到 2030 年温室气体排放至少减少 40%(与 1990 年水平相比),欧盟将实现可再生能源至少占最终能源消耗量 27% 的目标(该目标于 2018 年被调高至 32%)。④ 随后,在 2015 年提交的自主贡献中,欧盟再次重申到 2030 年的温室气体减排目标,并要求所有行业均需为此努力,尤其是农业、建筑业和交通运输业。以欧盟的总体目标和框架为指导,德国和法国于 2016 年底率先提交了本国长期低排放发展战略。其中,德国计划到 2050 年温室气体排放量比 1990 年下降 80%—95%;法国计划 2030 年温室气体排放量比 1990 年减少 40%,到 2050 年减少 75%。⑤ 2018 年 12 月,欧盟各国政府代表以及欧洲议会就减排方案达成一致,进一步解决了汽车制造大国和环保立法者之间的分歧。最终在各方协调下将减排目标设定为 37.5%,比欧盟最初提出的减排 30% 的提议更为严格。法国、英国、挪威等也同样提出了到 21 世纪中叶前减排 3/4 以上的目标。

美洲国家和地区也相继提出此类议案,例如:美国政府出台的《瓦克斯曼—马凯气候变化议案》,要求提高可再生能源的利用率及产能效率;巴西与

---

① Grassi G., House J., Kurz W. A., et al., "Reconciling Global-model Estimates and Country Reporting of Anthropogenic Forest CO_2 Sinks", *Nature Climate Change*, Vol. 8, No. 10, 2018, pp. 914–920.

② Kuriyama A., Tamura K., Kuramochi T., "Can Japan Enhance Its 2030 Greenhouse Gas Emission Reduction Targets? Assessment of Economic and Energy-related Assumptions in Japan's NDC", *Energy Policy*, Vol. 130, 2019, pp. 328–340.

③ 陈俊荣:《欧盟 2020 战略与欧盟的低碳经济发展》,《国际问题研究》2011 年第 3 期。

④ https://ec.europa.eu/clima/policies/strategies/2030_zh#tab-0-0,2019 年 12 月 31 日。

⑤ 陈晓婷:《2050 长期低排放发展战略比较分析及启示》,《世界环境》2018 年第 1 期。

墨西哥提出了加大减排力度的政策和机制，限定特殊部门（如炼油企业）实现 20—40 年内减排近 50%（在 2012 年基础上）的目标。① 此外，中美也于 2014 年 11 月 12 日共同发表了《中美气候变化联合声明》，宣布了各自 2020 年后的行动目标，其中美方承诺"确保 2025 年温室气体排放量较 2005 年下降近四分之一"。

亚太地区国家也同样在减排目标上做出积极承诺。以日本为例，日本在其国家数据中心设定了到 2030 年的温室气体减排目标，即低于 2013 年排放水平的 26%。而其在"全球变暖对策计划"中也明确提出：到 2050 年温室气体排放量减少 80%。② 此外，2016 年 4 月 19 日，日本政府综合科学技术会议发布了《能源环境技术创新战略 2050》，强调要兼顾日本经济发展以及全球气候变化问题，实现到 2050 年全球温室气体排放减半和构建新型能源体系的战略目标。③

专栏 6-1　日本构建"低碳社会"的行动

日本是《京都议定书》的倡导国家之一，其领导者提出了"低碳社会"的理念，并认为如果没有"低碳社会"，"低碳经济"的发展便无从谈起。其认为"低碳社会"的发展需要遵循一定的原则，具体包括：降低排放，树立节俭意识，简化生活方式，提高生活质量，高消费社会逐渐被高质量社会所替代，社会发展与自然发展相协调，将实现社会与自然共同发展作为人类发展经济的一致目标。针对这一理念，日本设计出了相应的构想方案以及行动计划，并早在 2008 年 7 月由内阁会议通过了《构建低碳社会行动计划》。总体而言，日本"低碳社会"的公民参与主要包括以下几个方面：

---

① 孙晓莹：《煤炭企业碳战略制定框架初探》，《煤炭经济研究》2013 年第 5 期。
② Kuriyama A., Tamura K., Kuramochi T., "Can Japan Enhance Its 2030 Greenhouse Gas Emission Reduction Targets? Assessment of Economic and Energy-related Assumptions in Japan's NDC", *Energy Policy*, Vol. 130, 2019, pp. 328–340.
③ 徐铁等：《经济转型视角下日本低碳经济发展浅析》，《湖北经济学院学报》（人文社会科学版）2018 年第 4 期。

很多日本民众有着"岛国不安全感"的心态，主要表现在对资源紧缺的忧虑上。这种压力促使日本人开始学习先进的科学技术，并且更新管理方式和管理理念，提高生产效率，减少能源消耗，通过高科技、低成本以及高效率的方式在世界市场上谋发展，能源的过度对外依赖也促使日本开始在低碳发展上下功夫。日本政府及社会组织借助于网络、报纸等方式向广大民众宣传节能知识，并且鼓励节能产品不断创新。在当下的日本，节能意识已经具体到普通居民的衣食住行上，具体表现有：

衣着方面：2005年，日本环境省提出男士在夏天穿便装同时不准系上领带，冬天和秋天加穿一层毛衣，同时女士放弃裙子改穿裤子。此外，在夏天空调温度由之前的26摄氏度调整为28摄氏度，冬天则调整到20摄氏度。

饮食方面：在食物购进上，购买者购进应季水果或者蔬菜，而不再购买反季节蔬菜，这是因为反季节蔬菜在种植上需要付出更多的能源。并且，尽量选择离居住地近的购物场所，来节省运输消耗；在食物存储上，尽量少存储，冰箱温度也要随着季节变化进行调整；另外冰箱尽量放在通风阴凉的地方，这样一年下来每台可以节约45千瓦时耗电。

居住方面：在进行房屋建造时，对墙壁和地板的隔热性进行充分考虑，比如应该对窗户进行怎样的设计才能够更好地利用自然光，达到室内通风的目的等。日本家庭在热量排放上更是成熟，例如有些家庭将洗澡用过的热水进行过滤之后再用来洗衣服。

出行方面：很多日本家庭只是在旅游的时候才会使用轿车，在日常生活中上下班一般会选择公交车。在日本特大城市，轨道交通发达，具备很好的通达性和便捷性，因此轨道公交出行占比很高。居民自己在开车的时候，也注意环保节能，不会猛加速，也会注意定时检查车胎气压，不超载。

此外，为了能够控制二氧化碳的排放量，日本经济产业省也开始实施各种新的政策，比如针对太阳能发电设备安装方面给出资金补助，针对石油公司以及煤气公司提供一定的生物燃料等。为了促进环境技术得到有效的推行，日本还提出了两个政策性措施：其一是限制措施，如在日本所推行的《建筑循环利用法》条例中明确规定，日本民众在房屋建造改进阶段有义务循环利用所有建筑材料，日本也因此发明了世界先进的混凝土再利用技术；其二是补偿措施，目前日本政府针对"恢复家庭购进太阳能发电设备"提供补助金展开讨论，或在日后的发展中减少对中小企业购入太阳能发电设备的限制。除此之外，日本政府已经针对购买清洁柴油车的个人或者企业提供一定的资金补助，希望能够有效地推进环保车辆在社会中的普及。

资料来源：腾讯网《日本构建"低碳社会"的行动》一文（并做简要修改）；李国平等：《中国低碳发展公众参与战略研究》，人民出版社2017年版。

除此之外，构建气候治理框架，必须站在对人类前途负责的高度，充分反映处于不同发展阶段的国家和人民对可持续发展的诉求，主持正义，坚持公平。因此，在界定不同国家减缓与适应气候变化责任时，要根据它们的历史责任、发展阶段、国情和能力，有所区分。具体而言，发达国家，要率先在全球经济范围内实现充分的绝对量减排，并向发展中国家提供充分、及时的资金、技术和能力建设支持，以帮助发展中国家实现低碳转型。而发展中国家，需要在发达国家的资金、技术支持下，采取积极行动并努力探索适合本国国情的低碳转型道路。通过加强南北合作与南南合作，最终形成合作共赢的全球气候治理体系。

二 中国低碳战略总体规划

2009年11月，国务院常务会议决定，将"到2020年我国单位国内生产总值二氧化碳排放比2005年下降40%—45%"，作为约束性指标纳入国民经济和社会发展中长期规划。2011年，中国首次将温室气体控制写入"十二五"规划，提出：到2015年全国单位国内生产总值二氧化碳排放比2010年下降17%（这一目标已超额完成，实际碳强度累计下降20%左右）。之后在"十三五"期间，国务院在《"十三五"控制温室气体排放工作方案》中提出：到2020年单位国内生产总值二氧化碳排放比2015年下降18%，碳排放总量得到有效控制，推动我国二氧化碳排放2030年左右达到峰值并争取尽早达峰；并进一步加大对氢氟碳化物、甲烷、氧化亚氮、全氟碳化、六氟化硫等非二氧化碳温室气体的控排力度。该方案的制定与实施,既是我国积极应对气候变化、有效落实《巴黎协定》的具体体现,也是推动我国发展方式转变、构建可持续生产和消费体系的客观需求。[①] 2017年10月,中国共产党第十九次全国代表大会报告中也明确指出:中国要"引导应对气候变化国际合作,成为全球生态文明建设的重要参与者、贡献者、引领者",并首次把"引领气候治理和全球生态文明建设"写进党的报告。此外,近些年的政府工作报告均有对减缓碳排放或应对气候变化的相关表述,尤其是在2018年政府工作报告中,对去产能、绿色低碳生产以及污染防治进行了突出强调,由此也可以看出,我国在顶层设计上对减缓气候变化的高度重视和坚定决心。(见表6-1)

表6-1 近年《政府工作报告》中对低碳发展和应对气候变化的相关表述

年份	相关表述	关键词
2008	实施节能减排综合性工作方案,建立节能减排指标体系、监测体系、考核体系和目标责任制,颁布了应对气候变化国家方案	气候变化国家方案
2009	坚持不懈地推动节能减排和生态环境保护。中央财政安排423亿元资金,支持十大重点节能工程和环保设施等项目建设。发布了《中国应对气候变化的政策与行动》白皮书	《中国应对气候变化的政策与行动》白皮书
2010	节能减排和环境保护扎实推进。积极开展应对气候变化工作,明确提出2020年我国控制温室气体排放行动目标和政策措施。要积极应对气候变化。加强适应和减缓气候变化的能力建设。大力开发低碳技术,推广高效节能技术,积极发展新能源和可再生能源,加强智能电网建设。加快国土绿化进程,增加森林碳汇,新增造林面积不低于592万公顷。要努力建设以低碳排放为特征的产业体系和消费模式,积极参与应对气候变化国际合作,推动全球应对气候变化取得新进展。进一步做好应对气候变化、能源资源合作等方面的对外工作,在妥善解决热点问题和全球性问题中发挥建设性作用	控制温室气体排放行动目标和政策措施;低碳技术;国际合作

---

① 《国务院关于印发"十三五"控制温室气体排放工作方案的通知》(2016年11月4日),2018年8月6日,http://www.gov.cn/zhengce/content/2016-11/04/content_5128619.htm。

续表

年份	相关表述	关键词
2011	我们要扎实推进资源节约和环境保护。积极应对气候变化。非化石能源占一次能源消费比重提高到 11.4%，单位国内生产总值能耗和二氧化碳排放分别降低 16% 和 17%，主要污染物排放总量减少 8% 至 10%。推进低碳城市试点。加强适应气候变化特别是应对极端气候事件能力建设。建立完善温室气体排放和节能减排统计监测制度	16%；17%；低碳城市试点；统计监测制度
2012	推进节能减排和生态环境保护。节能减排的关键是节约能源，提高能效，减少污染。加强适应气候变化特别是应对极端气候事件能力建设，提高防灾减灾能力。坚持共同但有区别的责任原则和公平原则，建设性推动应对气候变化国际谈判进程。我们要用行动昭告世界，中国绝不靠牺牲生态环境和人民健康来换取经济增长，我们一定能走出一条生产发展、生活富裕、生态良好的文明发展道路。开展碳排放和排污权交易试点	能力建设；绝不靠牺牲生态环境和人民健康来换取经济增长；碳排放和排污权交易试点
2013	建立生态补偿制度，开展排污权和碳排放权交易试点。要顺应人民群众对美好生活环境的期待，大力加强生态文明建设和环境保护。生态环境关系人民福祉，关乎子孙后代和民族未来。要坚持节约资源和保护环境的基本国策，着力推进绿色发展、循环发展、低碳发展。大力推进能源资源节约和循环利用，重点抓好工业、交通、建筑、公共机构等领域节能，控制能源消费总量，降低能耗、物耗和二氧化碳排放强度	生态补偿制度；基本国策；低碳发展
2014	推动能源生产和消费方式变革。加大节能减排力度，控制能源消费总量，今年能源消耗强度要降低 3.9% 以上，二氧化硫、化学需氧量排放量要减少 2%。要提高非化石能源发电比重，发展智能电网和分布式能源，鼓励发展风能、太阳能、生物质能，开工一批水电、核电项目。加强天然气、煤层气、页岩气勘探开采与应用。推进资源性产品价格改革，建立健全居民用水、用气阶梯价格制度。实施建筑能效提升、节能产品惠民工程，发展清洁生产、绿色低碳技术和循环经济，提高应对气候变化能力。强化节水、节材和资源综合利用。加快开发应用节能环保技术和产品，把节能环保产业打造成生机勃勃的朝阳产业	能源生产和消费方式变革；绿色低碳技术；朝阳产业
2015	打好节能减排和环境治理攻坚战。环境污染是民生之患、民心之痛，要铁腕治理。今年，二氧化碳排放强度要降低 3.1% 以上，化学需氧量、氨氮排放都要减少 2% 左右，二氧化硫、氮氧化物排放要分别减少 3% 左右和 5% 左右。深入实施大气污染防治行动计划，实行区域联防联控，加强煤炭清洁高效利用，推动燃煤电厂超低排放改造，促进重点区域煤炭消费零增长。推广新能源汽车，治理机动车尾气，提高油品标准和质量，在重点区域内重点城市全面供应国五标准车用汽柴油。2005 年底前注册营运的黄标车今年要全部淘汰。积极应对气候变化，扩大碳排放权交易试点。做好环保税立法工作。我们一定要严格环境执法，对偷排偷放者出重拳，让其付出沉重的代价；对姑息纵容者严肃问责，使其受到应有的处罚	节能减排和环境治理攻坚战；铁腕治理；重点区域煤炭消费零增长；扩大碳排放权交易试点；环保税立法；严格环境执法

续表

年份	相关表述	关键词
2016	推动形成绿色生产生活方式，加快改善生态环境。坚持在发展中保护、在保护中发展，持续推进生态文明建设。深入实施大气、水、土壤污染防治行动计划，划定生态空间保护红线，推进山水林田湖生态工程，加强生态保护和修复。今后五年，单位国内生产总值用水量、能耗、二氧化碳排放量分别下降23%、15%、18%，森林覆盖率达到23.04%，能源资源开发利用效率大幅提高，生态环境质量总体改善。特别是治理大气雾霾取得明显进展，地级及以上城市空气质量优良天数比率超过80%。我们要持之以恒，建设天蓝、地绿、水清的美丽中国	绿色生产生活方式；生态空间保护红线；18%；生态环境质量总体改善；80%；美丽中国
2017	加大生态环境保护治理力度。加快改善生态环境特别是空气质量，是人民群众的迫切愿望，是可持续发展的内在要求。必须科学施策、标本兼治、铁腕治理，努力向人民群众交出合格答卷。坚决打好蓝天保卫战。今年二氧化硫、氮氧化物排放量要分别下降3%，重点地区细颗粒物（PM2.5）浓度明显下降。要严格环境执法和督查问责。对偷排、造假的，必须依法惩治；对执法不力、姑息纵容的，必须严肃追究；对空气质量恶化、应对不力的，必须严格问责。治理雾霾人人有责，贵在行动、成在坚持。全社会不懈努力，蓝天必定会一年比一年多起来	标本兼治；蓝天保卫战；严格环境执法和督查问责
2018	坚持人与自然和谐发展，着力治理环境污染，生态文明建设取得明显成效。树立绿水青山就是金山银山理念，以前所未有的决心和力度加强生态环境保护。重拳整治大气污染，重点地区细颗粒物（PM2.5）平均浓度下降30%以上。加强散煤治理，推进重点行业节能减排，71%的煤电机组实现超低排放。优化能源结构，煤炭消费比重下降8.1个百分点，清洁能源消费比重提高6.3个百分点。提高燃油品质，淘汰黄标车和老旧车2000多万辆。加强重点流域海域水污染防治，化肥农药使用量实现零增长。推进重大生态保护和修复工程，扩大退耕还林还草还湿，加强荒漠化、石漠化、水土流失综合治理。开展中央环保督察，严肃查处违法案件，强化追责问责。积极推动《巴黎协定》签署生效，我国在应对全球气候变化中发挥了重要作用	绿水青山就是金山银山；以前所未有的决心和力度加强生态环境保护；推动《巴黎协定》签署生效

资料来源：历年《政府工作报告》。

此外，李克强总理也在国家应对气候变化和节能减排工作领导小组会议上指出：积极应对气候变化，不仅是我国保障经济、能源、生态、粮食安全以及人民生命财产安全、促进可持续发展的重要方面，也是深度参与全球治理、打造人类命运共同体、推动共同发展的责任担当。中国作为负责任的大国，将坚持共同但有区别的责任原则、公平原则和各自能力原则，承担与自身国情、发展阶段和实际能力相符的国际义务，不断提高减缓和适应气候变化能力，为促进全球绿色低碳转型与发展路径创新尽自身最大努力。①

第二节　市场、政府及协同制度选择

一　市场选择

(一) 气候变化的公共物品属性及市场的作用

从经济学角度看，气候变化是一个典型的全球尺度的环境问题，具有全球公共物品的属性。大气空间的非排他性表明，如果对各国的温室气体排放不加以管控，全球气候这块永久公地将被过度消费，很可能上演"公地悲剧"，进而对全球生态环境造成难以逆转的严重影响。而气候治理的非竞争性又使得应对气候变化容易引起所需投入的工具不足及对智力成果的"免费搭车"现象。②

由于国家集团间的利益分化和全球公共物品的特殊属性，国际社会在应对气候变化问题上一直步履蹒跚，其核心原因可以归纳为三个方面：(1) 公共物品的供给并非无限且成本较高，因此可能产生供给不足；(2) 缺乏有中央权威的全球联合政府对于公共物品进行供给与管理，使得各个主权国家可能自行其是、各自为政；(3) 公共物品供给所产生的外部利益的不平均化也是导致公共物品供给困难的重要原因。③

随着温室气体的排放空间不断缩小，各国对于温室气体排放空间的争夺将越发激烈，使得温室气体的排放权成为一种稀缺资源。因而，必须寻求多边有效的全球气候治理机制，在主权平等前提下通过应对气候变化的集体行动，对全球公共物品的供给、分配、交换等模式展开探索。④

我国粗放发展模式下积累的能源与环境问题，其根本产生原因在于能源生

---

① 邹骥等：《论全球气候治理：构建人类发展路径创新的国际体制》，中国计划出版社 2015 年版。

② 庄贵阳等：《中国在全球气候治理中的角色定位与战略选择》，《世界经济与政治》2018 年第 4 期。

③ 朱京安等：《国际社会应对气候变化失败的制度原因初探——以全球公共物品为视角》，《苏州大学学报》(哲学社会科学版) 2015 年第 2 期。

④ IPCC Fifth Assessment Report, "Climate Change 2014 Synthesis Report, 2014", January 22, 2018, p. 151, http://www.ipcc.ch/report/ar5/syr/.

产和消费的外部性,以及能源市场上的市场势力所带来的市场失灵。外部性问题导致污染物和温室气体的过度排放,而市场势力导致市场均衡点偏离社会福利最大化的最优点。因此,识别外部性问题和市场势力问题,理解我国能源市场的市场失灵问题背后的原因及其影响,是更好制定我国清洁低碳发展政策的前提。[1]

(二) 低碳经济与碳市场

低碳经济最早见诸政府文件是在 2003 年英国政府公布的题为《我们能源的未来:创建低碳经济》的能源白皮书中。书中指出:低碳经济是英国能源战略的首要目标,主要包括以下内容:(1) 以 2050 年前将二氧化碳排放量减少 60% 为决心,制定其能源政策目标和行动纲领;(2) 运用市场机制在保持其现有竞争力的同时降低二氧化碳排放量;(3) 提高能源效率对于减少碳排放具有重要作用;(4) 采用低碳发电技术是实现碳减排目标的重要途径;(5) 短期内可以通过优化车辆配置减少碳排放,但长期内需要通过低碳燃料来实现这一目标;(6) 通过市场机制用可预测的价格获得能源保障;(7) 未来生产力和竞争力取决于能源、具有竞争力的能源价格和更大的资源生产力,提出要扩大能源创新投入并鼓励相应投资等;(8) 要为社会贫困阶层和缺乏能源的发展中国家提供帮助。由此可见,低碳经济是基于应对气候变化和能源问题提出来的。[2]

从低碳经济的内涵中,我们可以得出发展低碳经济绝不仅仅是注重二氧化碳的排放,也绝不仅仅是强行的、以牺牲我国自身经济发展为代价的节能减排,而是一个综合性的体系。因此,在发展低碳经济的过程中,我们不仅仅要正确对待发展经济与降低碳排放的矛盾,突破发展中国低碳经济的资金瓶颈,还需要最大效率地激励以低耗能、低排放、低污染为目标的高新技术的应用与扩散,同时促使自身法律、法规的建设与完善。然而,发展低碳经济无疑是一个任重道远且曲折艰难的过程,其中如何摆脱"低碳陷阱",实现我国自身经济的健康、可持续发展,维护我国的国家利益,不仅仅依靠我国自身的发展,也有赖于健康稳定的国际碳市场发展秩序。[3]

---

[1] 谢伦裕等:《中国清洁低碳转型的能源环境政策选择——第二届中国能源与环境经济学者论坛综述》,《经济研究》2018 年第 7 期。

[2] 任力:《国外发展低碳经济的政策及启示》,《发展研究》2009 年第 2 期。

[3] 纪明:《低碳经济背景下的碳博弈问题研究》,博士学位论文,吉林大学,2011 年。

那么什么是碳市场？国务院发展研究中心社会发展研究部室主任周宏春[①]认为：买卖双方通过签订合同或协议，一方用资金或技术购买另一方的温室气体减排指标，就产生了碳交易市场或温室气体排放权交易市场。《联合国气候变化框架公约》提出控制温室气体排放目标，《京都议定书》规定发达国家到2012年的减排指标，这就使得温室气体成为一种稀缺资源；加之减排成本存在差异，这是排放权交易市场形成和发展的两个前提。世界碳交易市场大致可以分为两类：一类是依据配额的交易，即在"限量与贸易"（Cap-and-trade）体制下，购买那些由管理者制定、分配（或拍卖）的减排配额，如《议定书》下的分配数量单位（AAUs），或欧盟排放交易体系（EUETS）下的欧盟单位（EUAs）；另一类是基于项目的交易。部分国家（见表6-2）可以通过联合实施（JI）项目向附件一所列的其他国家购买减排单位（ERUs）、经认证的减排单位（CERs）和碳汇产生的减排单位（RMUs）。其中CERs是经过认证的减排额度，由发展中国家清洁发展机制（CDM）项目产生。排放权额度的转让或买进，将通过国家登记被跟踪与记录。（见表6-2）

表6-2　　　　　　　世界碳市场上的交易品种及其含义

	名称及内涵	使用范围或要求
AAUs	国家分配单位（配额）	《议定书》附件一国家之间使用
RMUs	森林吸收减少的碳排放量单位	由碳汇吸收形成的减排量
ERUs	联合履约（JI）减排单位	转型国家由监督委员会签发的项目减排量
CERs	经核实的减排单位	由清洁发展机制（CDM）执行理事会签发
EUAs	欧盟排放交易系统单位	欧盟成员国实现的强制减排指标
ERs	自愿减排交易的单位	芝加哥交易所、黄金标准交易等

资料来源：笔者整理。

（三）新常态下的低碳市场选择

近年来，中国的碳市场正在逐步发展推进。2010年，颁布了《关于加快培育和发展战略性新兴产业的决定》和《关于制定国民经济和社会发展第十二个五年规划的建议》两个重要文件，二者均将低碳经济发展和碳排放

[①] 周宏春：《世界碳交易市场的发展与启示》，《中国软科学》2009年第12期。

交易市场明确为政府未来将关注和大力扶持的重点领域,并正式提出我国逐步建设碳交易市场的时间安排。2011年12月,《"十二五"控制温室气体排放工作方案》出台,进一步明确了开展低碳发展和控制二氧化碳等温室气体排放的目标,并将探索建立碳交易市场。2013年是我国碳交易市场的启动之年,碳排放权交易试点投入运行。其中,作为第一个碳排放权交易所,深圳碳排放权交易所于2013年6月18日正式开始交易;上海、北京、广东、天津的碳交易所在随后的六个多月里也纷纷上线;湖北和重庆的碳交易所则在2014年启动碳交易;2016年7月,福建碳排放权交易市场成为全国第九个碳交易试点。这些碳交易试点均采用总量控制下的排放权交易机制,既类似于欧洲碳排放交易体系的制度设计,同时也接受来自国内资源减排项目产生的抵消碳信用。2016年11月,《"十三五"控制温室气体排放工作方案》出台,强调建立全国碳排放权交易制度,并启动运行全国碳排放权交易市场。进一步出台了《碳排放权交易管理条例》及有关实施细则,和各地区、各部门根据职能分工制定有关配套管理办法,以完善我国碳排放权交易法规体系。

截至2016年末,共有2391家排放企业和单位被纳入7个碳交易平台试点,涉及的碳排放配额和成交额数量可观,分配的碳排放配额总量合计约12亿吨,累计成交金额超过了32亿元人民币。[①] 而根据2017年12月官方发布的相关信息,预计国家系统将逐步覆盖占国内二氧化碳排放总量约一半的大型实体。[②] 此外,据最新公布的数据显示:仅2019年3月份,9个区域碳市场共成交配额988.64万吨,交易额2.11亿元。截至2019年3月31日,我国9个碳市场共成交2.97亿吨,成交额64.87亿元,其中线上交易共计1.26亿吨,成交额29.50亿元。其中广东、湖北成交量最高,位于第一梯队;深圳、上海、北京位于第二梯队;而重庆、福建、天津的成交量相对较低,位于第三梯队。[③]

[①] 王金月:《企业碳信息披露:影响因素与价值效应研究》,博士学位论文,天津财经大学,2017年。

[②] Da Z., Qin Z., Qi S. Z., et al., "Integrity of Firms' Emissions Reporting in China's Early Carbon Markets", *Nature Climate Change*, No. 9, 2019, pp. 164–169.

[③] 王宁:《一季度全国试点碳市场共成交配额1372.77万吨 交易额2.63亿元》,2019年4月12日,https://baijiahao.baidu.com/s?id=1630577639986490631&wfr=spider&for=pc。

二 政府引导

在过去的几十年中,技术发展和规模经济为我们提供了可持续系统的建筑单元(太阳能光伏、风能和电力储存)。因此,挑战已经从技术领域转移到了政策领域:创造正确的市场激励机制,使技术得以部署。[1] 政府部门无疑在气候变化治理问题上具有重要的调控、监督和引导作用。社会主义市场经济对于政府管理职能的要求是:通过制定有效的战略规划,进行宏观市场调控,以发挥市场机制在资源配置中的决定性作用。因此,低碳转型发展需要明确实施低碳转型的政府规划职能,即通过政策鼓励、资金支持、创新体制和完善设施,构建高效、低耗和集约的低碳增长模式。相关政府部门需通过科学规划和战略选择,促使传统的高能耗发展模式加以改变,并根据地区现有资源要素条件,因地制宜,做好统筹和分类指导工作。

(一)加大资金扶持职能,促进产业调整升级和投融资环境建设

低碳转型作为外部性较强的经济行为,需要足够的资金支持,故政府层面应该加大资金投入力度,以解决城市实现低碳转型的资金问题。具体举措可为:其一,建立低碳发展基金,对于产业低碳转型、低碳建筑和城市绿化等重大项目改造投入资金,加快低碳项目建设;其二,充分发挥社会资本、社会组织和社会力量等多元合作功能,建立多元化投融资机制,鼓励社会资本、民间力量和慈善机构等投入足够资金参与城市低碳转型。

(二)提升公共服务职能,提供低碳服务保障

低碳转型是面向公共利益最大化的公共产品,具有较强的正外部性,因此需要政府提供必要的促进低碳转型的公共产品和公共服务。在市场经济条件下,一些需求具有很强的正外部性效应,而一些需求成本较高的公共产品很难通过市场进行生产,使得群众很难通过市场机制使需求得到满足。外部性活动的存在需要政府履行公共服务职能,即要求政府加强低碳产业政策引导,提供财政投入,加快城市园林绿化、绿色基础设施、城市生态环境修复等公共服务

---

[1] Kraan O., Kramer G. J., Nikolic I., et al., "Why Fully Liberalised Electricity Markets will Fail to Meet Deep Decarbonisation Targets Even with Strong Carbon Pricing", *Energy Policy*, Vol. 13, No. 1, 2019, pp. 99 – 110.

供给。政府履行低碳转型中的公共服务职能，能从降低整个社会运行成本的角度出发，弥补市场经济体制不足，同时促进城市绿色低碳经济发展，推进生态文明建设，为城市低碳运行和市民生活环境改善提供必要的公共服务和低碳保障。

（三）加强政策创新职能，促进低碳转型资源整合

党的十八届三中全会提出紧紧围绕建设美丽中国深化生态文明体制改革。因此，加强城市低碳转型，要重点明确政府在深化生态文明体制改革中的职能定位，通过体制创新、制度创新和政策创新，实现绿色低碳发展。要明确政府的功能性职能，对于自然保护区和重点公益林区，政府要实施严格的保护制度，建立以生态保护和绿色发展为目标的长效机制和以生态文明建设为基础的政绩考核体制机制，促进城市产业转型，实现城市经济社会低碳转型。要给予低碳转型更多的政策优惠，根据自身经济因素制定资源价格、资源的产权制度以及资源的经营机制等，将部分中央权力授权给地方政府进行试点。

专栏 6-2　中国设立"全国低碳日"

为普及气候变化知识，宣传低碳发展理念和政策，鼓励公众参与，推动我国落实控制温室气体排放任务，自 2010 年 1 月有关学者在"低碳中国论坛"年会上首次提出设立"全国低碳日"倡议之后，2012 年 9 月 19 日，时任国务院总理温家宝主持召开国务院常务会议，讨论通过《京津风沙源治理二期工程规划（2013—2022 年）》，并决定自 2013 年起，将全国节能宣传周的第三天设立为"全国低碳日"。

2013 年是实现"十二五"规划目标任务承前启后的关键一年。为深入贯彻落实党的十八大精神，充分调动各方力量积极参与生态文明建设，宣传节能低碳，中国政府将 2013 年 6 月 15 日至 21 日设定为全国节能宣传周，2013 年 6 月 17 日为第 1 个全国低碳日，并确定了活动主题为"践行节能低碳，建设美丽家园"。截至目前，中国以落实 6 年"全国低碳日"活动的具体组织安排工作，各年活动时间及主题整理如下（见表1）：

表1　　　　中国"全国低碳日"各年活动时间及主题

年份	全国节能宣传周时间	"全国低碳日"时间	"全国低碳日"活动主题
2013	6月15—21日	6月17日	践行节能低碳，建设美丽家园
2014	6月8—14日	6月10日	携手节能低碳，共建碧水蓝天
2015	6月13—19日	6月15日	低碳城市，宜居可持续
2016	6月12—18日	6月14日	绿色发展，低碳创新
2017	6月11—17日	6月13日	工业低碳发展
2018	6月11—17日	6月13日	提升气候变化意识，强化低碳行动力度

资料来源：笔者根据各年活动宣传材料整理得到。

自"全国低碳日"设立以来，在中央及各级政府的高度重视及广泛号召宣传下，各地、各部门单位在低碳日当天都积极举办组织相关主题宣传活动。例如，在2018年低碳日（生态环境部应对气候变化司发布相关宣传招贴画见图1）期间，生态环境部会同北京冬奥组委、北京市人民政府联合主办全国低碳日主题宣传活动，活动现场，北京市、天津市、河北省发改委代表分别介绍了当地推进低碳发展的政策与行动，此外，北京冬奥组委介绍了低碳冬奥行动计划情况，北京2022年冬奥会和冬残奥会官方合作伙伴企业代表共同签署了"低碳冬奥倡议书"；2018年全国低碳日·上海主题宣传活动在杨浦区长阳创谷举行，上海市发展改革委、上海市住建委、上海市食药监局、杨浦区委、各区发改委、上海低碳发展示范区等领导及相关企业代表均出席了活动并讲话，并提出了"适度消费，低碳生活，让有限的资源无限循环，共建绿色家园，共享绿水青山"的倡议；深圳市经济贸易和信息化委员会、共青团深圳市委员会、深圳供电局有限公司在深圳中心书城共同主办了深圳"2018年全国节能宣传周和低碳日"主题活动，现场组织开展了节能知识竞答、"我是节能小卫士"节能经验分享、特邀节能专家讲话等多项活动，吸引了数百名市民及青少年参与，在普及节能降耗知识的同时，也宣传了低碳绿色生活；杭州市发改委联合杭州市科协在中国杭州低碳科技馆举办"提升气候变化意识，强化低碳行动力度"主题宣传活动，活动中浙江农林大学党委书记、国家科技进步二等奖获得者周国模教授做了"森林碳汇与低碳城市建设"专题报告；贵阳市发展改革委于6月10—13日开展2018年贵阳市全国第六个低碳日系列活动，此次活动主要以街头采访（在贵阳市筑城广场、花果园购物中心、贵阳国际会议中心等15个地点展开）及校园宣讲（在贵阳市第十七中学及贵阳市东山小学先后开展）的形式展开，旨在唤起市民爱护地球、保护家园的意识，促进资源开发和环境保护的协调发展，通过个体和群体行动，将低碳意识落实到生活中的每一个细节。

遗失的家园　　　　　　　　　　低碳出行

图1　2018年中国全国低碳日宣传活动招贴画

资料来源：国家应对气候变化战略研究和国际合作中心（NCSC）。

三　协同制度

协同机制的思想，来源于德国物理学家H. Hake创立的协同理论（Synergetic）。协同论强调协同创新作用所产生的协同效应，哈肯认为，复杂开放系统中（包括社会经济系统）大量子系统相互作用而产生的整体效应或集体效应满足"1＋1＞2"，即存在着协同作用，它是系统有序化结构形成的内在驱动力。基于协同理论的跨区域低碳经济协同创新机制需要实现以下目的：

第一，使各区域系统协调、一致和有序的变化，实现低碳经济发展的倍增效应；第二，区域系统间各要素之间的相互联系和作用复杂性，使得低碳经济协同创新发展具有层次性和相互交叉的因果性，其短时难以实现一致有序的集体行为，但长期会趋同，形成协同创新机制；第三，区域低碳经济协同创新发展内涵本质，是以整体最优化为出发点，需要综合运用各种手段、方法，制造各类动力源，以促进区域系统内部各子系统、各要素的相互合作与协调，进而实现低碳经济发展一致性；第四，跨区域低碳经济行为主体的相互激励，达成单个管理要素和单个区域行为难以实现的管理协同创新效应，促使各区域低碳经济发展的良性互动与循环上升；第五，在各区域不同的空间上，强调低碳经济的发展要求启动时间同步并协调一致，以避免人类共同的空间因碳排放过高而出现温室效应；第六，各区域低碳经济的协同创新发展需要协同力量，无论是区域内部的还是外生的动力源，都是支配跨区域低碳经济协同创新的动力依靠。[①]

而市场与政府之间的协同，尤其需要处理好政府宏观管理与市场调节的关系。坚持政府引导、市场推动和公众参与的原则，建立起符合市场发展规律的运行机制、调控机制和监督机制，充分发挥政府和市场对转型发展的调节作用，整合调动区域内一切积极因素，广泛争取区域外的支持与合作，进而促进城市低碳转型。

同时，政府应该大力鼓励有利于实现城市低碳转型的公司进入市场，降低准入"门槛"，使得市场投资环境向有利于推动城市低碳转型、低碳产业发展等方面优化。对于已经获得财政及政策支持的企业，城市政府则应该加强监管力度，防止不符合低碳转型的产品流入市场，以构建低碳转型的良好市场秩序，同时保障社会资本、民间力量和慈善机构的积极参与，为城市低碳转型与发展营造稳定、有序和高效的市场秩序。

此外，可通过建立和完善低碳经济的法律法规体系，进一步保障我国碳减排的实现。做到有法皆知、有法可依、违法必究。

[①] 余晓钟等：《跨区域低碳经济协同创新发展动力机制研究》，《科学管理研究》2013年第2期。

第三节　创新、环境技术变革和金融投资

一　创新及环境技术变革

为了实现《巴黎协定》目标，将气温上升限制在比步入工业化阶段之前的水平高出2℃以下，可能高出1.5℃，到21世纪末，剩余的累积二氧化碳排放量不应超过400吉—1000吉吨，这就要求能源系统在未来几十年以前所未有的速度快速脱碳。农业和林业必须为实现气候变化目标做出重大贡献，一方面通过增加生物量供应来替代化石燃料，并在21世纪后半叶实现负排放；另一方面通过直接温室气体减排来实现。[1]

21世纪的能源挑战是实现一个新的过渡，向一个更可持续的能源系统过渡，该系统的特点是广泛地获得能源服务，并从高效、低碳的来源获得安全可靠的能源供应。在碳限制的世界中，确保能源服务的可用性和可获得性需要发展新的生产、生活方式和与能源合作的方式和地理位置。[2] 技术创新，是低碳经济发展的根据所在。产业结构的升级、能源结构的调整，归根结底是低碳技术的创新与发展，因此，低碳经济的核心在于通过能源技术和节能减排技术的创新，有效控制碳排放，防止气候变暖，促进和保持全球生态平衡。研究表明，随着新的政策要求，创新增强了能源转型的势头，而由于技术的改进是永久性的，它们同样降低了政策波动的风险。[3] 因此，技术创新是发展低碳经济、解决我国环境和能源问题的根基所在。

"低碳技术"（low-carbon）也称为清洁能源技术，是指提高能源效率来稳定或减少能源需求，同时降低对煤炭等化石燃料依赖程度的主导技术，涉及电力、交通、建筑、冶金、化工、石化等部门以及在可再生能源及新能源、煤的清洁高效利用、油气资源和煤层气的勘探开发、二氧化碳捕获与储存等领域开

---

[1] Frank S., Havlík P., Stehfest E., et al., "Agricultural Non-CO$_2$ Emission Reduction Potential in the Context of the 1.5℃ Target", *Nature Climate Change*, Vol. 9, No. 1, 2019, pp. 66–72.

[2] Bridge G., Bouzarovski S., Bradshaw M., et al., "Geographies of Energy Transition: Space, Place and the Low-carbon Economy", *Energy Policy*, Vol. 53, 2013, pp. 331–340.

[3] Gielen D., Boshell F., Saygin D., et al., "The Role of Renewable Energy in the Global Energy Transformation", *Energy Strategy Reviews*, Vol. 24, 2019, pp. 38–50.

发有效控制温室气体排放的新技术。①

无论是新能源的开发，还是提高能源效率、降低排放，都必须以低碳技术的研发、扩散为基础。《联合国气候变化框架公约》中详细阐明了低碳技术主要有：(1) 提高能源利用效率；(2) 发展清洁能源，实现可再生能源的广泛应用；(3) 碳捕捉和封存技术的发展。而在这三个方面，我国与发达国家的差距明显，尤其在碳捕捉和封存技术上我国还存在着明显的技术瓶颈。因此，我国应当将国际交流合作，引进外国的先进治理技术作为我国发展低碳技术、创建低碳技术创新体系的重点。根据《联合国气候变化框架公约》的规定，发达国家有义务向发展中国家无偿提供先进技术，同时促进低碳技术的转让，以帮助发展中国家实现节能减排，但是实际情况却与之相去甚远。②

按照节能减排的不同方向，低碳技术可以划分为3个类型：减碳技术、零碳技术和去碳技术。首先，减碳技术指的是电力、建筑、石化等高耗能、高排放领域的节能减排技术，由于这些行业需要大量的化石能源，因此如何实现高效化、清洁化，是这类技术的特征。其次，零碳技术或称为无碳技术，则是通过零排放或者接近零排放的新能源来实现节能减排，例如，核能、太阳能、风能、生物质能、潮汐能、地热能、氢能等可再生能源技术。这种技术已经在国际上渐成规模。最后，去碳技术，具体可分为碳中和技术及碳埋存技术。碳中和技术，主要是通过转化制氢或胺吸收脱出二氧化碳的技术，而碳埋存技术主要是指将捕集起来的二氧化碳深埋于海底或地下，以达到减少温室气体的目的。去碳技术目前依旧处于研发阶段，离全面推广还有一定的距离。

不可否认，发达国家拥有更有效率的能源利用技术，我们必须要争取先进低碳技术的引进与资金支持，这不但可以有效对温室气体排放进行控制，同时也能促进我国经济结构的升级。国际能源署在2008年的《能源技术展望2008》中对现有的能源技术和先进的清洁能源技术等低碳技术的现状和前景进行了分析，并给出了对未来温室气体减排具有决定性意义的17项技术（见表6-3）。

---

① 邢继俊等：《中国要大力发展低碳经济》，《中国科技论坛》2007年第10期。
② 纪明：《低碳经济背景下的碳博弈问题研究》，博士学位论文，吉林大学，2011年。

表6-3　　　　　　　　国际能源署公布的17项低碳技术

CCS化石燃料发电技术	建筑物和建筑能效	核电技术
CCS：工业、氢与燃料转化技术	运输中的能效	热汞
向岸风能和离岸风能技术	太阳能室内技术	光伏系统
整体煤气化联合循环发电系统	太阳能热电厂	氢燃料电池汽车
超临界发电技术	工业马达系统	电动汽车
生物质高度气化发电及共同燃烧技术	第二代生物燃料	

资料来源：《能源技术展望2008》；Gielen, D. Energy Technology Perspectives. Paris：International Energy Agency, 2008。

根据国务院关于"十三五"期间控制温室气体减排的战略部署，我国将继续在环境技术方面取得突破：①

（一）加快发展非化石能源

积极有序推进水电开发，安全高效发展核电，稳步发展风电，加快发展太阳能发电，积极发展地热能、生物质能和海洋能。到2020年，力争常规水电装机达到3.4亿千瓦，风电装机达到2亿千瓦，光伏装机达到1亿千瓦，核电装机达到5800万千瓦，在建容量达到3000万千瓦以上。同时，加强智慧能源体系建设，推行节能低碳电力调度，提升非化石能源电力消纳能力。

（二）优化利用化石能源

控制煤炭消费总量，2020年控制在42亿吨左右。推动雾霾严重地区和城市在2017年后继续实现煤炭消费负增长。加强煤炭清洁高效利用，大幅削减散煤利用。加快推进居民采暖用煤替代工作，积极推进工业窑炉、采暖锅炉"煤改气"，大力推进天然气、电力替代交通燃油，积极发展天然气发电和分布式能源。在煤基行业和油气开采行业开展碳捕集、利用和封存的规模化产业示范，控制煤化工等行业碳排放。积极开发利用天然气、煤层气、页岩气，加强放空天然气和油田伴生气回收利用，到2020年天然气占能源消费总量比重提高到10%左右。

（三）大力发展低碳农业

坚持减缓与适应协同，降低农业领域温室气体排放。实施化肥使用量零增

---

① 《国务院关于印发"十三五"控制温室气体排放工作方案的通知》（2016年11月4日），2018年8月6日，http：//www.gov.cn/zhengce/content/2016-11/04/content_ 5128619.htm。

长行动，推广测土配方施肥，减少农田氧化亚氮排放，到 2020 年实现农田氧化亚氮排放达到峰值。控制农田甲烷排放，选育高产低排放良种，改善水分和肥料管理。实施耕地质量保护与提升行动，推广秸秆还田，增施有机肥，加强高标准农田建设。因地制宜地建设畜禽养殖场大中型沼气工程。控制畜禽温室气体排放，推进标准化规模养殖，推进畜禽废弃物综合利用，到 2020 年规模化养殖场、养殖小区配套建设废弃物处理设施比例达到 75% 以上。同时开展低碳农业试点示范。

（四）加快低碳技术研发与示范

研发能源、工业、建筑、交通、农业、林业、海洋等重点领域经济适用的低碳技术。建立低碳技术孵化器，鼓励利用现有政府投资基金，引导创业投资基金等市场资金，加快推动低碳技术进步。

（五）加大低碳技术推广应用力度

定期更新国家重点节能低碳技术推广目录、节能减排与低碳技术成果转化推广清单。提高核心技术研发、制造、系统集成和产业化能力，对减排效果好、应用前景广阔的关键产品组织规模化生产。加快建立政产学研用有效结合机制，引导企业、高校、科研院所建立低碳技术创新联盟，形成技术研发、示范应用和产业化联动机制。增强大学科技园、企业孵化器、产业化基地、高新区对低碳技术产业化的支持力度。在国家低碳试点和国家可持续发展创新示范区等重点地区，加强低碳技术集中示范应用。

二 金融投资

《斯特恩报告》曾经指出，如果现在每年全球拿出其 GDP 的 1% 用于应对全球气候变化，那么可以避免未来每年全球 GDP 5%—20% 的损失[1]。据中国气候变化事务特别代表解振华表示，为实现应对气候变化的国家自主贡献方案（INDC）目标，2005 年至 2015 年中国已投入 10.4 万亿元人民币，2016 年到 2030 年将继续投入 30 万亿元人民币。[2]

---

[1] Stern, N., "Stern Review on The Economics of Climate Change Executive Summary", HM Treasury, London, 2006.

[2] 中新社联合国 2016 年 4 月 22 日电，中国气候变化事务特别代表解振华 22 日在纽约联合国总部表示，为实现应对气候变化的国家自主贡献方案（INDC）目标，中国从 2016 年到 2030 年将投入 30 万亿元人民币，2018 年 8 月 6 日，http://finance.ifeng.com/a/20160423/14341545_0.shtml。

低碳技术属于高新科技，而高新科技产业有着高投入、高产出的特点，但是其回报周期比较长，加上资本与技术密集型产业的进入壁垒很高，企业投身于高新科技产品的研发，需要面对巨大的风险，加上金融危机的影响，融资越发困难，企业不愿承担市场的风险，低碳技术的项目更加变得无人问津。我国的低碳项目仅仅依靠政府的投入和少量的国际援助，使得低碳技术的研发经费捉襟见肘，并且相对于发达国家，我国在高新科技研发的投入上也是远远不够的。在发达国家，高新科技的研发费用占国内生产总值的比例通常很高，科技水平位居世界前列的日本在20世纪80年代，研发投入占比平均水平高达3%。而2000—2005年，我国的研发费用分别占国内生产总值的0.90%、0.95%、1.07%、1.13%、1.23%、1.34%。资金的作用无疑是巨大的，甚至是决定性的。因此，这种资金筹集的不稳定性，也是我国发展低碳技术的瓶颈。[1]

中国经济向更加清洁高效的低碳发展方向转型还需要创造一个巨大的清洁技术、产品和服务的国内市场，并形成对发达国家先进的制度、技术、标准和管理经验的大规模需求。中国基于拥有的全球领先的制造能力和优质产能、相对充裕的资本能力以及庞大的国内市场潜力，通过多边和双边合作，与欧美等国家在低碳技术产业链中加强协作，共同深化全球供应链布局和专业化分工，共同加强低碳技术研发并提升商业模式方面的创新能力，以降低低碳技术应用成本，并扩大全球范围内低碳技术和产品的市场空间。

第四节　教育、管理及个体行为的改变

一　低碳教育

英国学者卢卡斯于20世纪70年代提出了著名的环境教育模式，即环境教育是"关于环境的教育""通过环境的教育""为了环境的教育"。高校作为学生学习生活的主要场所，应着力建设低碳校园，以达到"通过环境的教育"，潜移默化地影响教育学生。高校应将可持续发展的理念，低碳管理的思想融入到学校的办学和日常管理中。1992年"环境与发展大会"通过的《二十一世纪议程》第一次明确提出"面向可持续发展重建教育"的导向；2002

---

[1] 纪明：《低碳经济背景下的碳博弈问题研究》，博士学位论文，吉林大学，2011年。

年12月，联合国第57届大会通过了第254号决议，将2005—2014年确定为"联合国可持续发展教育十年"，其目标是在教育教学中，强化可持续发展观念，建设一个全民的更加可持续发展和公正的社会。①

高校低碳教育是高校环境教育的一个重要内容，是以跨学科为特征，通过教育手段培养低碳发展理念，以提高学生的低碳意识，使其掌握低碳生产和低碳生活知识与技能，树立正确的环境价值观和态度的教育科学。加强大学生的低碳教育，使学生形成良好的低碳意识，树立正确的环境价值观，自觉实践低碳行动，是应对气候变化、实现可持续发展的必然选择。低碳教育的概念目前只有个别学者提出，其中较受认可的是黎加厚提出的：低碳型教育是指在教育教学活动中，要采取有力的措施，推进教学的各个方面减少二氧化碳排放，减少能源消费，加强环境保护。（见表6-4）

表6-4　　　　　　　　　各国低碳教育的理念和方法

国家	低碳教育理念	方式方法
英国	最早研究低碳教育的地区之一；注重对低碳教育的内涵、价值、作用的分析与研究	● 帮助学生树立低碳意识和低碳生活的理念，让学生意识到保护环境的重要性 ● 推行低碳教育综合实践活动，增进学校与自然、社会的广泛联系与密切合作 ● 坚持与家庭共同配合进行低碳教育 ● 注重与其他国家关于低碳经济方面的合作，实现低碳教育的目的
美国	低碳教育与实践联系紧密	● 开办各种课外兴趣小组（大多是和环保与低碳有关的课题，鼓励学生进行新能源的研究） ● 设立相关奖励
日本	宣传号召；突出细节；全民参与	● "清晨的挑战"：早睡早起一小时可大大减少日本低碳足迹。该活动称，如果每人每天早睡早起一个小时，那么一个家庭一年可减少二氧化碳排放量85千克 ● "清凉商务"运动，该活动鼓励员工夏季上班时穿短袖衬衫，办公室的空调温度不低于28℃
德国	从小抓起；持续教育；家长参与	● 崇尚自然，环境中渗透环保教育，绿化覆盖率较高 ● 在日常活动中扎扎实实地搞好环保教育，增强学生的环保意识 ● 垃圾分类，再生利用，形成一个环保循环网 ● 合理利用资源，节约能源 ● 让家长参与学校的环保活动，加强与家长之间关于低碳教育的合作

---

① 丁晓楠：《国内外低碳教育现状比较》，《合作经济与科技》2013年第18期。

续表

国家	低碳教育理念	方式方法
中国	倡导建立和谐高效的教育学习氛围，并强调个性化教育深入发展	• 以低时耗、低消耗、低损耗为基础的个性化教育模式 • 将"低碳生活"的内容引入学校教育教学内容中 • 将"低耗、高效、优质"的低碳教育理念引入学校的教育教学活动中 • 主动、广泛地认识低碳知识、了解低碳问题、培养低碳意识，在人与自然的关系上树立正确的态度，确立低碳价值观、低碳消费观和低碳发展观 • 不光是指学生学习生活作息时所耗用能量要减少，特别是降低二氧化碳的排放，更为关键的是培养一种学习态度，家长应该积极提倡并推动孩子去实践"低碳"教育

资料来源：笔者根据相关资料整理得到。

二 低碳管理

低碳经济是我国当今社会经济发展的必然要求，作为我国社会经济发展和节能减排的重要微观主体，企业必须遵循低碳经济发展模式，依据低碳经济理念实施管理变革，创建低碳管理体系。中国政府承诺"到2020年单位GDP碳排放量比2005年下降40%—45%"，并将其作为约束性指标纳入我国"十二五"及其后的国民经济和社会发展中长期计划。为实现这一目标，企业担负着不可推卸的责任。有学者认为，若企业忽视应对气候变化，将会失去未来可持续发展的机会。对于我国企业来说，"投身低碳经济大潮"已是必然趋势。低碳经济改变了企业发展环境中的重要因素，对其管理体系必然产生巨大冲击，为适应这一要求，作为我国社会经济发展和节能减排重要微观主体的企业，其管理模式也应适应低碳经济的发展要求并做出变革。因此，在低碳经济背景下，企业管理应遵循低碳经济理念，实行低碳管理，这是企业履行社会责任，也是企业为满足自身可持续发展的必然选择。[①]

为适应社会经济发展的新需要，近100年来，管理理论也经历了不断创新和变革，新的管理思想层出不穷。企业低碳管理包含低碳经营理念、低碳技术、低碳流程再造、碳资产管理、低碳供应链管理、低碳协同管理等多方面的

[①] 杨冉冉等：《低碳经济背景下企业管理变革的思考》，《科技管理研究》2015年第7期。

内容。如部分企业将可持续因素融入利益相关者的决策中，力图引导客户的低碳消费观念和员工的低碳行为方式；部分组织通过获取、应用低碳和能源管理系统的相关认证标准展开碳盘查，以此解释温室气体的排放；部分学者通过调研多家企业的碳减排目标、碳强度、碳披露等元素，构建了由碳治理、碳操作、碳排放和跟踪、碳结合和披露四个方面的十个关键要素构成的碳管理系统（CMS）模型，并将其定义为企业实施低碳战略、提高能源使用率、减少碳排放、获得竞争优势的方式，其解释了碳管理系统构建的影响因素，拓展并推进了碳管理系统模型在实践中的应用。由此可见，企业低碳管理的内涵和内容在实践中不断丰富，企业通过契合内外部利益相关者需求，联结企业各项职能管理，构建系统的低碳管理体系。[1]

对企业而言，低碳时代在带来风险的同时还带来了很多发展机会。所涉及的风险主要包括监管和政策风险、市场风险、资源供应的安全性风险、技术更新和替换及改变产业链的风险等。在机遇方面，主要包括调控和政策机遇、新兴市场的机遇、全新的盈利模式、企业竞争力的提高。从战略高度看，企业在生产与经营过程中更加关注全球季节性与气温的变化，防止由于环境的变化而导致企业风险的增加，提高资源利用率，从而增加企业的市场占有份额，开拓全球市场，增加企业的经济和社会效益，使企业走可持续发展道路的同时提高资源利用率，减少碳排放。[2]

但仅在生产环节实现低碳是远远不够的，低碳经济要求企业在整个供应链管理过程中都要实现低碳。传统供应链管理以顾客为中心，以满足顾客需求为目标的同时使总成本最小化，很少考虑能源与环境问题。低碳经济下的供应链管理应是生态视角下的协调与合作，其目标为使整个供应链实现低碳环保、节能高效，以确保企业的环境竞争力。企业要在整条供应链上实现低碳管理，即实现低碳设计、低碳采购、低碳制造、低碳分销、低碳物流和回收处置。低碳设计是面向环境和生态的设计，应充分考虑对环境的影响和资源的消耗，从可持续发展的高度审视产品的整个生命周期，倡导无废物、可回收的设计技术；而低碳材料是低碳设计的关键和前提；低碳采购则需要遵循低成本、低能耗、

---

[1] 王璟珉等：《低碳经济研究前沿——基于企业低碳管理的微观视角》，《山东大学学报》（哲学社会科学版）2018年第2期。

[2] 张波等：《基于生态文明建设的企业低碳发展战略研究》，《北京联合大学学报》（人文社会科学版）2014年第2期。

易加工、无污染、无毒无害、可再生等原则；对产品的回收处置是低碳供应链管理与传统供应链最大的区别，完善的低碳供应链管理包括低碳回收，以达到减轻环境污染和资源回收再利用的目的。从而为企业创造了新的市场竞争力，真正达到环保和经济的双赢。[①]

三　低碳个体行为转变

海德（F. Heider）的归因理论认为，人的行为主要受内部因素和外部因素的影响，内部因素包括行为者的兴趣、需要、爱好和信念等；外部因素包括社会情境、奖励和运气等。同时，理性行为理论（TRA）和计划行为理论（TPB）均将态度作为行为意向和实际行为的预测指标。也有学者提出，"低碳经济并不是让人们过得不舒服，而是在强调一种'度'，即当个人生活达到某种适合的舒适度"[②]。

我国学者对于公众低碳行为的研究起步较晚，但其在低碳发展理念提出和倡导之后得到迅速发展。如运用扎根理论对居民低碳消费行为进行了心理归因；通过问卷调查不同城市居民的低碳行为；探索居民低碳行为的影响因素等。[③]

针对大学生群体。熊美等在北京 10 所高校发放了 750 份调查问卷（654 份有效）开展相关研究，结果显示：大学生低碳生活行为差异较大，并且只在很小的范围内实现；大学生说服行为的能动性较低，具体来说，大学生的说服行为还停留在积极地去鼓励周围的人进行有益的低碳行为上，还不能劝说和阻止周围人的高碳行为；同时，大学生也缺乏主动呼吁低碳的积极性。低碳公民行为的得分很低，大学生低碳参与的热情不高，在遇到环境问题时没有勇气去解决，同时也不能很好地利用相关行政部门或者媒体反映和解决低碳问题。[④] 这也从侧面反映出，我国现阶段的低碳教育程度还处于低水平。学校和有关组织亟须加强对低碳教育和低碳知识技能的宣传和普及，让大学生群体更全面地了

---

① 杨冉冉等：《低碳经济背景下企业管理变革的思考》，《科技管理研究》2015 年第 7 期。
② 张林等：《大学生低碳理念与低碳行为的研究——基于武汉高校的调查问卷分析》，《经济研究导刊》2012 年第 18 期。
③ 赵黎明等：《旅游情境下公众低碳旅游行为影响因素研究——以三亚游客为例》，《资源科学》2015 年第 1 期。
④ 熊美等：《大学生低碳意识及行为的调查与分析》，《中国人口·资源与环境》2014 年第 1 期。

解平时生活中的低碳行为方式。

  针对普通民众。人们的低碳消费态度和意愿，主要受商品价值和条件价值的影响，物美价廉是人们选择低碳产品的驱动力之一；而条件价值对低碳消费态度和意愿的影响最大。这也表明，低碳产品的推广，仅靠民众的责任意识是不够的，企业和政府需要加强互动，增强低碳产品市场竞争力，加大市场推广力度。而社会价值、认知价值和社会影响没有对普通民众的低碳消费态度和意愿产生显著影响。[①] 也由此可见，低碳消费行为的转变还需要一定过程，我国在这条低碳的发展道路上依然任重而道远。

  本章从国际和国内低碳总体规划、市场—政府协同制度选择、创新—技术变革—金融投资，以及教育—管理—个体行为转变等方面，对经济新常态下具有中国特色的减缓气候变化的一般路径和优化制度进行了讨论与探索。气候变化是全球面临的重大挑战，有效应对气候变化需要全球范围内共同行动，自1988年政府间气候变化专门委员会（IPCC）的建立以来，其对缓解气候变化行动实施、政策选择及了解气候变化科学知识提供了有效的指导。IPCC报告明确指出，大气中CO_2增加是人类造成气候变化的主要原因，因此减排措施的有效实施是必需且迫切的。为积极应对气候变化，近年来中国政府已出台多份文件强调有效控制温室气体排放，同时加大力度建设、发展中国碳交易市场，并从加大资金扶持、提升公共服务、加强政策创新等方面推动国内低碳经济的转型与增长。在宏观层面，注重市场与政府之间、各区域之间协同发展，强调低碳技术的引进及创新；而在微观层面，比较并分析了中国低碳教育、低碳管理、个体低碳行为方面的发展现状及改进方向。为实现所设定的2020年及2030年减排目标，进而为实现《巴黎协定》目标做出贡献，中国需要正确对待经济增长与节能减排的矛盾，着眼于低耗能、低排放、低污染的高新技术创新及投入，协调好政府引导和市场调节的关系，同时立足国情，积极推进自身法律、法规及相关扶持、管理政策的建设与完善。

延伸阅读

  1. 付允、马永欢、刘怡君、牛文元：《低碳经济的发展模式研究》，《中

---

 ① 杨贤传等：《消费价值与社会情境对城市居民低碳消费意愿的影响研究》，《技术经济与管理研究》2018年第8期。

国人口·资源与环境》2008 年第 3 期。

2. 吴昌华：《低碳创新的技术发展路线图》，《中国科学院院刊》2010 年第 2 期。

3. Taylor, Margaret R., "Innovation under Cap-and-trade Programs", *Proceedings of the National Academy of Sciences*, Vol. 109, No. 13, 2012.

练习题

1. 简述政府间气候变化专门委员会（IPCC）工作内容及其贡献。
2. 请简要评价碳定价这一政策工具。
3. 简单描述中国碳交易市场发展进程及情况。
4. 为推进并实现低碳转型发展，政府应当从哪些方面加以引导、支持？
5. 请阐述低碳技术的含义、类型及特点。
6. 请简要阐述低碳教育的含义、理念和方法。

第七章

能源供应部门低碳发展与减排行动

《巴黎协定》历史性地提出：通过各国自主减排机制将全球温升控制在较工业革命以前2℃以内的目标，并向1.5℃的更严格目标迈进。为此，大气中温室气体的浓度必须控制在450ppm（ppm代表百万分之一）以内，全球排放必须尽快达峰并于21世纪后半叶实现"碳中和"。能源供应部门的低碳发展与减排对全球减排目标的实现至关重要，这就要求大规模开发和使用低碳能源技术，如能源供应部门的能效提升和成本日益降低的可再生能源技术。前者通过提高能源利用效率直接促进部门低碳发展，后者通过优化能源结构减少碳排放。然而，在能源供应部门，煤炭、石油和天然气等化石燃料在未来相当长一段时间内仍将占据重要地位，尤其是在发展中国家，政府还将面临经济发展、能源安全和电气化目标的多重难题。随着新一轮全球气候问题大讨论的展开，"碳捕集与封存"（Carbon Capture and Storage，CCS）技术成为新能源技术讨论中的一个热点话题，被认为是实现《巴黎协定》2℃温升控制目标，并向1.5℃目标迈进的关键碳减排技术。

本章梳理传统化石能源部门、可再生能源部门和CCS技术的低碳技术特点、发展现状，明晰未来低碳发展路线。

第一节 能源供应部门的碳排放现状

能源供应部门包括所有能源提取、转换、存储、运输和分配等过程，即将最终能源提供给终端使用行业（工业、运输、建筑业、农业和林业）的各个过程。能源供应部门是全球温室气体（GHG）排放的最大贡献来源。从增长速率看，全球能源供应行业每年 GHG 排放增长速率从 1990—2000 年的 1.7%/年增长到 2000—2010 年的 3.1%/年。从绝对增长量及占比看，在 2000—2010 年期间，人为 GHG 年排放量增加了 10 吉吨 CO_2 当量，而这一增加量直接来自于能源供应（47%）、工业（30%）、交通运输（11%）和建筑（3%）等行业。造成这一趋势的主要促因是对能源服务的需求不断增加以及全球燃料结构中煤炭份额的不断增长。

IPCC 第五次评估报告（AR5）统计表明，2010 年全球 GHG 排放量为 49（±4.5）吉吨 CO_2 当量，其中能源供给行业排放了 35%（17 吉吨 CO_2 当量），农林和其他土地利用（AFOLU）排放了 24%（12 吉吨 CO_2 当量，净排放量），工业排放了 21%（10 吉吨 CO_2 当量），交通运输行业排放了 14%（7.0 吉吨 CO_2 当量），而建筑业排放了 6.40%（3.2 吉吨 CO_2 当量）。

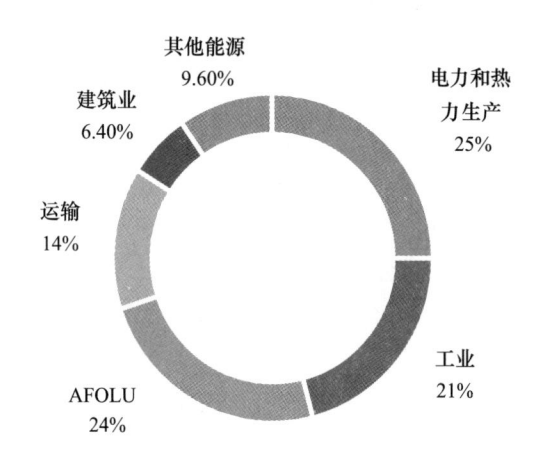

图 7-1　按经济行业划分的人为 GHG 排放总量（吉吨 CO_2 当量/年）

资料来源：根据 IPCC 第五次评估报告（AR5）数据绘制。

我国农业和林业、电力和热力、工业、交通、建筑、批发零售行业能源消费水平居高不下，其中，工业、电力和热力行业是 CO_2 排放量的主要贡献来源。从增长速度来看，2007—2016 年中国各部门 CO_2 排放量整体呈现出先快速增长后趋缓的特征。工业、电力和热力行业 CO_2 排放量放缓是近几年我国各部门 CO_2 排放总量趋缓的主要原因。从 2007 年到 2016 年，CO_2 排放量增长了约42.7亿吨（增长率约60%），这一增长量主要来源于工业（65%）、电力和热力（17%）以及交通（15%）行业。在2016年，我国各行业CO_2排放总量约117.4亿吨，其中，工业排放了70.2亿吨，占比约60%；电力和热力行业贡献了33.2亿吨的CO_2，占比约28%（见图7-2）。

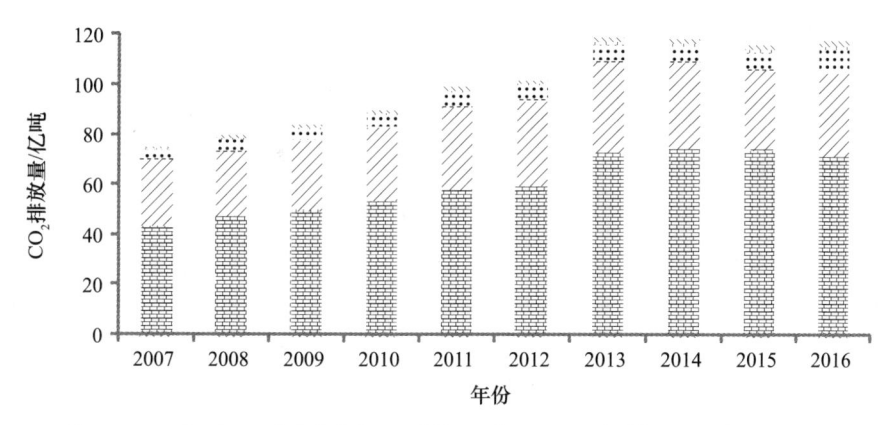

图7-2　2007—2016年我国各部门CO_2排放总量变化

资料来源：历年《中国统计年鉴》。

第二节　能源供应部门的减排潜力与路径

在AR5第三工作组评估报告的基准情景中，能源供应行业的直接CO_2排放将从2010年的14.4吉吨CO_2/年增长至2050年的24吉—33吉吨CO_2/年（第25—75百分位；整个区间为15吉—42吉吨CO_2/年），将继续成为GHG排放量的主要来源（见图7-3）。对能源供应系统而言，达到450ppmCO_2当量的大气温室气体浓度情景要求能效提高更快，到2050年可再生能源、核能，以及使用二氧化碳捕集和存储（CCS）的化石能源或使用CCS的生物能源（BECCS）所供给的零碳或低碳能源占比翻两番或接近三番（见图7-4）。

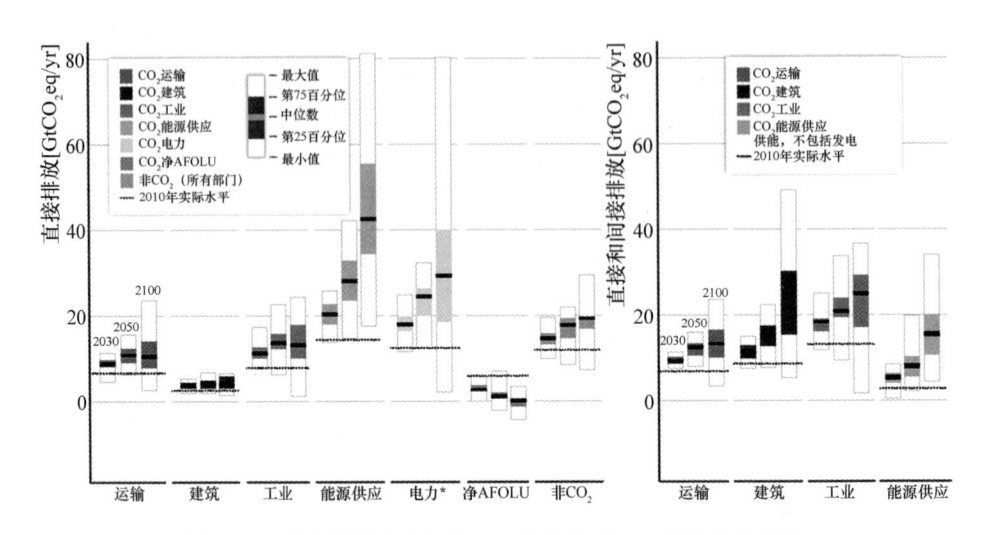

图 7-3　基准情景中各部门 CO_2 和其他非 CO_2 温室气体排放

资料来源：IPCC 第五次评估报告（2014）。

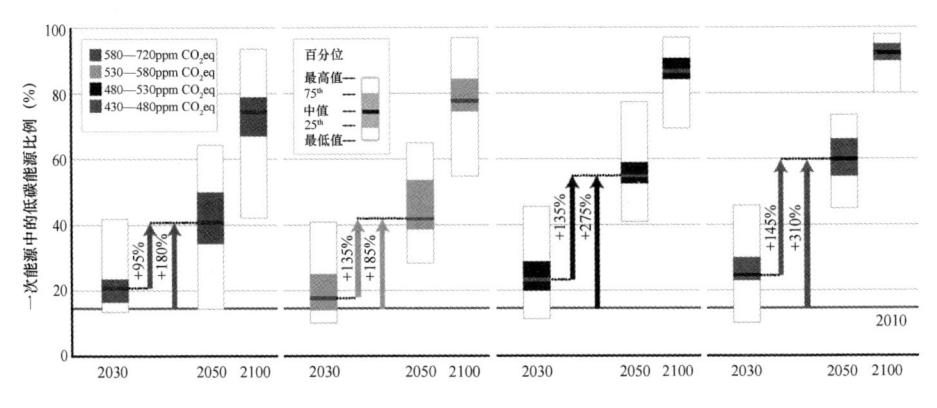

图 7-4　减缓情景中 2030 年、2050 年和 2100 年（相对于 2010 年水平）低碳能源规模扩大需求（占一次能源的百分比）

资料来源：IPCC 第五次评估报告（2014）。

在各类温室气体减缓情景中，能源供应部门中低碳能源规模扩大路径为：在 480ppm—530ppmCO_2 当量的情景中，一次能源中低碳能源的占比相比 2010 年到 2030 年涨幅为 40% 左右，2030 年到 2050 年涨幅约为 135%，2050 年至 2100 年涨幅约 55%。在 430ppm—480ppmCO_2 当量的情景中，21 世纪上半叶对低碳能源需求更高，相比2010年一次能源中低碳能源占比涨幅约84%，由2030年至2050年涨幅约为145%，由2050年至2100年的涨幅约为60%。

一 常规化石能源清洁低碳转型

（一）煤炭行业

专栏7-1 煤化工清洁利用技术

煤化工产业根据生产工艺与产品不同主要分为煤焦化、煤电石乙炔、煤气化和煤液化四条主要生产链。目前，煤化工产业正逐步从传统煤化工产业向以石油替代产品为主的现代煤化工产业转变。煤化工产业的发展对于缓解全球石油、天然气等优质能源供求矛盾，促进钢铁、化工、轻工和农业的低碳发展，发挥重要作用。下面对十种重要煤化工技术进展进行简要介绍：

①煤焦化：日本的型焦工艺、德国的巨型炼焦反应器、美国的无回收焦炉以及中国研究开发了许多扩大弱黏结性甚至无黏结性煤配入比例的炼焦新工艺加快了工业化进程；

②煤制乙炔：通过煤等离子热解由粉煤直接生产乙炔产品，从根本上解决"三废"污染问题，更重要的是其单位电耗与电石法相当，甚至低30%—40%；

③煤制合成氨：技术已经醇熟，低能耗装置吨氨能耗已经降至理论能耗数值附近；

④煤气化：煤炭地下气化技术安全性好、投资少、效率高、污染少等优点，被誉为第二代采煤方法；

⑤煤制甲醇：由合成气生产甲醇的工艺，技术基本成熟，正向大型化和高效率等方向发展。目前，液相甲醇合成工艺具有技术和经济上的双重优势，在不久的将来会与气相合成工艺在工业上竞争；

⑥煤制二甲醚：采用合成气直接合成二甲醚的一步法目前成为研究重点；

⑦煤制烯烃：主要包含煤－甲醇－烯烃（MTO/MTP）、煤－二甲醚－烯烃（DTO）以及这两种工艺路线的组合路线煤－甲醇/二甲醚－烯烃（DMTO）三种等；

⑧煤制天然气：技术分为直接法和间接法两种。直接法的代表技术为美国的"蓝光技术"；间接法是先煤气化，再甲烷化，是工业上煤制天然气的主要方法；

⑨煤制氢：分为包括煤的焦化制氢以及煤气化制氢的直接制氢和煤经由甲醇重整制氢的间接制氢两种。国外煤制氢技术主要以煤气化制氢为主，而我国煤气化制氢还较为落后，但是由于焦炭产量大使得焦炉气制氢更有前景；

⑩煤液化：分为煤气化后的间接液化以及煤直接液化两种工艺路线。煤间接液化是基于煤气化工艺合成液态烃类产品。

全球煤炭消费相比过去25年快速增长，在2010年之后增速放缓，中国和经合组织（OECD）消费下降基本抵消了印度和其他新兴亚洲国家需求的增加。尽管煤炭需求平缓，但煤炭仍然是全球燃料供应的主要组成部分，全世界使用的所有能源中占27%，占发电总量的38%（见图7-5）。尤其是在亚洲地区，煤炭仍是主导能源，在钢铁等行业发挥着至关重要的作用，在新增发电量中占主导部分。印度将是煤炭需求增长的最大市场，在全球煤炭需求占比由2016年的10%左右上升至2040年的25%左右（见图7-6）。

进入2010年代，中国成为世界上最大的能源消费国，也是全球能源需求增长的主要来源。煤炭是我国主体能源和重要工业原料，为中国快速工业化提供绝大部分能源，支撑了我国经济社会快速发展，还将长期发挥重要作用。实现煤炭转型发展是我国能源转型发展的立足点和首要任务。2013年发布的《能源发展"十二五"规划》和《煤炭产业政策》明确规定重点开发中西部煤炭净调出省区中水资源相对丰富、配套基础条件好的地区，并且"十二五"时期，新开工煤制天然气、煤炭间接液化、煤制烯烃项目能源转化效率预期要达到56%、42%和40%以上。

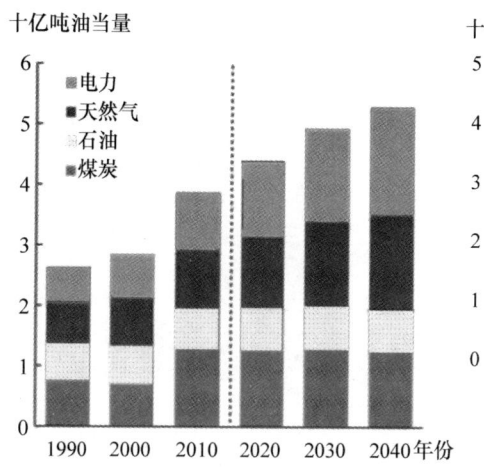

图 7-5　不同种类能源消费构成

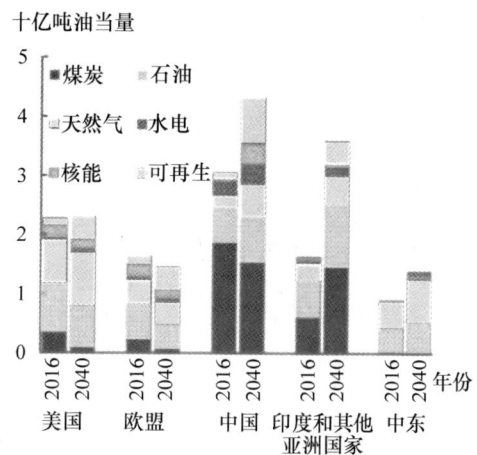

图 7-6　不同地区对不同种类一次能源需求

资料来源：BP 世界能源展望（2018）。

与过去 20 年形成鲜明对比的是，中国的能源结构正在发生显著变化，煤炭消费有所下降，向清洁、低碳能源转变（见图 7-7）。预计到 2040 年中国煤炭消费需求有所下降，占全球煤炭需求的 40%。二氧化碳排放在 2010 年至 2040 年之间呈现先增长后下降的趋势，在 2025 年出现峰值，其中煤炭的排放贡献在 2010 年至 2020 年基本稳定，2020 年至 2040 年出现明显降幅（见图 7-8）。

中国现代煤化工产业发展需要满足规模、技术和节能减排三方面目标。根据 2016 年 4 月发布的《现代煤化工"十三五"发展指南》，预计到 2020 年，将形成煤制油产能 1200 万吨/年，煤制天然气产能 200 亿立方米/年，煤制烯烃产能 1600 万吨/年，煤制芳烃产能 100 万吨/年，煤制乙二醇产能 600 万—800 万吨/年；突破 10 项重大关键共性技术，完成 5—8 项重大技术成果的产业化，项目设备国产化率不低于 85%；在 2015 年基础上，到 2020 年实现单位工业增加值水耗降低 10%，能效提高 5%，碳排放降低 5%。中国煤化工产业的未来发展将定位于中西部水资源有保障、生态环境可承受的地区，积极推进煤炭深加工产业升级示范，通过产业结构调整、技术进步等手段进一步促进行业低碳发展。

图 7-7　一次能源需求增长及能源种类占比

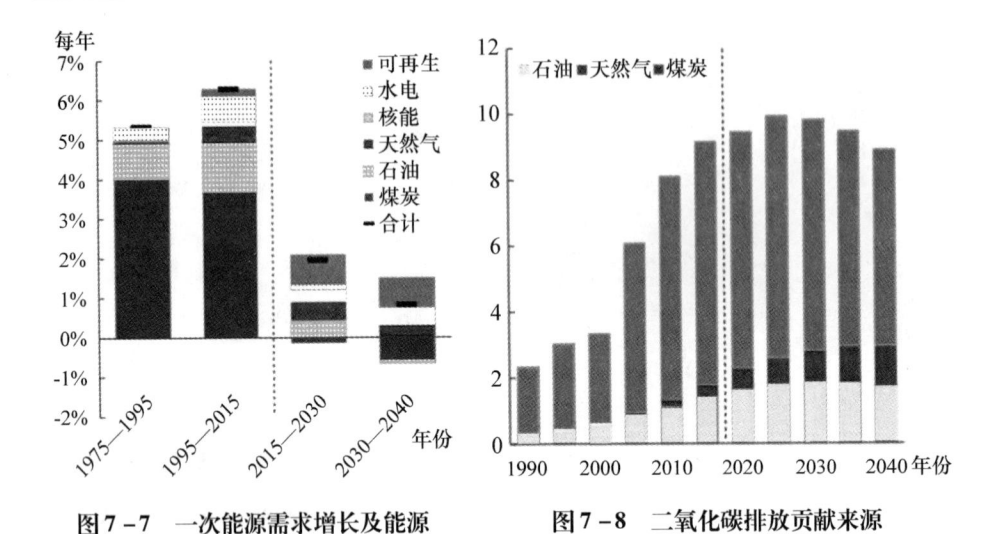

图 7-8　二氧化碳排放贡献来源

资料来源：BP 世界能源展望（2018）。

（二）天然气的减排潜力和路径

天然气具有高热值、低含碳量的特点。与煤炭和石油相比，天然气是较为清洁、优质的能源，相同能耗排放污染物量比煤炭、石油要低很多。从高碳、高污染的化石能源转向绿色、低碳的清洁能源是一个长期过程，促进天然气的开发利用是填补转型过渡时期能源解决方案的现实选择，可以在为可再生能源发展创造更多时间与空间的同时尽可能地支撑经济、社会与环境的可持续发展。[①]

如果有天然气而且与天然气提取和供应相关的逸出排放很低或可以减缓，则以现代的高效天然气联合循环电厂或热电联产（CHP）电厂取代目前世界平均水平的燃煤电厂可以显著减少能源供应产生的 GHG 排放。在到 2100 年达到约 450ppmCO_2 当量浓度的减缓情景中，未采用 CCS 技术的天然气发电通常是作为过渡技术，会在达到峰值前加大使用并到 2050 年回落至低于当前水平，而在 21 世纪下半叶进一步降低。

---

① IEA, "World Energy Outlook 2011 Special Report: Are We Entering a Golden Age of Gas?", Paris, France: IEA, 2011.

> **专栏 7-2　中国天然气发展现状**
>
> 　　截至 2016 年底，全国累计探明常规天然气（含致密气）地质储量 11.7 万亿立方米，累计产量 1.4 万亿立方米，资源探明率 13.0%，探明储量采出程度 12.4%，剩余可采储量 5.2 万亿立方米；累计探明煤层气地质储量 6928.3 亿立方米，累计产量 241.1 亿立方米，资源探明率 2.3%，探明储量采出程度 3.5%，剩余可采储量 3344.0 亿立方米；累计探明页岩气地质储量 5441.3 亿立方米，累计产量 136.2 亿立方米，资源探明率 0.4%，探明储量采出程度 2.5%，剩余可采储量 1224.1 亿立方米。中国天然气资源探明率和探明储量采收率均较低，通过科技创新、技术进步可释放较大的资源潜力。
>
> 　　中国天然气供应能力进一步增强。2016 年，国内天然气产量约为 1369 亿立方米，同比增长 1.7%。其中页岩气产量 79 亿立方米，同比增长 72%；煤层气地面抽采量约 45 亿立方米，较 2015 年略有增长。川渝、鄂尔多斯、塔里木和海域四大气区产量总和为 1115.9 亿立方米，占全国总产量的 83.2%。2000—2017 年，中国天然气产量增长迅速，从 2000 年的 274 亿立方米增长到 2017 年的 1492 亿立方米，占全球天然气生产总量的 4.1%。
>
> 　　资料来源：国家能源局石油天然气司、国务院发展研究中心资源与环境政策研究所、国土资源部油气资源战略研究中心：《中国天然气发展报告（2017）》，石油工业出版社 2017 年版。

　　目前，我国人均天然气消费量和天然气占一次能源的比重均为全球平均水平的 1/4，但从当前治理环境紧迫性和实现中国政府向国际社会做出的碳减排承诺来看，未来较高的天然气消费发展目标非常适宜，到 2020 年和 2030 年将分别达到 4000 亿立方米以上和 6000 亿立方米以上。

（三）电力部门

　　发电脱碳，即降低发电的碳强度，是成本效益型减缓战略中实现 0.45‰ CO_2 当量的低浓度稳定情景的关键部分，与工业、建筑业和交通行业相比，发电行业的低碳化要更迅速。低碳电力供给,包括可再生能源(RE)、核能和 CCS 的份额将从 2030 年的 30% 增至 2050 年的 80% 以上,2100 年不采用 CCS 的化石燃料电力生产将几乎完全被淘汰。

专栏 7-3　中国电力部门发展现状

2016 年底,中国发电装机容量达 16.5 亿千瓦,其中煤电装机容量 9.4 亿千瓦,占发电装机总量的 57.3%;发电量达 6.0 万亿千瓦时,其中燃煤发电量约为 3.9 万亿千瓦时,占总发电量的 65.5%,以煤为主体的能源结构和电源结构仍将持续较长时间。因此,提高煤电发电效率,减少碳排放强度;控制煤电带来的大气污染、水污染,减少烟尘、二氧化硫、氮氧化物及废水的排放;推进清洁生产,提高固体废弃物综合利用率的措施和成效,是中国实现煤电清洁高效发展的重点。

气电在环保和效能方面大大优于煤炭,也可以为风电、光伏发电等可再生能源调峰。截至 2016 年底,我国燃气发电装机容量 7011 万千瓦,仅占全国发电装机总量的 4%,远低于燃煤发电 57% 的装机比重,也远低于美国(43%)、英国(36%)、日本(28%)、韩国(21%)等主要国家天然气发电装机水平。促进气电发展对我国节能减排目标的实现具有极大的潜在作用。

对于煤电行业来说,推进煤电清洁高效技术的发展已经成为当前和今后一段时期内最重要的目标和任务。经过数十年发展,中国的发电装备技术取得了长足的进展,从 1956 年第一台国产 6000 千瓦燃煤发电机组到 100 万千瓦超超临界机组的投产运行,实现了从低效到高效、从高污染物排放到(超)低污染物排放、从依靠进口到全面国产化的跨越式发展。"十一五"以来,30 万千瓦及以上火电机组比例由 1995 年的 27.8% 增长到 2016 年的 79.1%,提高了 53 个百分点(见图 7-9)。

中国的超超临界常规煤粉发电技术、空冷技术、循环流化床锅炉技术均已达到世界先进水平,本部分将重点介绍循环流化床技术和整体煤气化联合循环技术。

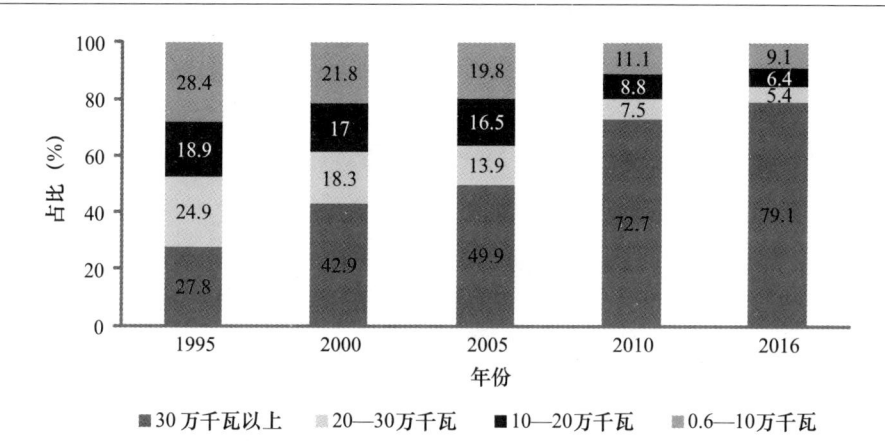

图 7-9　2016 年中国火电机组单机装机容量

1. 循环流化床技术减排潜力和路径

作为一种新型高效低污染的燃煤技术，循环流化床燃烧技术在环保和成本层面显示出很大的优势，因而也是中国近年来重点发展的高效清洁煤电技术之一。经初步统计，截至 2016 年底，中国境内投资 410 吨/小时以上等级循环流化床锅炉 390 多台，总装机容量超过 7300 万千瓦，自主知识产权的 35 万千瓦超临界循环流化床机组累计投运 12 台。经过近 20 年的消化吸收和自主研究，中国已经完成了从高压、超高压、亚临界到大型循环流化床发电技术方面的发展，随着各型自主开发循环流化床锅炉的投运，我国在大型循环流化床发电技术方面已经处于世界领先水平。虽然当前大型循环流化床锅炉的主力机型是 135 兆瓦和 300 兆瓦等级机组，但是超临界等级机组的占比已经接近 7%，600 兆瓦及 1000 兆瓦等级的超超临界循环流化床锅炉技术已经被列入《中国制造 2025》①，正在进行积极的技术研发工作，并有望在若干年后成为新的主力机型（见图 7-10）。

开展 50 兆—300 兆瓦节能、超低排放型循环流化床锅炉关键技术及装备研究是"十三五"时期的重点研究方向②。预计到 2020 年、2030 年和 2050 年循环流化床发电机组装机容量将分别达到 150 吉瓦、180 吉瓦和 280 吉瓦，发电量分别达到 750 万亿千瓦/年、1000 万亿千瓦/年和 1400 万亿千瓦/年（见图 7-11）。

---

① 《中国制造 2025》，人民出版社 2015 年版。
② 中华人民共和国科学技术部：《洁净煤技术科技发展"十二五"专项规划》（国科发计〔2012〕196 号），2012 年 3 月 27 日。

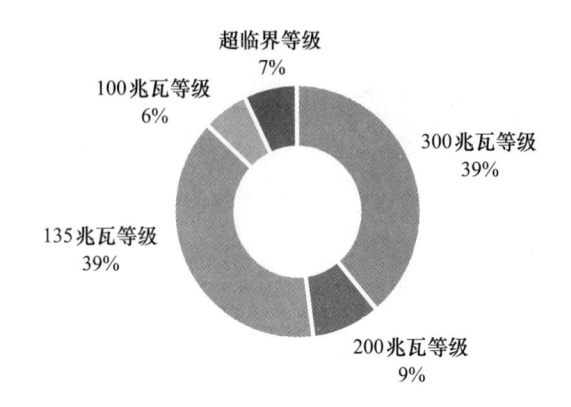

图 7-10 中国循环流化床发电机组容量分布

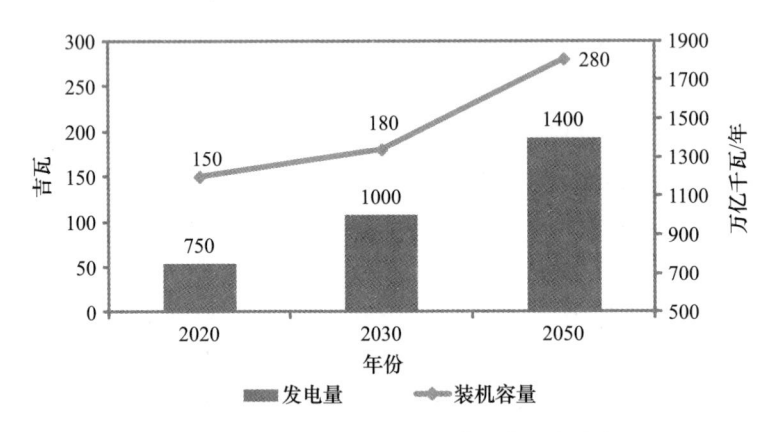

图 7-11 循环流化床技术的组装机容量和发电量

资料来源：中华人民共和国科学技术部：《洁净煤技术科技发展"十二五"专项规划》（国科发计〔2012〕196号），2012年3月27日。

2. 整体煤气化联合循环技术的减排潜力和路径

整体煤气化联合循环是从20世纪70年代初开始研发的一种洁净煤发电技术（Integrated Gasification Combined Cycle，IGCC）。所谓IGCC就是将煤炭转化成为清洁的合成煤气，继而在燃气—蒸汽联合循环发电设备中燃烧、膨胀做功和发电，以实现煤的高效和清洁利用，包括"煤的气化与净化设备"与"燃气—蒸汽联合循环装置"两大部分。

在污染物排放方面，IGCC系统的各种污染物排放量都远远低于国际上先进的环保标准，仅为常规燃煤电站的1/10：脱硫效率可达99%，SO_2排放浓度可控制在 25 毫克/立方米；可将 NOx 排放控制在约为 50 毫克/立方米；粉尘排放可以达到 10 毫克/立方米以下；并且污染控制成本较其他燃煤发电技术低。此外，IGCC 还有燃料适应性广的特点，限制开采的高硫煤也适用。IGCC 机组节水性能好，耗水量约为同容量常规燃煤机组的 1/3—1/2，对于环境保护具有重大意义。IGCC 还可以实现多联产、延伸产业链、发展循环经济的技术优势。对于 CO_2 捕集技术的实施，IGCC 的增量投资相对较小，是非常具有潜力的 CO_2 捕集技术。

中国 IGCC 及多联产发展起步较晚，在中国还处在商业化的前夕。预计 IGCC 装机容量在 2020 年前不会有太大变化，随着捕集二氧化碳的需求逐渐增加，2020 年、2030 年和 2050 年 IGCC 的装机容量将分别达到 1 吉瓦、35 吉瓦和 165 吉瓦，发电量分别达到 5 万亿千瓦/年、175 万亿千瓦/年和 825 万亿千瓦/年（见图 7-12）。

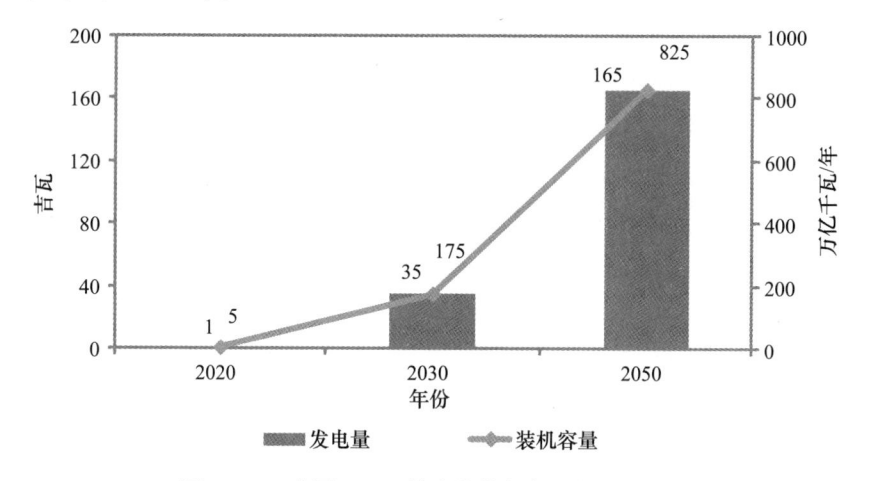

图 7-12 中国 IGCC 技术的装机容量和发电潜力

资料来源：中华人民共和国科学技术部：《洁净煤技术科技发展"十二五"专项规划》（国科发计〔2012〕196 号），2012 年 3 月 27 日。

二 可再生能源和新能源的减排潜力和路径

（一）可再生能源和新能源发展现状

自 IPCC 第四次评估报告以来，越来越多的可再生能源技术已经具备较大规模部署的技术成熟度。2012 年可再生能源占全球新增发电能力的份额刚刚超过一半，主要是风电、水电和太阳能发电引领的增长。可满足农村能源需求的分散型可再生能源也有所增加,包括各类传统生物质能源解决方案、小型水力发电、太阳能光伏和风能发电。如果要进一步提高可再生能源的市场份额,直接和间接的支持政策包括:上网电价、可再生能源配额、足够高的碳价等。

大力发展可再生能源和新能源,推动能源体系的清洁化和低碳化,以多元化能源结构保障能源供应安全也是中国能源生产革命的战略目标和根本途径。为确保实现 2030 年前后碳排放达峰的目标,在加快经济结构调整和增长方式转变、调控能源需求的同时,中国要促进能源消费结构低碳化,非化石能源比重 2020 年达 15%,2030 年达 20% 左右,2050 年达 1/3—1/2,2030 年以后新增能源消费需求由可再生能源和新能源满足,逐步建立以可再生能源和新能源为主体的可持续能源体系。①

中国积极推进太阳能的多元化利用,太阳能光伏发电技术进步加快。2006—2016 年中国太阳能光伏装机容量和发电量年平均增长率分别达到 99% 和 91.1%。到 2017 年底,我国太阳能光伏发电累计装机容量达到 13100 万千瓦,同比增长 67.9%;新增装机创历史新高达到 5300 万千瓦,占世界光伏发电总装机容量的 32.8%;光伏发电量 1082 亿千瓦时,占世界光伏发电总量的 24.4%。我国已发展成为世界上最大的光伏组件制造国家。

自 2009 年中国成为全球风电新增市场最大的国家后,一直保持全球最大新增风电市场的地位,风电新增装机容量连续多年快速增长。2006 年至 2016 年平均增长率达到 50%。到 2017 年底,中国累计并网装机容量 16406 万千瓦,发电量 2861 亿千瓦时。风电已超过核电成为我国第三大电源。

水电是技术成熟和具有经济性的可再生能源之一。"十一五"和"十二五"时期,我国水电保持了稳定快速发展,2006—2016 年,水力发电量年均增长率为 10.2%。截至 2017 年底,我国水电发电量达 11558 亿千瓦时,占全球水电总发电量的 28.5%;发电量相比 2000 年都增长了五倍。

(二) 中国低碳能源发展潜力和路径

表 7-1　　　　　　　中国低碳能源发展潜力(单位:亿千瓦)

装机容量	2020 年	2030 年	2050 年
太阳能发电	1.7 [1.6—2.1][2]	5 [10.5—11][2]	5—10[1] [27[2]]

---

① 何建坤:《中国能源革命与低碳发展的战略选择》,《武汉大学学报》2015 年第 1 期。

续表

装机容量	2020 年	2030 年	2050 年
风力发电	2[3]［3.2—3.5[4]］	4[3]［10—11[4]］	3—8[1]；10[3]［24[4]］
水力发电	3.8[5]	4.5[5]	5.1[1]

注：[ ] 内数据为高比例情景下的数据。

资料来源：《中国能源中长期发展战略研究：可再生能源卷》（中国能源中长期发展战略研究项目组，2011）；《中国2050高比例可再生能源发展情景暨路径研究摘要报告》（国家发改委能源研究所和能源基金会，2015）；《中国风电发展路线图2050》（国家发改委能源研究所，2011）；《中国可再生能源展望2016》（王仲颖等，2017）；《中国能源展望2030》（中国能源研究会，2016）。

中国低碳能源发展迅速。在太阳能资源优良、无其他经济利用价值土地面积大的地区建设大型光伏电站和建设以"自发自用"为主要方式的分布式光伏发电都是未来太阳能发电的主要趋势。中国太阳能发电将保持稳定增长，到2020年，太阳能发电装机达到1.7亿千瓦，占全部发电装机的9%，发电量达到2339亿千瓦时，占全部发电量的3%；到2030年，太阳能发电总装机达到5亿千瓦，占全部发电装机的20%，发电量达到6496亿千瓦时，占全部发电量的7%；2050年太阳能光伏装机容量可以达到5亿—10亿千瓦，甚至更高的水平。在高比例情景下，依靠自身资源潜力，最大限度地开发利用太阳能发电，2020年和2030年我国太阳能发电装机将分别达到1.6亿—2.1亿千瓦和10.5亿—11亿千瓦，2050年太阳能发电装机约为27亿千瓦。未来太阳能发电也是实现高比例可再生能源情景的支柱性技术。

风电将成为实现中国高比例可再生能源情景的支柱性技术之一。《中国风电发展路线图2050》指出，中国风电装机容量分别于2020年、2030年和2050年达到2亿千瓦、4亿千瓦和10亿千瓦，到2050年满足17%的电力需求，成为我国的五大电源之一。中国工程院给出了风电的积极推进方案、中间发展方案和常规发展方案，2050年风电装机容量在3亿—8亿千瓦。在高比例可再生能源情景中，风电发展目标在2020年达到3.2亿—3.5亿千瓦，年发电量达到7530亿—8250亿千瓦时，并于2030年和2050年分别增长到10亿—11亿千瓦和24亿千瓦，年发电量分别增长至22197亿—25950亿千瓦时和53500亿千瓦时。

水电在节能减排中发挥着越来越重要的作用。到2020年我国水电总装机容量将达到 3.8 亿千瓦,发电量将达到 1.3 万亿千瓦时。2020 年以后,水电装机容量年均可新增 800 万—1000 万千瓦,2030 年总规模达到 4.5 亿千瓦,发电量约为 1.45 万亿千瓦时。2050 年水电总装机容量可达 5.1 亿千瓦,年发电量 1.785 万亿千瓦时。

三 CCS 技术应用与减排潜力

(一) 全球 CCS 技术发展潜力

1. CCS 技术对全球减缓目标的意义

《巴黎协定》提供了 2020 年后世界减缓气候变化行动方案,但是国家自主贡献(NDCs)对实现 2℃ 温控目标是不够的,更难以满足实现 1.5℃ 的温控目标了。IPCC 第五次评估报告指出,如果没有 CCS 技术,气候变化减缓目标难以实现,并且减缓气候变化的成本将会达到两倍以上。[①] 如果要实现 2℃ 的温控目标,到 2040 年全世界需要每年捕集和封存约 40 亿吨二氧化碳。[②] 全球 CCS 研究所的数据表明,2016 年运行或者建设中的 CCS 项目碳捕集能力仅为 4 千万吨/年,远不能满足减缓目标的需求。[③]

专栏 7-4　CCS 概念与内涵

二氧化碳捕集与封存(Carbon Capture and Storage,CCS)技术是指将来自大型碳排放源排放的二氧化碳捕集、分离、压缩,通过管道或其他方式输送,最终封存于深部地层,从而长期与大气隔绝的系统技术工程,它包括二氧化碳捕集、运输和封存三个阶段。

CCS 技术作为现有接近成熟的技术中,是最有可能实现化石燃料使用 CO_2 近零排放的技术之一,其意义在于既可实现煤炭等化石能源的大规模

[①] IPCC, 2014. Climate Change 2014: Synthesis Report Summary for Policymakers. Contribution of Working Groups Ⅰ, Ⅱ and Ⅲ to the Fifth Assessment Report of the Intergovernmental Panel on Climate Change. IPCC. Geneva. Switzerland.

[②] IEA, Energy Technology Perspectives 2016: Towards Sustainable Urban Energy Systems. Paris. OECD/IEA, 2016.

[③] Global CCS Institute, 2016. The Global Status of CCS: 2016. Summary Report, Australia.

低碳利用，又能在降低总减排成本的前提下，满足碳排放标准，实现减排义务。

（1）捕集：二氧化碳捕集是从化石燃料燃烧和其他工业过程产生的废气中分离、捕集出二氧化碳。（2）运输：二氧化碳捕集、压缩后，被运输到合适的地点进行地质封存。目前，主要运输方法是管线和公路/铁路槽车，运输方式的选择主要取决于运输距离和运输量，并以 CO_2 管道输送实施流程为依据。（3）封存：二氧化碳封存技术是指把注入到地下咸水层或枯竭油（气）储层的 CO_2（封存深度一般在800米以下，以保证温压条件使 CO_2 处于高密度的液态或超临界状态），通过部分置换现场流体来挤占并充满岩石中的孔隙，其上部盖层可确保 CO_2 长期滞留在储层中，并随着时间发生化学反应生成碳酸盐矿物质，从而实现永久封存。地质封存的总体潜力直接决定了CCS可能实现的 CO_2 减排量。根据2005年IPCC特别报告《二氧化碳捕集与封存》测算，全球二氧化碳总体封存量达数万至十万亿吨量级（见表1）。

表1　　　　　　　　　全球二氧化碳封存容量评估

封存类型	下限（吉吨 CO_2）	上限（吉吨 CO_2）
油气田	675	900
深部不开采煤层	3—15	200
深部咸水层	1000	不确定，可能10000

资料来源：IPCC, Special Report on Carbon Dioxide Capture and Storage, 2005.

在电力生产部门，煤炭和天然气等化石燃料在未来相当长一段时间内仍将占据重要地位，尤其是在发展中国家，政府还将面临经济发展、能源安全和电气化目标的多重难题，而CCS技术将为这些地区的火电厂减排提供有效解决方案，对已有电力设施的低碳改造具有重要意义。在工业部门，虽然一些工业过程可通过提高能源利用率和采用低碳热电生产在一定程度上降低排放，但对于钢铁和水泥生产中涉及的化学反应过程而言，CCS技术却是重要的减排选择。CCS技术在天然气处理领域的减排也具有独特优势，其减排效用是其他低碳技术无法实现的。此外，能源效率的提高将有助于减少电厂 CCS 技术应用过程中因捕集和封存而带来的额外能耗。

2. CCS 技术的发展现状

CCS 技术可以减少化石燃料电厂生命周期内的 GHG 放量，但尚未大规模用于运行中的化石燃料电厂。通过财政支持或者足够高的碳价等激励手段增强 CCS 技术竞争力，CCS 电厂可在市场上占有一席之地。生物能结合 CCS 技术（BECCS）可为大规模净负排放的能源供应带来前景，可以在许多低浓度稳定情景中发挥重要作用。

随着各个技术环节趋于成熟和气候变化减排压力加大，近十年大规模、全流程 CCS 项目开始确立与运行，并在近三四年呈现相对稳定的上升趋势。截至 2017 年，世界大型 CCS 全流程项目（包括捕集、运输与封存环节）共有 38 个（见图 7 - 13），18 个处于运行状态的全流程项目分别分布在美国、加拿大、挪威、中国、巴西、沙特阿拉伯、阿联酋，均与发电、石油、天然气、钢铁生产、肥料生产、乙醇制备领域直接相关，其规模在百万吨以上，并已达到工业化生产能力。除了大规模 CCS 项目之外，试验和示范规模项目数量众多，有助于进一步加深对 CCS 技术的深入理解。

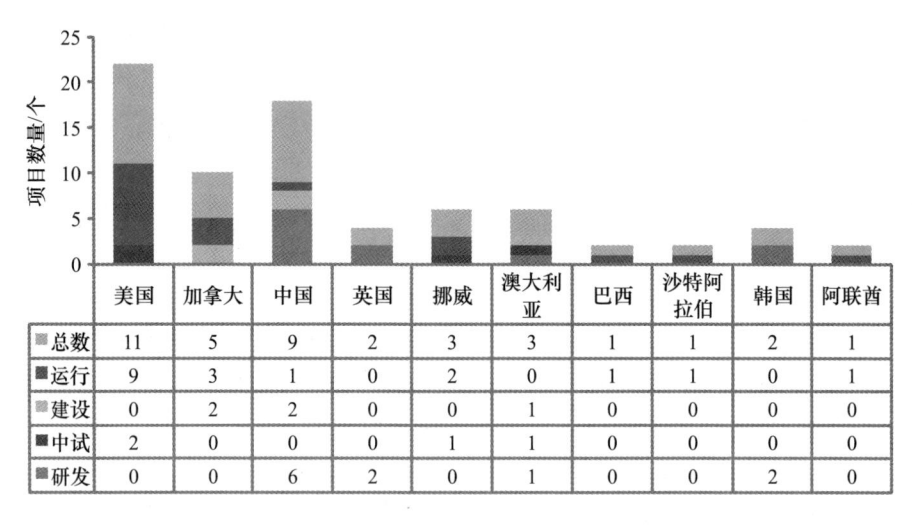

	美国	加拿大	中国	英国	挪威	澳大利亚	巴西	沙特阿拉伯	韩国	阿联酋
总数	11	5	9	2	3	3	1	1	2	1
运行	9	3	1	0	2	0	1	1	0	1
建设	0	2	2	0	0	1	0	0	0	0
中试	2	0	0	0	1	1	0	0	0	0
研发	0	0	6	2	0	1	0	0	2	0

图 7 - 13　世界主要国家 CCS 项目情况

资料来源：全球碳捕集与封存研究院（GCCSI，2016）。

第十个五年计划（2001—2005）以来，中国一直致力于碳捕集与封存技术研发和示范活动，主要集中在减排潜力评估、CO_2捕集技术、CO_2强化驱油和地质封存以及CO_2转化与利用技术等方面。中国CC（U）S产业各环节都已具备一定的研发基础，但总体还处于研发和示范的初期阶段。截至2017年，有6个主要集中在电力和煤化工领域的大规模的一体化碳捕集、利用与封存项目进入了规划阶段，CO_2捕集能力在100万—200万吨/年，主要封存类型是强化驱油、近海深海盐层封存。在此基础上，有3个大型的一体化中试项目已经进入运营或建设阶段，CO_2捕集能力在40万—60万吨/年，均用以强化驱油。

3. CCS项目减排潜力和路径

2010—2017年底，运行中的大规模项目的数量从不足10个增加到20多个，这些项目的二氧化碳的捕集能力达到4000万吨/年（见图7-14）。然而，CCS项目减排潜力的进一步发挥面临挑战，一些主要国家和地区紧缩了对大规模CCS项目的投资。如果没有支持大规模CCS发展的新举措，未来CCS项目发展的步伐会相当缓慢。

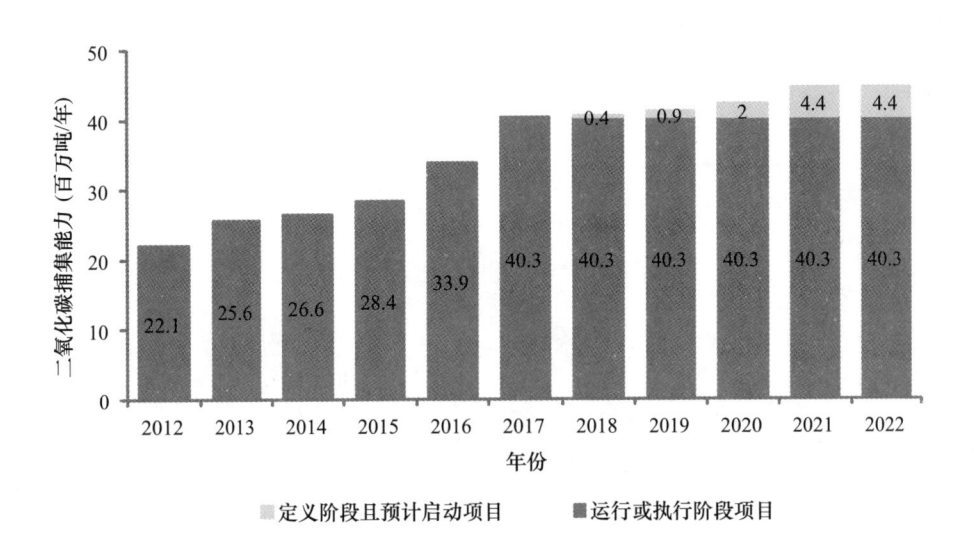

图7-14 2022年大规模CCS项目的二氧化碳捕集能力

资料来源：全球碳捕集与封存研究院（Global CCS Institute，2018）。

《巴黎协定》规定的气候目标需要加速CCS的发展和部署。现有的二氧化碳捕集能力远远不能满足2℃情景下所需要的CCS部署项目数量。只要化石燃料和碳密集型产业在经济中发挥主导作用，CCS将依然是一项重要的温室气体减排解决方案。

为实现2℃目标的减缓情景，国际能源署（IEA）分析了2020年、2030年和2050年CCS在全球发电和工业领域的应用目标和实施路径（见图7-15）。到2020年，二氧化碳捕集至少需要运用于不同部门的30个项目中。这就要求当前所有已经处于规划阶段的项目将按计划实施，更多的其他项目也将有突破性进展，二氧化碳封存量达5000万吨/年。到2030年，CCS将成为电力行业和工业部门的常规减排技术，在水泥生产、钢铁高炉、造纸业、二次生物燃料制备等领域都将有成功的示范项目经验，二氧化碳封存量上升至20亿吨/年。到2050年，CCS技术将成为世界范围内电力生产和工业所有部门的常见碳排放处理方式，超过70亿吨/年的二氧化碳被储存。

短期内CCS项目所贡献的全球二氧化碳捕集与封存量由经合组织成员国（OECD）主导。2030年之后，非经合组织国家，在技术不断成熟和减排压力驱动下，二氧化碳捕集与封存能力将快速提升，并逐步发挥其在全球减排中的主要作用。

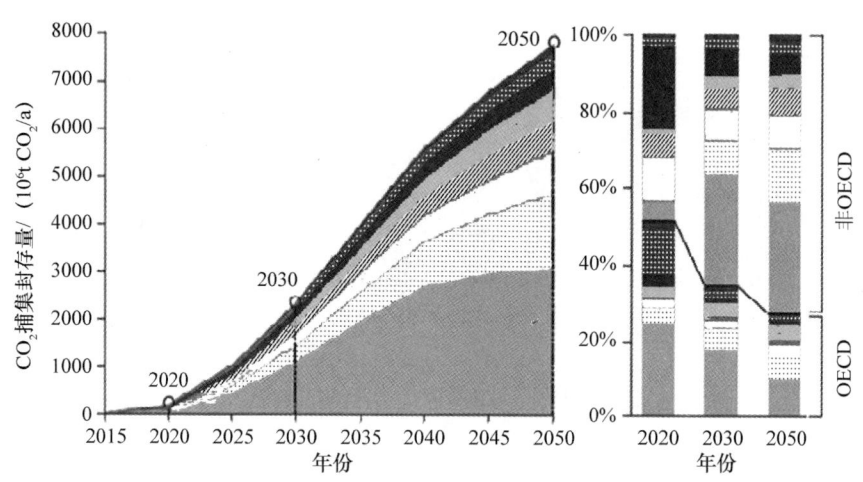

图7-15　IEA 2℃情景下CCS在全球发电和工业领域的应用情况

资料来源：国际能源署：《碳捕集与封存技术路线图》（IEA，2013）。

(二) 中国 CCS 技术减排潜力和路径

1. 中国 CCS 技术减排情景

中国低碳转型对全球减缓气候变化至关重要。考虑到煤炭对中国能源供应安全的支柱性作用,预计煤炭仍将在能源结构中长期占据较大份额。中国要想实现既定减排目标,从煤基工业生产和发电行业中减排 CO_2 就是关键,而 CCS 是目前唯一能够实现这种减排的技术手段。基于中国 CO_2 排量在 2030 年达到峰值的假设,通过经济模型来评估 CCS 在中国减缓气候变化战略中的角色[①],CCS 技术将发挥至关重要的减排作用。预计到 2030 年,CCS 技术每年将贡献大约 40 百万吨 CO_2 减排量,主要集中在煤化工领域。到 2040 年和 2050 年,电力领域的 CCS 技术将分别贡献高达每年 238 百万吨 CO_2 和 1428 百万吨 CO_2 的减排量。另外,估计 CCS 在煤化工领域的减排潜力将在 2040 年达到大约 200 百万吨 CO_2/年,在 2050 年达到大约 900 百万吨 CO_2/年。结合 CO_2 强化驱油,煤化工行业贡献的减排潜力甚至可能实现更低的减排情景。由此可见,CCS 是中国高效 CO_2 减排战略的关键技术途径之一。

2. 中国 CCS 项目减排潜力和路径

CCS 技术在中国经历了最初的研发和对技术的探索,到试点项目中按各种规模开展技术示范。中国已经通过集成各种成熟和开发中的技术,开展了各种 CC(U)S 中试项目,积累了丰富的知识和技术经验,有助于推进 CCS 的技术示范和应用。从 2012 年起,国家发改委气候变化司与亚行紧密合作实施了《中国碳捕集与封存 (CCS) 实施和部署路线图》项目。该路线图研究提出了"十三五"规划期间和 2020 年以后在中国分阶段实施碳捕集与封存的具体行动方案。

2015—2020 年,在煤化工领域筛选并实施 5—10 个大型 CCUS 项目。同时考虑到燃煤发电厂具有最大的技术应用潜力,筛选并实施 1—3 个大规模示范项目以克服技术障碍等问题;第一代燃煤电厂碳捕集技术成本大幅下降;在内蒙古、宁夏、陕西、新疆等地区规划的燃煤发电厂 CCS 项目,同时建设捕集预留电厂。实现累计封存 10—20 百万吨 CO_2 目标。

---

① 模型及其相关说明,参见 2015 年亚洲开发银行出版的《中国碳捕集与封存示范和推广路线图研究》。

2021—2030 年（中期），第二代燃煤电厂碳捕集技术成本大幅下降；在煤化工行业实现商业化部署，同时进入大范围推广的示范阶段。实现累计封存 160 百万吨 CO_2 目标。

2030 年以后（远期），捕集成本下降伴随碳价上升到一定水平，从而触发大规模碳捕集和封存应用。实现累计封存 15 吉吨 CO_2 目标。

能源供应部门是全球 GHG 排放量的主要贡献，能源供应部门的低碳发展与减排对全球 2℃（即 2100 年大气中温室气体浓度控制在 450ppm—500ppmCO_2 当量的范围内）减排目标的实现至关重要。实现这一目标要求整个能源供应部门竭尽所能扩大低碳能源的比重，只有在 21 世纪前半叶采取严苛的减排目标（CO_2 当量浓度甚至要低于 450ppm），才可能实现 2℃目标。能源供应部门减排目标的实现离不开常规化石能源的低碳化转型、可再生能源和新能源的开发以及 CCS 技术的广泛投资和应用。

在能源供应部门，煤炭、石油和天然气等常规化石燃料在未来相当长一段时间内仍将占据重要地位，尤其是在发展中国家，政府还将面临经济发展、能源安全和电气化目标的多重难题。煤化工清洁技术、天然气的多元化利用以及发电行业的发电脱碳（即降低发电的碳强度）都是实现低浓度稳定性水平（430ppm—530ppmCO_2 当量）的关键部分。

实现 2℃的节能减排目标的另一个关键因素在于要求大规模开发和使用可再生、新型的低碳能源，开发能源供应部门的能效提升和成本日益降低的可再生能源技术，促进能源消费结构低碳化发展。新能源和可再生能源在节能减排中发挥越来越重要的作用，尤其是在电力行业具有巨大潜力，是实现能源供应部门低碳减排目标的重要支柱。

无论是常规化石能源的低碳化转型还是可再生能源和新能源的开发应用，没有 CCS 技术的参与都不可能实现低碳减排目标。尤其是煤炭、天然气、电力等常规能源的减排和低碳化发展离不开 CCS 技术的参与。CCS 技术被认为是实现《巴黎协定》2℃温升控制目标，并向 1.5℃目标迈进的关键碳减排技术，对已有电力设施的低碳改造以及资源的生产率、转换效率的提高具有重要意义。表 7-2 展示了不同子部门的减排潜力，未来发展的重点和优先方向。

表 7-2　　　　　　　　　　不同子部门的减排潜力

能源供应部门	潜力	缺点	重点	优先方向	份额转变
发电行业	低碳化更迅速	—	RE 技术/低碳化	风电、水电、太阳能发电	低碳电力供给从 2020 年的 30% 到 2050 年的 80%
化石燃料	调控空间巨大	技术水平要求高	脱碳/低 GHG 能源供应技术	提高化石燃料能效/煤炭转天然气	CO_2 排放贡献在 2010 年至 2020 年基本稳定，2020 年至 2040 年出现明显降幅
可再生能源（RE）	技术成熟/可大规模使用/环境友好/安全性高	地区及技术依赖性	政策扶持/技术发展	—	非化石能源比重 2020 年达 15%，2030 年达 20% 左右，2050 年达 1/3—1/2
CCS（BE）	规模大	风险巨大/流程不成熟	资金支持	风险评估	潜力越来越大，至 2100 年不采用 CCS 技术的化石燃料发电几乎消失
天然气	显著减少 CHG 排放	—	联合循环电厂技术/CHP 技术的替代技术推广	逸出排放降低或减缓	到 2020 年和 2030 年天然气消费量将分别达到 4000 亿立方米和 6000 亿立方米以上

资料来源：全球碳捕集与封存研究院（GCCSI）和国际能源署（IEA）。

延伸阅读

1. 何建坤、周剑、欧训民等：《能源革命与低碳发展》，中国环境出版集团 2018 年版。

2. 国家发展和改革委员会：《能源生产和消费革命战略（2016—2030）》，2016 年 12 月。

3. 亚洲开发银行：《中国碳捕集与封存示范和推广路线图研究》，2015 年 11 月。

练习题

1. 简要阐述世界和中国能源供应部门的碳排放现状。
2. 阐述并比较各个能源供应部门的减排潜力和减排路径。
3. 简要介绍 CCS 的概念与内涵。
4. 简要阐述世界和中国 CCS 项目发展概况及其减排潜力。

第八章

各主要部门的低碳与减排行动

气候变化与人类经济活动密不可分,气候变化减缓目标的实现必然要考虑经济部门的低碳与减排行动。差异化的发展方式使各个部门面临着不同的碳排放现状、减排潜力和减排障碍,分行业实施低碳和减排路径将成为减缓气候变化的重要落脚点。当前农业、工业、建筑业、交通运输业、服务业和居民消费是亟须实施减排行动的六大主要部门,本章将分别介绍各主要部门所面临的碳排放现状、减排潜力与障碍,从而制定实施低碳减排行动路径和政策选择。

第一节 农业部门

农业部门是指以土地资源为生产对象所进行的作物栽培、林木种植、畜禽饲养、水产养殖等生产活动,广义上包括了种植业、林业、畜牧业和其他土地利用。农业是国民经济的基础,是人类生产和生活的起点。农业发展经历了以刀耕火种为主的原始农业,以精耕细作为主的传统农业,以工业机械为主的现代农业三个阶段后,农业生产活动不仅规模越来越大,对能源消费的需求也越来越高,致使农业部门成为全球温室气体的重要排放源。

一 农业与碳排放

(一)农业碳排放现状

农业部门中人为排放的温室气体占全球总排放量的1/4,1990—2010年期间，农业人为碳排放每年增速达到 0.9%。[①] 农业部门碳排放主要来源于三个方面：一是农业生产活动中农业物资（农药、农膜）投入、化石能源（农用石油、煤炭）耗费、废弃物处理（秸秆焚烧）等产生的 CO_2 排放；二是水稻栽培、动物养殖（主要指反刍动物的肠道发酵和蠕动）、粪便管理等活动产生的 CH_4 排放；三是氮肥施用等活动产生的 N_2O 排放。其中农业 CH_4 和 N_2O 排放已成为全球人为非 CO_2 温室气体排放的最大贡献者。

（二）农业在碳问题上的双重性：碳源和碳汇

农业作为人类社会与自然生态系统间的唯一界面，在碳循环过程中扮演着极其重要的角色，表现出碳源和碳汇的双重特性。首先，在农业生产体系中，作物、林木和草地等植物的光合作用把 CO_2 和水合成碳水化合物，或通过土壤中的有机碳将大气中的温室气体以生物量、废弃物等形式固定储存下来，发挥碳汇功能；其次，植物也需要呼吸消耗部分碳水化合物放出 CO_2 以维持生理活动，以及农业生产中资源投入产生的大量人为温室气体，发挥碳源功能。当碳源功能远远超过碳汇功能时，农业就形成了高碳生产模式。[②]

（三）农业低碳化发展

随着农业碳排放问题的凸显加剧，低碳经济背景下逐渐发展出对传统农业提高和升华的新型发展形态——低碳农业，即通过调整产业机构、提高固碳技术、使用清洁能源等转变农业生产方式，综合统筹经济功能、生态功能和社会功能，在减少对自然资源破坏、改善生态环境的同时促进农民增收、加快经济发展。其根本目标在于促进实现农业碳中性，即人为排放的 CO_2 与通过人为措施吸收的 CO_2 实现动态平衡，实现农业生产发展与生态环境保护双赢。

农业低碳化的推广，不仅可以在农业发展过程中注意对生态资源的保护，同时可以提高农产品的质量安全，更有利于社会的可持续发展。这也代表了世界农业未来发展的主流方向，是转变农业生产方式、减轻农业资源与农地环境压力的根本途径。

---

① IPCC, Climate Change 2014: Mitigation of Climate Change, http://www.IPCC.ch/report/ar5/wg3/, 2014, 2019-4-13 visited.

② 陈美球、蔡海生：《低碳经济学》，清华大学出版社 2014 年版，第 165 页。

二 农业减排路径与潜力

(一) 农业减排路径

最大限度地减缓农业部门温室气体排放，需要从供给和需求两端进行。供给端减排从农业部门利用土地资源进行生产的过程出发，需求端减排从人们日常生活对农业产品进行消费的过程出发。

1. 供给端减排

供给端减排主要包括土地利用、农业中间品投入的排放缓解，以及林业碳汇系统固碳功能的有效发挥。具体减排方式有：

(1) 节地：在单位面积土地或一定区域范围内，进行立体种植、立体养殖或立体复合种养，在空间、时间和功能上形成多层次综合利用的节地模式。

(2) 减量：采用低碳技术提高农业生产率，努力控制农业要素投入规模，最大限度减少农业生产过程中化石燃料、氮肥、农药和农膜的使用量。

(3) 循环：农业废弃资源循环再利用，将秸秆、粪便等用作天然肥料还田，以及生物质发电等。

(4) 增汇：保护耕地，增强土壤有机碳储存能力；植树造林、退耕还林、还草，增强森林等碳汇场所的固碳功能。

2. 需求端减排

需求端减排通过改变人们的生活方式，包括饮食习惯和农业产品消费模式等减缓农业碳排放，具体减排方式有：

(1) 改变人类饮食方式：减少以高消耗、高排放模式生产的食品需求，如高蛋白、高脂肪的肉类食物等，尽量避免食物浪费。

(2) 调整林木消费需求：加强林木材料的高效使用，减少不必要的一次性木材产品消费。

(二) 农业减排潜力

农业部门历史和基准净碳排放量存在极大的不确定性，未来农业温室气体净碳排放量呈下降趋势，2050 年净碳排放量将在 2010 年水平上下降 50%，预计 21 世纪末实现 CO_2 净吸收[1]。

---

[1] IPCC, Climate Change 2014: Mitigation of Climate Change, http://www.IPCC.ch/report/ar5/wg3/, 2014, 2019 - 4 - 13 visited.

农业减排潜力主要在于技术潜力和经济潜力两个层面。减排技术中最有效的减排措施是耕地管理、牧场管理和恢复有机土壤，同时改善和提高反刍动物的营养结构，可以使农业生产中的 CH_4 减少 15%—56%，N_2O 减少 9%—26%。另外，在林业领域最具成本效益的减排措施有植树造林、可持续的森林管理和减少砍伐。经济潜力也存在着成本—效益的动态组合关系，不同的碳价格下所表现出的经济潜能有所不同。预计在 2030 年碳价高达 100 美元/吉吨 CO_2 - eq 的情况下，可减排温室气体为 7.2 吉—11 吉吨 CO_2 - eq。需求端的饮食习惯和粮食供应也存在减排潜力，到 2050 年大约可减少 0.76 吉—8.6 吉吨 CO_2 - eq 的温室气体排放，总体来说农业减排潜力巨大。

三 农业减排障碍

农业低碳与减排发展推广和实施受到诸多限制，包括不同地区生物物理、社会经济和文化环境等条件差异，以及低碳政策规划的能力与时效局限，其实施潜力和适用性等面临多方挑战和障碍。

（一）生态屏障

农业对生态环境和自然条件具有高度依赖性。一些不可避免的火灾、虫灾和干旱等自然事件使农业减排效果面临逆转的风险。同时，不同地区具体的土壤条件，水的可获得性，以及对特定系统的自然变化和恢复力差异，决定了农业减排对气候变化脆弱性及其灾后修复的影响程度。

（二）社会制约

经济文化中的社会因素决定了农业减排的实施基础。首先，融资问题难以覆盖交易、监控以及机会成本等各个方面。同时信贷的减少、碳信用价格变化都会成为潜在风险。其次，贫困地区资源有限，缺乏社会组织和资金支持，限制减缓方案的实施。最后，全球范围文化价值和社会认同的差异限制了农业减排的推广。

（三）制度障碍

公开、透明和规范性的制度建立是农业减排的重要保障。这包括土地使用权的明确、碳所有权的清晰性和一定程度的强制执行政策。另外，缺乏一份支持广泛实施减排措施的国际协议，可能成为在全球范围内实现农业减排的主要障碍。

（四）技术壁垒

技术创新是农业减排的核心支撑。造林、农田管理等减缓技术应用到现在已经较少存在技术障碍，但一些家畜膳食添加剂、作物性状控制、碳追踪监测等技术仍处于发展阶段。另外，高水平、大规模技术研发人才队伍的匮乏限制了农业低碳减排的实施实施进展。

四 农业减排政策选择

（一）经济激励

建立农业碳补偿机制，形成完整的补偿网络体系，通过弥补低碳产品和服务正外部性所产生的直接成本和机会成本，调动金融机构对低碳项目信用贷款的积极性，增加低碳农业资金供给；完善农业碳交易制度，制定碳排放限额，鼓励农民以团体的形式加入碳交易，减少交易成本。

（二）监管控制

建设农业减排标准化动态监管和减排绩效评价体系，强化对农业资源和生态环境的监测预警，建立低碳发展要求的目标体系、考核办法、奖惩制度。同时完善相关法律制度，形成依法治理的长效机制。

（三）信息方案

促进政策管理和教育组织创建，加强低碳信息从学术界到社会各界的流动，提高人们对农业低碳问题的认识。加强现有的环境友好认证标准，目前，森林证书作为促进森林可持续管理的工具得到有效发展，此外，生物多样性认证、生物燃料认证还有待完善。

专栏 8-1　农业部门减排潜力测算案例

农业部门的温室气体清单编制和减排实践目前已发展出一批模型，如 ROTH-C、DNDC、CASA、CENTURY 等。其中 DNDC（Denitrification-decomPosition）模型是政府间气候变化专门委员会所推荐的农业温室气体排放计算和认证的模型，被用于模拟农作物产量、土壤固碳、硝态氮淋失以及碳、氮等多种气体的直接排放量。可以预测管理措施的改变对温室气体排放量的潜力效果。应用DNDC模型进行区域范围的研究，需要构建包含区域地理信息、气象信息、作物信息、土壤信息、管理措施以及其他通用资料在内的数据库。

赵子健等人通过DNDC模型提取上海地区的相关数据，并结合CGE模型在农作物投入产出上进行链接，对肥料管理、农药减量以及农机节能这3个渠道采取措施进行减排的潜力进行研究。根据减排措施设定以下6种情景：

表1　　　　　　　　　不同情景的具体说明

	情景1	情景2	情景3	情景4	情景5	情景6
产量	-0.42	—	—	0.02	-0.42	-0.62
氧化亚氮	-42.48	—	—	-4.88	-42.48	-46.05
甲烷	2.56	—	—	5.70	2.56	8.45
土壤固碳	5.05	—	—	10.46	5.05	14.78
排放总量	-8.7	—	—	2.19	-8.7	-5.86

资料来源：赵子健、李广瑜、顾海英：《低碳农业发展的途径、潜力和间接减排效应》，《上海交通大学学报》（农业科学版）2018年第1期，第68—75、80页。

基于如上设定下运用DNDC模型测算基准情景下上海地区种植业供给排放0.4591万吨氧化亚氮与22.21万吨甲烷，土壤同时固碳118.81万吨二氧化碳当量，折合累加后共计排放573.33万吨二氧化碳当量。政策情景下农业产量与碳排放变化如表2所示：

表2　　　　　　基于DNDC模型的农业产量与排放变化

	情景说明
情景1	化肥平均施用量（折纯量）降至397.5千克/公顷，有机肥施用量达到1045.6千克/公顷
情景2	农药平均施用量降至17.4千克/公顷

续表

	情景说明
情景3	单位种植面积油耗下降21.53%
情景4	每年首次播种前的犁地深度降至10厘米，单位种植面积油耗降幅达到25.9%
情景5	化肥平均施用量（折纯量）降至397.5千克/公顷，有机肥施用量达到1045.6千克/公顷；农药平均施用量降至17.4千克/公顷；单位种植面积油耗下降21.53%
情景6	化肥平均施用量（折纯量）降至397.5千克/公顷，有机肥施用量达到1045.6千克/公顷；农药平均施用量降至17.4千克/公顷；每年首次播种前的犁地深度降至10厘米，单位种植面积油耗降幅达到25.9%

资料来源：赵子健、李广瑜、顾海英：《低碳农业发展的途径、潜力和间接减排效应》，《上海交通大学学报》（农业科学版）2018年第1期，第68—75、80页。

从而可以看出，上海地区农业部门肥料管理的减排作用最为突出，是低碳农业发展的主要途径，有机肥替代有助于提升土壤肥力、固碳增汇，避免相关动物废弃物失当处理带来的关联排放。但同时保护性耕作会促进甲烷排放，农机节能可以减少对能源消耗上的排放，农业的低碳减排措施应综合考虑减排潜力的定量化实施。

第二节　工业部门

一　行业二氧化碳排放现状

研究2030年中国二氧化碳排放的峰值、部门差异以及成本较优的减排技术路线图，是应对气候变化、推进减缓与低碳转型的重要问题。2005年，欧盟启动的碳排放交易系统（ETS），[1] 是最重要的国际减排措施之一。2007年《巴厘行动计划》[2] 也明确提出了国际行业减排方法，而国际能源署（IEA）[3]

---

[1] Ellerman, A. D., Buchner, B. K., "The European Union Emissions Trading Scheme: Origins, Allocation, and Early Results", *Review of Environmental Economics and Policy*, Vol. 1, No. 1, 2007, pp. 66 – 87.

[2] Ott, H. E., Sterk, W., Watanabe, R., "The Bali Roadmap: New Horizons for Global Climate Policy", *Climate Policy*, Vol. 8, No. 1, 2008, pp. 91 – 95.

[3] Barten, H., "International Energy Agency", 2005.

推动了实现排放贸易的具体途径。美国清洁大气政策研究中心（CCAP）[①] 开展了行业数据收集、行业减排方法的环境影响分析及配套能源政策的设计。2008年后中国在北京等多地建立环境能源交易所，开展清洁发展机制（CDM）[②] 和碳排放权交易等。如何选择减排成本较优的、对行业长期竞争力影响适当的领域，是影响ETS长远运行效率的关键因素之一。因此，核算未来部门排放趋势及减排潜力，寻找减排空间比较大的领域和技术措施是十分必要的。

本章应用自顶向下和自底向上相结合的模型分析我国工业部门中钢铁、水泥、电解铝三个重点行业的温室气体排放现状及减排潜力。以2010年为基准年，预测在2个宏观经济情景和3个技术政策情景下，三大部门2015年、2020年和2030年的CO_2直接排放量变化趋势、拐点、减排潜力与成本。结果表明主要工业部门可在2015—2020年达到排放峰值，工业部门减排仍然有较大潜力，在2030年实现CO_2排放峰值的承诺下，其减排将为消费部门的排放增量创造空间。因此，除继续加强工业减排措施外，我国更应该开始关注低碳型消费模式。

制定我国行业温室气体减排方案及其保障机制，是我国在中长期实现低碳转型，推动国家减排目标实现的基础性工作。我国正处于经济社会发展的关键时期，作为国民经济关键支撑的工业制造业，在一定时间内仍将保持持续增长态势。与此同时，汽车交通和建筑使用等消费领域的温室气体排放也将进入新的快速增长期。因此，在国内资源能源安全、生态环境保护以及国际气候变化谈判的综合压力下，研究制定我国重点行业温室气体减排潜力、技术路径与政策保障措施，是当前我国应对气候变化、促进工业转型升级的重大需求。

行业减排及其相关方案的确定一直是气候变化关注的重点和谈判要点。2007年，《巴厘行动计划》明确提出了国际行业减排办法。作为世界第二大经济体和最大的温室气体排放国，我国也开始主动参与国际行业减排行动。2014年我国在《中美气候变化联合声明》中，首次提出将努力实现在2030年左右

[①] Initiative, U. L. A., Center for Clean Air Policy.
[②] Chopra, H., Garg, S., "Clean Development Mechanism", Bocconi School of Law Student-Edited Papers, No. 2010 - 2014/EN, 2010.

达到 CO_2 排放峰值，2030 年非化石能源占一次能源消费比重提高到 20% 左右。2015 年 9 月，我国承诺在 2017 年推出全国的碳排放交易系统，涉及电力、水泥、钢材等重点行业。在国际上气候变化减缓行动的背景下，行业温室气体减排势在必行。中国向《联合国气候变化框架公约》秘书处提交了应对气候变化国家自主贡献文件，提出了 2020 年后应对气候变化行动的目标，以及实现目标的路径和政策措施。

我国温室气体排放行业众多，而且具有自己独特的资源能源禀赋以及技术发展特点，因此有必要针对行业层面建立适合我国国情的温室气体排放及减排分析模型，为制定我国行业减排方案提供一个科学有效的决策辅助分析工具。模拟预测我国 2015—2030 年 CO_2 排放的趋势、部门减排潜力的差异，以及成本较优的减排路线图，是推进低碳发展和应对气候变化的重要保障。本节对我国温室气体重点部门中钢铁、水泥、电解铝这三个重点工业行业的减排潜力和成本进行核算，分析并提出中国 2030 年温室气体减排的路线图和政策建议。

（一）钢铁行业

我国粗钢产量自 1996 年突破 1 亿吨之后迅速增长，2010 年产量达到 6.27 亿吨。随着粗钢产量的大幅增长，钢铁行业的 CO_2 排放总量也迅猛增加，但整体来看，CO_2 总量增长幅度略低于粗钢产量的增长幅度。据中国钢铁工业协会统计，全国重点钢铁企业的吨钢综合能耗已经从 2006 年的 645.12 千克标准煤降至 2010 年的 604.6 千克标准煤，约下降了 6%；2010 年，钢铁行业的温室气体排放总量为 11.24 亿吨二氧化碳当量。近年来，随着节能技术的逐步推广和应用，我国钢铁工业的各工序能耗下降明显。但中国钢铁行业发展较晚，人均累积产钢量较少，导致废钢资源比较少，因此短流程炼钢占比远低于世界平均水平，更远低于发达产钢国家，这也是我国钢铁工业能耗较高的原因之一。

我国钢铁行业总体发展水平很不均衡，一些先进钢铁企业的吨钢能耗水平已经处于国际前列，但小型钢铁企业基本都是粗放式生产，其能耗水平要远远高于重点钢铁企业的平均水平。因此，我国平均碳排放水平仍与国际先进水平有一定差距。目前纳入中国工业统计的重点钢铁企业产能仅占总产能的 80% 左右，由于重点钢铁企业设备、工艺水平较高，其单位产品能耗要明显低于那些没有纳入中国钢铁工业协会统计的钢铁企业。而未纳入统计的小型钢铁企业基本都是粗放式生产,其能耗远远高于重点钢铁企业。我国钢铁行业落后产能所占的比重近几年有下降的趋势,从 2005 年的 29.4% 下降到 2010 年的 13.8%,并且有进一步下降的空间。若能有效地淘汰落后产能,将会对降低钢铁行业的 CO_2 排放量有非常明显的效果。我国钢铁行业中大型企业的多数技术经济指标与发达国家相比差距已经不大,而中、小企业技术装备和工艺指标还十分落后。由于总体发展不平衡,所以我国平均碳排放水平仍与国际先进水平存有一定差距,技术进步主要依靠引进、消化、模仿,重大技术创新很少。我国短流程炼钢占比较低,2007 年国际电炉钢比例为 30.6%,美国更是高达 58.1%,韩国为 43.6%,而我国仅为 12.4%,近年来还出现了下降的趋势。短流程电炉炼钢占比持续保持较低水平,不仅使我国的钢铁工业能耗较高,也可能成为未来钢铁行业的减排瓶颈之一。

(二) 水泥行业

目前我国是世界上最大的水泥生产国,2010 年全国水泥产量 18.79 亿吨,比 2005 年增长 75.8%,年均增长 11.9%,总产量占世界水泥产量的 56%,CO_2 排放量超过 1.2 吉吨。水泥行业的温室气体排放总量受行业产量影响很大。与 2005 年相比,2010 年我国水泥行业温室气体总量上升,单位水泥产品排放量下降。2010 年我国水泥工业 CO_2 排放总量为 11.37 亿吨,比 2005 年的 8.24 亿吨增加了 38%。其中,直接排放 10.3 亿吨,间接排放 1.07 亿吨,分别占总排放的 90.6% 和 9.4%。吨熟料直接 CO_2 排放由 2005 年的 931 千克下降到 2010 年的 851 千克,下降幅度为 8.6%;吨水泥直接 CO_2 排放由 2005 年的 686 千克下降到 2010 年的 548 千克,下降幅度 20.1%。

水泥生产过程的 CO_2 排放源主要有三种:工艺排放(是生料中碳酸盐分解和少量有机碳燃烧产生的直接排放)、燃料燃烧排放和电力消耗带来的间接排放。熟料生产中的工艺排放是水泥工业最大的 CO_2 排放源(比例为 50%—60%),其次是燃料燃烧(比例为 30%—40%),两者占水泥工业 CO_2 总排放的 90% 左右。2010 年我国水泥行业温室气体 57.97% 来自于工艺环节的排放。

水泥产量在"十二五"期间还会继续增长,产能过剩成为行业发展的最大障碍,也是行业总量减排的关键制约因素;此外,通过改进能效进行减排的潜力非常有限;化石替代燃料和生物质燃料使用比例几乎为 0,远低于世界平均比例 12.5%,在利用替代燃料方面还存在着技术障碍以及法律法规等因素的制约。减少熟料系数能有效降低 CO_2 排放,但因混合材掺量高的水泥早期强度偏低,影响其使用范围和混凝土质量。同时,受适用熟料替代品的可得性、复合硅酸盐水泥标准和用户对这些水泥的接受程度的限制,世界五大水泥公司熟料系数的减少已表现出停滞或上升趋势。2010 年我国的熟料系数为 63.23%,远低于世界平均值 75.5%,是否还有减排空间取决于混合和复合水泥的市场前景及混合材的可用量。

(三) 电解铝行业

2000 年以来,我国铝工业迅速发展,生产和消费规模不断扩大,已成为世界电解铝产业发展的主要推动力量。2010 年我国电解铝产量为 1620 万吨,带来温室气体排放 4.4 亿吨,其中由电力以及原材料生产等带来的排放占 90%。2012 年,中国电解铝产量为 2026.7 万吨。[①] 在未来一段时期内,电解铝产量仍会持续上升,因此温室气体排放量也会持续上升。2005—2010 年,我国电解铝行业单位产品 PFC 排放量逐年下降,符合国际电解铝产业低碳发展的大趋势。与 2005 年相比,2010 年单位产品 PFC 排放量下降了 42.0%。但是由于电解铝产量的快速增长,该行业的 PFC 排放总量没有下降。

电解铝生产过程中释放出的温室气体由两部分组成:一是直接排放,包括消耗碳阳极产生的 CO_2 排放和生产过程中发生阳极效应时产生 PFC 带来的当量 CO_2 排放;二是消耗大量电能、氧化铝、碳素等原材料而产生的间接排放。根据排放数据,电解铝生产过程中的直接排放比例只有 10%,电力间接排放量占 58.5%。因此,我国电力行业的单位碳排放情况对电解铝行业的排放总量有着很大的影响。国际上铝行业温室气体减排的主要手段和措施是大力发展再生铝工业。由于我国铝及铝产品在今后较长一段时间内,仍将处在使用周期中,所以减少温室气体排放还主要依赖电解铝生产过程的减排来实现。国产材料质量性能不稳定,导致能耗增加,PFC 排放攀升。受我国铝土矿资源特点所限,我国生产的氧化铝大多为粉状或中间状氧化铝,与国外砂状氧化铝相比,存在氧化铝溶解性差、氧化铝浓度不容易控制等缺点。氧化铝质量的差异将造成我国电解铝与国外先进技术相比吨铝能耗高、PFC 排放高等问题。

我国电解铝产业正在快速向能源丰富的西部地区特别是新疆转移,阶段性

---

① 陈锦祥:《低碳生活内涵及其对策》,《中国人口·资源与环境》2014 年第 2 期。

产能过剩和抬高部分地区能源消费价格不可避免。我国幅员辽阔,地区之间能源价格差距逐步扩大趋势明显。目前,我国有 1000 万吨左右的电解铝产能分布在能源供应十分紧张、没有发展优势的高电价地区(如河南、山西、山东),但这些企业的发展曾为我国铝工业由小变大并实现跨越式发展做出了巨大贡献,有的仍是许多县市的财政支柱。虽然这些企业面临低电价地区产量快速增加、市场冲击的严峻挑战,但在今后一定时期仍可以获得"边际效益",可维持我国和全球铝市场供应充分。(见表 8 - 1)

表 8 - 1　　　　　　　　中国工业部门 CO_2 排放现状

工业部门	排放现状	与国际水平比较
钢铁	1. 排放总量:产量世界第一;2010 年 CO_2 排放量 11.24 亿吨 2. 排放强度:吨粗钢能耗量降至 604.6 千克/吨 3. 主要排放环节:粗钢冶炼、燃料燃烧	1. 吨钢综合能耗(tce/t):高于国际平均水平 2. 电炉钢占比:低于国际平均水平
水泥	1. 排放总量:产量世界第一,2010 年 CO_2 排放量 11.37 亿吨 2. 排放强度:吨熟料排放强度 851 千克 CO_2/吨,吨水泥排放强度 548 千克 CO_2/吨 3. 主要排放环节:熟料生产、燃料燃烧	1. 单位产品综合能耗(tce/t 水泥):高于国际平均水平 2. 新型干法水泥工业线综合能耗:高于国际平均水平
电解铝	1. 排放总量:2010 年 CO_2 排放量 4.4 亿吨,其中间接排放量占 90%。随着产量的增加,排放量将继续增加 2. 排放强度:能耗 14000 千瓦时/吨铝。单位产品 PFC 排放量逐年下降 3. 主要排放环节:阳极效应、电耗	铝锭平均综合交流电耗(千瓦时):高于国际平均水平

资料来源:笔者根据相关研究制作。

二 行业减排行动

近年来,我国重点耗能行业在低碳先进技术上的开发和应用有所突破,行业产品的单位能耗和碳排放强度正在逐年下降,特别是在钢铁、水泥等行业中,已经有一大部分大型企业的工艺水平达到国际先进水平。但是由于整体技术相对落后以及行业内部结构不合理,所以我国大部分行业的平均技术水平与国际先进水平仍存在较大差距,重点行业的能耗强度和温室气体排放强度仍然比较高,重要高耗能工业产品的单位能耗平均水平仍然要比国际先进水平高 20% 左右。分部门来看，2025—2030 年只有工业部门的排放量可以回到 2010 年的水平。2015 年以后，中国钢铁、水泥、电解铝等生产行业的减排空间在减少，以淘汰落后产能为主的刚性减排措施潜力更加有限并且难以实施。

（一）钢铁行业

钢铁行业减缓与低碳转型的技术成本曲线图如图 8-1 所示。图中不包括的技术有烧结余热发电技术、煤调湿技术（CMC）、干法熄焦（CDQ）、非高炉炼铁因单位减排成本很高，同图中其余技术不在一个数量级，故未列图中。

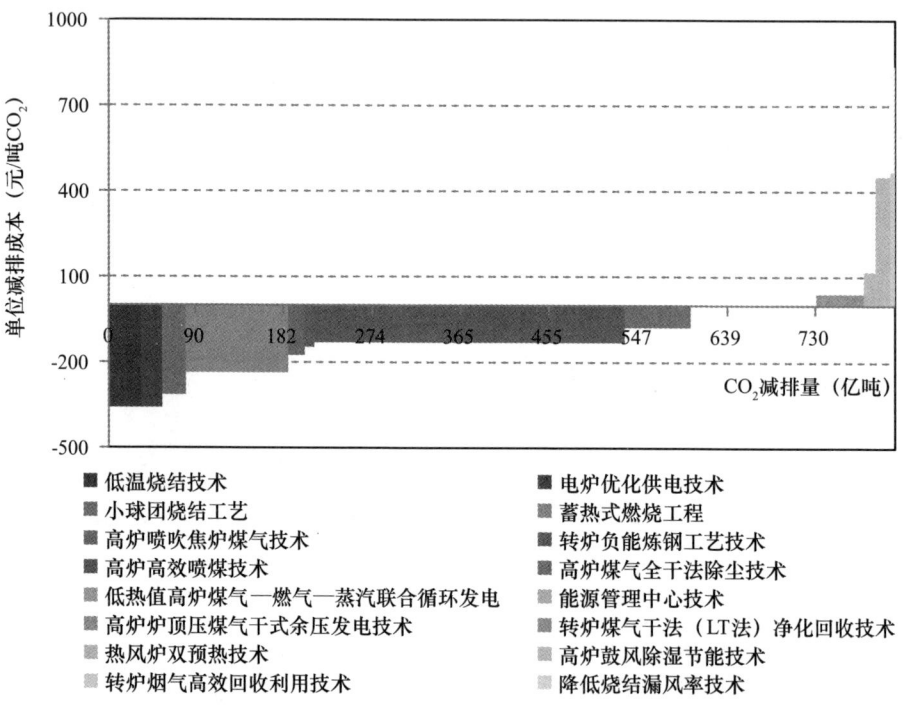

图 8-1　钢铁行业 SL 情景下中减排情景（CPM）2020 年技术成本曲线

资料来源：笔者根据相关研究制作。

（二）水泥行业

水泥行业减排技术的单位成本包括固定成本和可变成本，其中的固定成本主要用于减排技术设备的投资；社会成本是指生产水泥给社会带来的成本，这其中包括了采用减排技术所带来的运行成本变化。运行成本变化主要考虑了技术变化所带来的燃料和电力成本节约（为了使成本变化对比更明显，以及消除预测年原燃料和电力价格预测带来的不准确性，全部以 2010 年不变价格计算），生产方法有重大改变的技术，如用大中型新型干法窑淘汰立窑，也考虑了人工成本的变化。（见图 8-2）

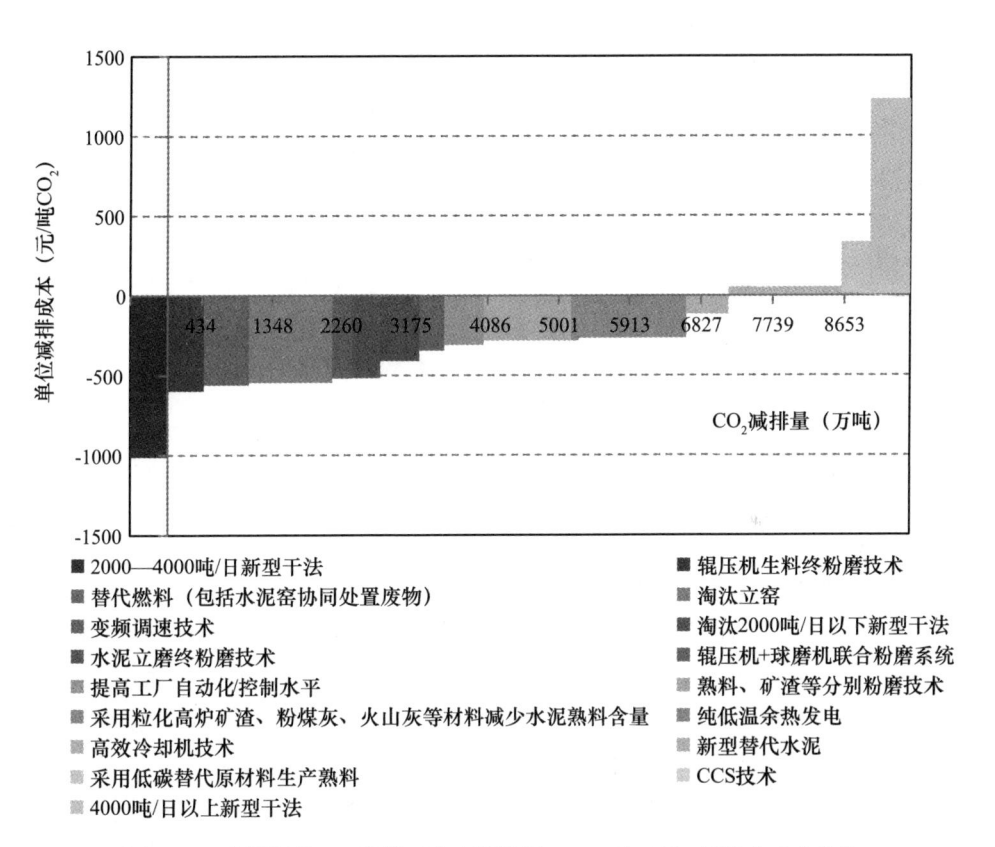

图 8-2　水泥行业 SL 情景下中减排情景（CPM）2020 年技术成本曲线

资料来源：笔者根据相关研究制作。

（三）电解铝行业

电解铝主要减排技术成本与效益计算如图 8-3 所示。

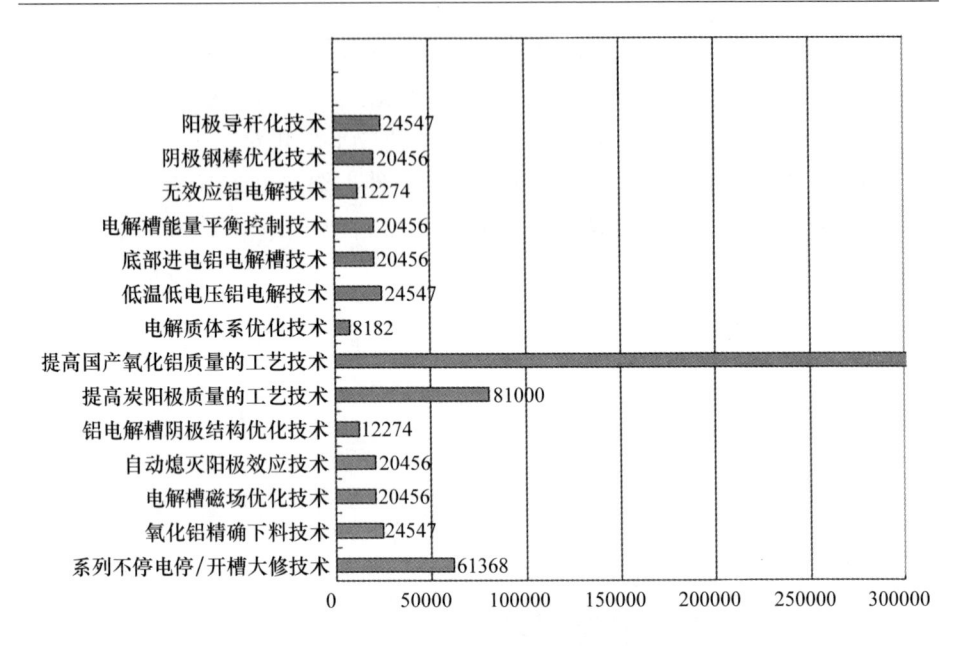

技术	成本
阳极导杆化技术	24547
阴极钢棒优化技术	20456
无效应铝电解技术	12274
电解槽能量平衡控制技术	20456
底部进电铝电解槽技术	20456
低温低电压铝电解技术	24547
电解质体系优化技术	8182
提高国产氧化铝质量的工艺技术	
提高炭阳极质量的工艺技术	81000
铝电解槽阴极结构优化技术	12274
自动熄灭阳极效应技术	20456
电解槽磁场优化技术	20456
氧化铝精确下料技术	24547
系列不停电停/开槽大修技术	61368

图 8-3 电解铝行业技术减排成本

第三节 建筑业部门

一 行业二氧化碳排放现状

消费部门中的建筑行业二氧化碳排放量呈持续上升态势，在 2030 年之前不会出现拐点。2000 年以来，我国进入了快速城镇化阶段，建筑领域用能和碳排放总量也迅速增长。2010 年，我国建筑使用行业的 CO_2 排放量约为 16.7 亿吨，约占总排放的 22%。但对比美国等发达国家，我国建筑使用行业 CO_2 排放量，无论从排放总量还是从排放强度看都比较低。2010 年我国单位建筑面积碳排放强度为 30.4 千克/平方米，约为美国的 1/3。总体而言，我国的经济水平相对发达国家仍较低，尽管用能效率不高，但是单位建筑面积的能耗强度和碳排放强度都是比较低的。从居民家庭用能消费看，我国总体还是较为节俭的模式。由较为快速的城镇化导致的建筑建设总量大，虽然单位面积的能耗强度和碳排放强度不高，总量却是较为快速地持续增长。如果不采取措施，这些建筑在未来 10—20 年内将成为能耗和碳排放持续增长的"黑洞"（见表 8-2）。

表 8 – 2　　　　　　　　中国建筑业部门 CO_2 排放现状

消费部门	排放特点	与国际水平比较
建筑能耗	1. 排放总量：2010 年 CO_2 排放总量为 16.7 亿吨 2. 排放强度：5—17 千克标准煤/（平方米·年），随季节有所不同，单位碳排放水平比发达国家低，但增长速度快 3. 主要排放环节：使用行为	1. 北方采暖耗热量瓦/平方米：高于国际平均水平 2. 单位建筑面积碳排放量：低于国际平均水平

资料来源：笔者根据相关研究制作。

二　行业减排行动

我国建筑使用行业的关键技术还比较落后，与国际先进水平存在很大的差距。建筑部门的技术潜力巨大，2020 年若全面实施节能减排技术 CO_2 减排潜力可达 5.7 亿吨，2030 年可达 9.5 亿吨。[①] 但是一些不适用于我国的设备系统被盲目引入国内，反而造成了能源的浪费，因此在技术应用转化过程中应充分考虑技术本身的合理性、适用性和经济性。另外，目前我国建筑领域盲目追求高新技术，各种技术泛滥却良莠难辨，一些技术不分场合条件遍地开花，低质高用和高质低用的不合理现象严重突出，符合我国国情的建筑节能减排技术体系尚未形成，影响了我国建筑领域的减排成效。例如，用 300℃ 高温的地热能作为 70℃ 的建筑热源，高质低用不仅不能实现节能，更会造成能源浪费。同时伴随着经济水平的提升，居民对建筑室内环境和功能的要求越来越高，建筑采暖、空调、生活热水等刚性需求激增，会带来建筑行业能耗和碳排放的快速增长。目前部分城市高收入人群建筑能耗水平已经达到发达国家平均水平，如果我国居民的消费模式由目前传统的节俭型模式转向西方发达国家的奢侈型模式，将造成建筑能耗和碳排放总量的激增。

从单位减排成本效果排序看，应该优先发展基于吸收式热泵的热电联产供热方式、楼宇用能分项计量技术、太阳能生活热水系统、热泵型生活热水系统、数据中心空调技术、通断式采暖热量计量装置、提高热泵/冷机效率、温湿度独立空调技术、高效绿色照明灯具、提高节能设计和绿色建筑设计标准或

[①] 秦军：《低碳农业发展的障碍、模式及对策》，《西北农林科技大学学报》（社会科学版）2014 年第 6 期。

标识制度、高性能 Low-e 玻璃、围护结构保温隔热材料等。可再生能源特别是光电、风电在建筑领域应用的节能减排成本偏高，可调节外遮阳的节能减排成本也偏高，相对只能作为示范发展。(见图 8-4)

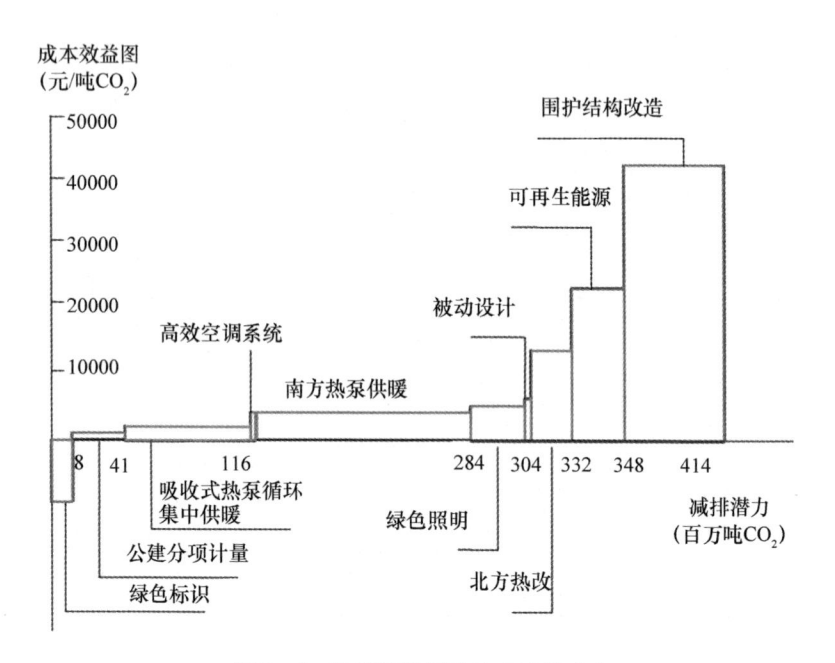

图 8-4　建筑使用领域技术减排成本

第四节　交通运输业部门

一　行业二氧化碳排放现状

随着我国汽车工业的快速发展和保有量的迅速增长，汽车交通用油已经成为带动石油消耗增长的主要领域。车用燃油消费的迅速增长导致汽车 CO_2 排放总量逐年增加。2010 年，包括货车、客车和轿车在内的中国汽车交通行业 CO_2 排放量已达到 3.65 亿吨，比 2005 年（1.85 亿吨）增长了近 1 倍，成为我国温室气体排放的主要来源之一。在 2010 年汽车排放的 CO_2 中，货车的排放分担率达到 51.5%，客车的排放分担率为 24.4%，轿车的排放分担率为 24.1%。根据公路交通行业关键减排技术的成本与燃料节省情况，预计 2020

年减排 CO_2 的平均成本为 88.5 元/吨。[①]

我国平均单车碳排放强度与国际先进水平存在 20%—30% 的差距。目前，我国乘用车单车 CO_2 排放强度已经从 2006 年的 194 克/千米下降到 2010 年的 75 克/千米，但与国际先进水平仍有很大差距。在产品技术层面上，我国汽车企业主要通过提高发动机先进节油技术、高效传动与驱动技术、车身轻量化技术、整车设计与优化等方式来提高汽车的减排水平，但目前这些技术在行业中的推广应用还有待加强。特别是目前国内传统高效内燃机驱动技术的对外依赖度较大，节能核心技术缺失，节能汽车产品比例低。目前批量装车的产品（系统）仍然需要依赖引进，或由合资企业提供。尽管国内一些自主品牌企业对核心节能技术进行了研发，但距离技术成熟还有很长的路要走，要实现大规模的应用尚待时日。电动汽车作为我国汽车工业应对减排的主要突破口，其技术水平与国外先进水平相比也存在较大差距。我国目前在电动汽车技术研发和产业上已具备一定基础，但与国际产业化趋势和电动汽车先进水平相比，在关键零部件材料和装备的技术水平、可靠性及成本方面差距较大，在控制器基础硬件、芯片、高速控制器局域网关等方面对外依赖度较大，这些都是电动汽车应用面临的难点和重要挑战。交通运输行业的减排在很大程度上与城镇化速度、模式和用能消费模式相关。这表明社会因素是减排的主要瓶颈。（见表 8-3）

表 8-3　　　　　　　中国交通运输部门 CO_2 排放现状

消费部门	排放特点	与国际水平比较
汽车交通	1. 排放总量：2010 年 CO_2 排放总量为 3.65 亿吨，其中 51.5% 来自货车，24.4% 来自客车，24.1% 来自轿车 2. 排放强度：2010 年乘用车单车 CO_2 排放强度为 175 克/千米 3. 主要排放环节：使用行为	1. 单位里程 CO_2 排放强度（克/千米）：达到国际平均水平 2. 燃料经济性（升/100 千米）：达到国际平均水平

资料来源：笔者根据相关研究制作。

二　行业减排行动

汽车交通行业主要单项技术成本曲线图如图 8-5 所示。其中，图中横轴

[①] 唐承财：《低碳旅游：促进生态文明建设与节能减排的可持续旅游形式》，《旅游学刊》2014 年第 3 期。

为采用各种技术的单车碳减排比例，纵轴为车辆碳减排成本增加的比例。从碳减排比例来看，采用车辆小型化的单车碳减排可达到 20%，车辆柴油化的单车碳减排可达到 25% 以上，采用高效内燃机、车辆轻量化、先进传动与驱动技术等综合节能技术的单车碳减排可达到 40% 以上，采用替代燃料的综合碳减排量可达到 15%，采用混合动力技术的单车碳减排可达到 30% 以上，而采用电动汽车和燃料电池汽车，在车辆使用阶段可以实现车辆零排放，碳减排效果最佳。

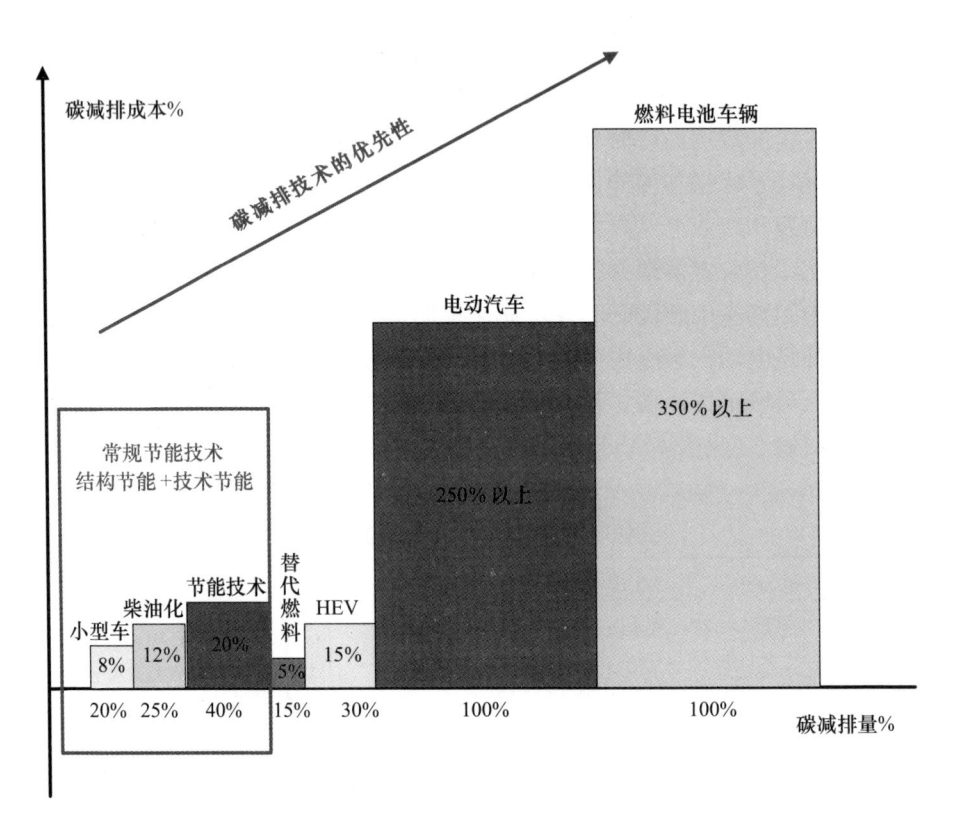

图 8-5　各种汽车节能减排技术的优先性和碳减排成本

综上所述，在 CM 和 CS 技术政策情景下，重点行业的 CO_2 直接排放总量都会于 2015—2020 年达到峰值。在 SL 宏观经济情景下，工业部门的排放量在 CW、CM、CS 情景下将分别达到峰值 26.7 亿吨二氧化碳当量、26 亿吨二氧化碳当量、25.5 亿吨二氧化碳当量；消费部门的排放量在 2030 年前不会达到峰值，该部门的减排面临严峻挑战。我国工业部门节能减排措施已经比较充分，需要继续保持政策的延续性和已有力度，使其尽快在 2020 年前达到排放量的拐点，从而为消费部门持续增加的排放量提供增量空间。与 2010 年相比，三种减排技术政策情景下 2030 年排放量都将超过 2010 年的排放水平。分部门来看，2025—2030 年，只有工业部门的排放量可以回到 2010 年的水平。2020—2030 年，我国消费部门（如汽车交通和建筑使用行业）是未来减排的关键突破口，减排控制措施应逐步从工业领域转向消费领域。因此，我国应尽快启动消费领域的减排行动和政策措施，加大消费部门的减排强度，尤其是建筑使用和汽车交通等部门的减排行动。

第五节 服务业部门

随着经济的发展和生活水平的提高，人们对服务性产品的需求日益增大，服务业在国民经济中的地位愈加重要。自 20 世纪以来，发达国家服务业增加值的平均水平已达到 74%，服务业已成为众多发达国家的支柱产业。但服务业拉动经济增长，方便居民生活的同时，也造成了相当程度的资源消耗和环境代价。

一 服务业与碳排放

（一）服务业碳排放现状

服务业一般被认为是生产和销售服务产品的生产部门和企业的集合，主要包括交通运输、住宿餐饮、金融、信息传输、社会公共服务等多个部门。服务业由自然社会分工基础上的传统服务业发展起来，随后依托于信息技术和现代管理产生现代服务体系，一直被视为环境友好型产业被大力推广，然而固有的思维定式以致其发展过程中提效节能、优化减排问题被大大忽视。服务业自身发展及受行业的服务性质影响而引致的非服务行业碳排放量不断攀升，在整个经济活动的碳排放体系中所占比重越来越高。

（二）服务业低碳化发展

在环境、资源等要素压力下，服务业逐渐产生出一种具有高技术含量、高经济效益、低资源消耗的新兴服务业态，也是低碳经济在服务业领域的延伸和发展。与传统服务业相比，低碳服务业不仅具有知识含量高和技术密集的特点，而且融入了低碳经济的理念，即以实现最小碳排放为目标的现代服务业。

在知识经济和信息经济背景下，低碳服务业通过将低碳理念应用于现代服务业的生产、经营和消费过程中，力求最优的资源利用、最少的碳排放和环境污染，以获得最大的经济效益和社会效益，最终实现经济社会的可持续性发展以及人与自然和谐共存的现代经济发展模式。

二 服务业减排障碍

随着工农领域减排效果边际递减效应日益明显，具有信息化、规模化、资源消耗低、附加值高等优势的服务业低碳减排潜力巨大，但其低碳化发展仍受诸多因素的制约：

一是服务业"高碳"能源消费结构。服务业能源消费结构是根本性的制约因素，服务业对化石能源的消耗是碳排放的主要引致源，能源消费结构不改变，则无法从根本上实现低碳发展。

二是服务业内部结构不合理。服务业内部结构影响减排的实效，传统服务业能源消耗大、碳排放比较集中，传统服务业比重影响既定减排目标的达成，传统服务业占比过大给节能减排带来了较大难度。

三是企业低碳责任的缺失。一些现代服务企业虽然正通过低碳旅游、低碳物流等新型运营模式来实现经济效益和社会效益的双赢，但在争取利润最大化的目标下，企业低碳责任的履行仍处于弱势地位。

四是低碳服务业人才缺乏。目前，市场上低碳行业人才供给严重不足，企业对低碳人才需求持续走高，与之相对的是高等教育低碳专业的设置未跟上产业发展的脚步，低碳服务业缺乏专业的人才支撑。

五是低碳消费观念淡薄。服务业相对于工业有更高的消费关联度，消费者崇尚健康、生态的低碳消费需求是拉动低碳服务业发展的强大动力。消费者低碳消费意识淡薄将成为制约低碳服务业发展的一大因素。

三 服务业主要减排行业及其发展路径

（一）低碳旅游

1. 低碳旅游内涵

据世界旅游组织 2008 年出版的《气候变化与旅游业：应对全球挑战》的

研究报告显示，2005年整个旅游发展中的CO_2排放量达到了13亿吨，占人类活动所有CO_2排放量的4.9%。根据预测，到2035年旅游部门中的排放量将增加152%，而整个旅游部门对全球气候变暖的贡献率将增加188%。

低碳旅游提出的核心理念是以更少的碳排放量来获得更大的经济、社会、环境效益，有两层含义：一是低碳化的生活方式，提倡在旅途中尽量减少二氧化碳的排放。二是在整个旅游业中积极发展循环经济，在达到低消耗、低能源需求前提下，取得更好的经济效应。

2. 低碳旅游发展路径

第一，低碳旅游吸引物创新。充分挖掘自然高碳汇体资源的旅游价值，通过生态化的技术手段，营造自然与人工结合的综合型低碳旅游吸引物。

第二，低碳旅游设施配置优化。大力发展低碳旅游交通设施和旅游环境卫生设施和低碳旅游休憩、观光设施。

第三，低碳旅游消费方式转变。优先使用低碳旅游交通工具，选择个人旅游碳足迹相对少的旅游线路，选择带有"绿色标签"的旅游酒店等，优先选择低碳旅游体验活动。

第四，低碳旅游政策管理升级。制定和推进旅游业低碳建设的法规，加强对环境违法行为的处罚力度，同时要对旅游业管理模式进行低碳创新。

（二）低碳金融

1. 低碳金融内涵

低碳金融是指金融机构和组织运用相关的金融产品和服务，在引导资金流向、配置社会资源中要考虑到生态保护和对污染的治理，通过加大对环保产业和技术创新的支持力度，以期达到经济持续发展和社会福利持续最大化的一系列金融活动。

2. 低碳金融发展路径

第一，完善碳交易市场平台。加强清洁发展机制市场的培育和发展，构建更加顺畅的交易平台。鼓励现有的环交所加大对碳排放交易制度规则的设计和研究，促成更多碳排放项目交易。鼓励更多的金融机构参与碳交易。

第二，加强政府政策引导。建立健全促进低碳发展投融资的政策、法规体系，强化金融机构的环境责任，建立低碳产业财政贴息体系，推进低碳金融监管体系建设。

第三，强化低碳金融机构支撑。商业银行、保险公司及其他机构投资者等金融机构要共同努力，推进低碳金融工具创新，提供多样化的低碳金融产品，建立健全相关中介市场体系和专业的技术咨询体系。

（三）低碳物流

1. 低碳物流内涵

低碳物流是通过采用科学的管理方式、利用先进的科学技术，使物流资源得到最合理充分的利用，并能在此过程中有效抑制物流对环境造成的危害，从而实现低污染、低能耗和高效益、高效率的物流发展目标。

2. 低碳物流发展路径

第一，选用低碳运输方式。发展铁路货物运输。推行共同配送，有效提高车辆的装载率，改善交通运输状况。

第二，加强物流资源低碳循环。推广绿色包装，研发和推广其他环保包装材料，同时加大废旧物流设施设备的循环利用力度。

第三，促进低碳物流信息化发展。通过物流服务智能信息化，降低物流服务过程中对有形资源的依赖，进一步减少物流服务对生态环境的影响。

第四，实施绿色供应链管理。通过一体化的模式构建绿色供应链，将自身与供应链上的其他关联者看成一个整体，把环境因素集成到企业的供应链管理中，对物流活动进行系统管理。

四 服务业减排政策选择

（一）完善低碳政策体系

服务业的低碳化发展，离不开政策框架体系的引导。应从顶层设计开始，制定低碳服务业发展规划，配套以相应的行业标准、激励政策、税收制度、奖惩措施等，形成合理完善的低碳政策体系。

（二）优化产业内部结构

优化服务业内部的产业结构，大力发展低能耗、高效益的现代服务业，在结构转型的同时实现产业发展的低碳化。

（三）改善能源消费结构

大力推广清洁能源，实现能源消费结构的清洁化、多元化、低碳化，从根本上减少对高碳能源的依赖。

（四）实行差异化减排策略

对碳排放贡献度高的传统服务业，要通过生产技术升级和产业结构调整来降低对碳排放的拉动作用。对环境友好型的现代服务业,则要大力发展,增加其整体比重。

(五) 强化低碳意识

主要是强化企业的低碳责任意识和消费者的低碳消费意识,推动全社会形成低碳环保的生产和生活观念。利用生产和生活领域的双向推动力,促进服务业低碳化发展。

(六) 培育低碳技术人才

人力资源作为知识和技术的载体,是低碳经济的根基,也是发展低碳服务业的基础。政府必须从战略高度,通过建立完善的人才培养和引进机制,加快现代服务业低碳人才的培养。加强产学研三方合作,充分发挥科研院所及高校在培养人才方面的潜力和优势。

专栏 8-2 服务业低碳减排典型案例

1. 低碳景区——上海世博园

2010 年中国上海建设的世博园采取了环保与低碳的综合措施,并达到了公共交通的"零排放"。园区内大规模应用太阳能光伏发电技术,主题馆屋顶是中国目前最大的单体建筑太阳能屋面;"东方之冠"的中国馆采用高科技的冰储冷技术,最大限度地利用天然能源。交通建设上统一使用木屑、花生壳、秸秆等植物纤维为原料的新型环保材料——"塑木";会场周边公交路线全部采用新能源动力、零碳排的氢能燃料的"清洁汽车"。上海世博园目前已成为中国典型的低碳景区。

2. 中国碳市场建设

碳排放交易作为一种市场机制,能够有效地减少整体减排成本并实现控制温室气体排放的目标,中国正积极推进全国碳排放权交易市场制度体系建设、基础设施建设,深入开展碳排放报告核查、配额分配和能力建设等方面工作。2018 年 12 月 10 日,由生态环境部应对气候变化司、国家气候战略中心、世界银行、国际能源署、亚洲开发银行、美国能源基金会联合主办的"中国角"碳市场边会活动举行。从 2011 年起,我国在 7 个省市启动了地方碳交易试点工作。截至 2018 年 10 月,试点地区的碳排放配额成交量达 2.64 亿吨二氧化碳当量，交易额约 60 亿元。试点地区碳市场覆盖的行业企业碳排放总量和强度实现双降，碳市场控制温室气体排放的良好效果初步显现，为建设全国碳排放权交易市场积累了宝贵经验。

3. 无纸化办公

无纸化办公是指利用现代化网络技术的办公方式。即只需要计算机、应用软件和通信网络即可完成信息的传递。无纸化办公系统一方面节省了物质消耗，同时高度自动化的系统从整体上提高了办公效率，通过信息化建设加快信息流通，实现资源整合。例如电子单据已成为目前记账客户的可行办法，包括电话单、用电单或电子零售商务账单，都采取不打印而提供电子账单的方式，许多服务商如 Sprint 和 AT&T 都推出电子账单的优惠措施，对声明接收电子账单的消费者给予一定的折扣以促进无纸化办公的实施。

第六节　居民消费部门

随着居民生活水平的提高，人们对生活方式、消费模式有了更高的追求，加之自然资源和人类社会发展之间的矛盾日益突出，居民低碳消费方式应运而生。以"低碳"为导向，对居民消费要求节约资源能源的利用，减少碳排放，是一种更健康、更自然、更安全的消费方式，是协调经济社会发展和保护环境的重要途径。

一　居民消费与碳排放

（一）居民消费碳排放现状

居民消费指常住居民对货物和服务的全部最终消费支出，也就是居民为满足物质、文化和精神生活的需要，从本国经济领土和国外购买货物和服务的支出。随着社会经济发展和居民生活水平的提高，居民消费已成为能源消耗和碳排放的重要来源，其对碳排放的贡献越来越不容忽视。人们的生活消费方式正朝着以"奢侈化、浪费化"为特征的"高碳化"方向发展。

研究表明，居民消费碳排放已占总碳排放的近 1/3。按其所需能源的直接程度，居民消费部门所产生的碳排放可分为直接排放和间接排放。直接排放指家庭能源产品所产生的直接能源需要产生的排放，主要包括家庭能耗和私人交通两大类，主要影响因素是耗能设备的直接能源效率。间接排放涉及除能源产品之外的其他家庭消费品，如食物、衣着、家具（电）、房屋、休闲娱乐、医疗卫生和教育等间接产生的碳排放。

（二）居民消费低碳化发展

居民消费部门的低碳化发展主要有两种形式：低碳生活与低碳消费。低碳生活这一概念在日本"面向2050年的日本低碳社会情景"研究计划中首次提出，是指在生活中尽量采用低能耗、低排放的生活方式。狭义的居民低碳消费是指不包括生产消费的一种居民在生活上的低碳消费模式。低碳生活与低碳消费相辅相成，低碳生活需要通过消费性、公益性等行为方式来实现其低碳化，低碳消费也包含了生活性、生产性消费。

低碳消费是一种高质量的消费方式，可以从四种内涵上理解低碳消费模式：

第一，低碳消费是一种资源节约型的可持续消费模式。崇尚节俭，低碳消费要求人们在满足自身需要的同时，也要注意对自然环境的保护。

第二，低碳消费是一种态度、习惯、价值观。消费者在决策过程中把低碳消费的指标作为重要的考量依据和影响因子，在实际购买活动中青睐低碳产品。

第三，低碳消费是构建生态文明的必然选择。低碳消费是符合生态文明的一种更为理性的健康科学的生态化消费方式，是人类行为自律的结果和发展生态文明的必然要求。

第四，低碳消费与提高生活品质并行不悖。在满足居民生活质量提升需求的基础上，引导消费结构进行合理调整，实现生活质量提升和碳排放下降的双赢局面。

二 居民低碳消费主要领域与消费方式

（一）低碳衣着

低碳衣着是指在整个衣服消费过程中产生的碳排放总量更低，其实质上是指通过一系列的技术创新，将可持续发展理念应用到服装行业，尽可能地减少服装制造过程中各个环节的碳排放量，达到过程标准化、生产低碳化、排放无污染化以及服装安全化的目标。

低碳衣着消费方式可以从产业和公众两个层面加以实施：

第一，从服装产业的角度，完善服装产业链的低碳升级。一是在原材料的选用上使用低碳纤维，包括有机纤维、循环再生纤维、无染纤维等。二是改进生产工艺，采用更加节能环保的新型生产工艺，同时对原有设备进行升级改造，开发使用新型节能设备。三是选择合适的运输方式，根据不同运输方式碳足迹，选择低碳的运输方式。

第二，从消费公众的角度，改变不健康的消费和使用方式。减少购衣频率，不买不合适、不必要的衣服；尽量选择百搭款式，提高衣服的利用率；延长衣服的使用寿命，也可以和别人互赠互穿等；采用节能方式洗衣，尽量手洗衣服，并减少洗涤次数。

（二）低碳饮食

低碳饮食即低碳水化合物，主要注重严格地限制碳水化合物的消耗量，增加蛋白质和脂肪的摄入量，这一概念于1972年在美国医生罗阿特金斯所撰写的《阿特金斯医生的新饮食革命》中首次被提出。低碳饮食法首先就是要限制碳水化合物，当身体没有得到碳水化合物来燃烧供能时，它就去寻找其他燃料。

低碳饮食消费方式可以从多种路径具体实施：

一是食物选取低碳化。首先，应减少肉类等高碳食物，多吃水果、蔬菜等碳水化合物。其次，尽量选择本地食品，当地的农副产品除了比外地甚至进口的农副产品新鲜、便宜以外，更重要的是会比它们低碳得多，主要体现在运输方面。

二是用餐工具低碳化。外出就餐尽量携带自己的餐具，拒绝使用一次性的纸杯、筷子以及其他发泡塑料餐具，少喝瓶装水，选择软包装。

三是饮食习惯低碳化。注意节约，避免"面子消费"和奢侈浪费，吃不完的要打包带走。

（三）低碳家居

低碳家居是以减少温室气体排放为目标，以低能耗、低污染为基础，注重装修过程中的绿色环保设计、可利用资源的再次回收、装饰产品的环保节能等方式，减少家居生活中的二氧化碳排放量。提倡"轻装修、重装饰"的理念，巧妙地利用一些家具和家居饰品，尽量利用自然光和风，使家居生活更贴近自然。

低碳家居消费方式包括住宅、家电等方面的低碳化消费：

一是低碳住宅。消费者在选择住宅时尽量低碳化，首先，根据需要选择合理户型，避免选择超越实际需求的住房。其次，尽量用最合算的成本、最环保的材料和最简单的设计装饰房子，避免消耗不必要的能源。

二是低碳家电。在选购家具的时候尽量购买耗电量为1级或2级的节能型家电，或太阳能等新型清洁能源的电器；及时关闭暂时不使用的程序和设备。

（四）低碳出行

低碳出行是一种降低"碳"的出行方式，指尽可能少坐飞机、少开私家车，倡导公共交通和混合动力汽车、电动车、自行车等低碳或无碳方式，从而降低CO_2排放量的出行方式，也叫绿色出行、文明出行等。具有节约能源、提高能效、减少污染、兼顾效率的特点。

低碳出行方式主要包括以下路径：

一是选择低碳出行工具。尽量选择步行、骑自行车、公共交通作为低碳的出行方式。

二是规划低碳出行路线。了解并选用政府与旅行机构推出的相关环保低碳政策与低碳出行线路，选用方便且低碳的出行路线。

三是培养低碳出行习惯。首先要养成低碳驾车习惯，避免冷车启动或突然加速，减少怠速时间等。科学用车注意保养，汽车车况不良会导致油耗大大增加。

（五）低碳购物

购物在人们的日常生活中扮演着一个必不可少的重要角色，自然也要"低碳化"。日常购物中，人们对塑料袋的过分依赖，产品的烦琐包装都会造成资源的浪费和环境的破坏。不难发现，随着环保意识的逐渐增强，如今人们的购物行为正在发生潜移默化的变化，低碳购物成为一种新兴节能环保的购物理念。

低碳购物方式具体途径有：

一是购买节能环保型产品。消费者在选购商品时尽量选择节能产品；同时企业生产时可以在产品上标注"碳足迹"，使消费者可以清晰了解到自己所买商品的碳排放量，从而选择更节能环保的产品。

二是选用网络购物方式。网络购物无须出行,减少出行时车辆所产生的尾气,也可以节省路费和时间,它能够实现物流、资金流和信息流的一体化、无纸化购物。

三是避免过度包装。简单包装就可满足需要,或尽量选用可循环、可降解的包装材料。

四是自带环保购物袋。外出购物的时候最好自己携带环保袋;也可以选择租用的购物袋,消费者通过押金形式租用购物袋可以在下一次购物时退还,从而提高资源利用率。

三 居民低碳消费实现路径

(一) 培养低碳消费观念

思想观念的"低碳化"是低碳消费的基础。首先,消费者应树立正确的消费观,确立生态意识和环保意识。在低碳消费理念和可持续发展观下构建人与自然和谐共生的生态文化,建立新的适度消费价值观。其次,全方位开展低碳消费宣传教育,发扬以崇尚节俭为主的传统文化,加强低碳消费文化的传播。此外,倡导低碳消费,摒弃高碳消费。

(二) 建立低碳消费体系

低碳消费的推广离不开政府机构的引导和协调,消费制度在促进节能减排和生态环境保护方面的政策导向作用日益显现。首先,各级政府要制定切实可行的措施,明确各级的职责和义务,并进行严格的监督管理。其次,政府应当运用价格、税收、补贴等措施调节低碳消费市场,政策与市场相协调引导消费者的低碳消费行为。另外,建立资源环境保护有关的法律法规,使低碳消费的发展走上法制化轨道。

(三) 完善低碳产品市场

低碳产品市场的科学合理推进是低碳消费的重要环节。首先,以低碳技术创新低碳产品,借助科技创新来改造传统的生产方式,增加低碳产品供给。其次,制定有关产业的低碳标准,健全对产品的检验检查,保证真正的低碳产品得到推广,政府有关部门要通过制定标准、强化认证,为低碳消费提供有效的信息、知识与产品,实现低碳消费品的标准化和低碳产品市场的规范化。

专栏 8-3　全民低碳行动

低碳行动于 2007 年 4 月首先在英国发起,至今仍是英国气候变化领域的重要行动。国内的低碳行动主要靠民间力量倡导进行,2009 年国家环境保护部在上海、重庆、天津等 11 个城市,2010 年在全国 7 省 9 个城市开展了酷中国——全民低碳行动试点项目,以提高社会公众对减缓气候变化的参与度和节能减排的能力。中国低碳行动联盟(CLCAL)是一家以"低碳行动"为特色、传播低碳理念、引领低碳生活的低碳平台。先后成功举办了"低碳经济上海行动峰会""民营经济低碳转型高峰论坛""低碳婚礼走进低碳世博"等一系列具有全国影响力的低碳活动。2011 年以来,中国低碳行动联盟陆续在北京举办了"民营经济低碳研讨会暨中国低碳行动联盟会员大会",在武汉举办了"中部低碳崛起论坛之中部企业家低碳行动峰会"等具有地区影响力的主题活动,同时不断深化活动内涵,丰富活动内容。为了方便对各类人群宣传低碳知识,传递低碳经济时讯,解读政府相关政策,联盟建立了官方网站进行信息发布,不定期编发《中国低碳行动联盟报》《低碳联盟画册》等文化产品,供各方查询相关讯息。2011 年以来,在科技部的大力支持下,联盟主办了《低碳时代》杂志,在拓展联盟宣传平台的同时,以各种形式切实推动整个社会的低碳行动。

本章主要介绍了农业、工业、建筑业、交通运输业、服务业和居民消费六大部门所面临的碳排放现状、减排潜力与障碍,进而对各部门减排行动路径和政策选择进行了有针对性的探讨。伴随社会经济发展和居民生活水平的提高,以上六大部门消耗大量资源的同时也成了全球温室气体的重要排放源,与之相关的低碳农业、低碳服务、低碳消费等概念应运而生并备受关注。目前相关产业实现低碳发展仍面临着诸多的困难及较大的压力,主要受到生态屏障、社会制约、制度障碍、技术壁垒、人才不足、观念淡薄等障碍的影响,同时部分行业发展也存在盲目引入、应用高新技术的不合理现象,造成了资源浪费和减排效果不佳的后果。完善补偿机制、健全监测体系、推进技术评定及研发、培养低碳理念等均为全面推进低碳发展的有效措施。此外,基于相关数据并结合情景分析,发现未来我国减排的关键突破口是消费部门,减排控制措施应逐步从工业领域转向消费领域，故我国应尽快启动消费领域的减排行动和政策措施，加大消费部门的减排强度。

延伸阅读

1. 曹莉萍、诸大建、易华：《低碳服务业网络治理结构与机制研究》，《经济学家》2011 年第 12 期。

2. 曹莉萍、诸大建、易华：《低碳服务业概念、分类及社会经济影响研究》，《上海经济研究》2011 年第 8 期。

3. 陈凯、李华晶：《低碳消费行为影响因素及干预策略分析》，《中国科技论坛》2012 年第 9 期。

练习题

1. 请简述农业部门低碳发展路径、障碍及政策选择建议。
2. 请阐述你认为的工业部门减排、低碳发展的意义与现状。
3. 请阐述低碳旅游、低碳金融与低碳物流的内涵。
4. 请谈谈你对服务业减排政策选择的认识与思考。
5. 简要阐述居民低碳消费主要领域与实现路径。

第九章

全球区域和城市的低碳与减排行动

全球气候治理是维护全球气候公共财富、实现人类共同利益、打造人类命运共同体的需求，涉及人类可持续发展的总体战略目标，也涉及全球政治、经济、安全治理的诸多方面。在当前的国际体制下，不存在一个凌驾于国家主权以上的超主权政治主体，无法在国际层面像主权国家内部一样依靠国家强制力解决气候变化问题，只能通过跨国谈判和协商以及各国共享的价值观和发展理念，形成不断演进、强化的全球气候治理结构。《联合国气候变化框架公约》《巴黎协定》等国际公约是这一进程的产物，在这些公约下，各区域之间形成国际合作，主权国家将国际共识转化成国内政策，非国家主体通过自身行动践行低碳转型，共同组成了多主体、多层次、多元共生、动态演变的全球气候治理体系。

主权国家是全球气候治理体系的主体，处于不同发展阶段的国家群体在气候变化治理中具有迥异的主要利益、目标、动力和最高关切。在《联合国气候变化框架公约》的指导下，发达国家履行义务对最不发达国家消除贫困、社会发展和应对气候变化的工作予以支持，并可通过技术转让、联合技术研发、技术创新等方式与发展中国家的新兴经济体进行合作。发展中国家具有不可侵犯的发展权利，同时也承担通过创新发展路径等方式为全球应对气候变化做出能力范围内贡献的义务。综观在全球气候治理中影响力较大的国家及群体，美国应对气候变化的主力正从联邦政府转移向州政府及非政府组织，未来是否能顺利完成其减排目标仍然存疑；欧盟中长期减排目标较为保守、英国脱欧等政治事件的影响增大其气候变化治理行动的不确定性；巴西、南非、印度和中国组成的"基础四国"群体展现出在未来全球气候变化治理中承担更大责任的潜力。

第一节 全球区域的低碳与减排行动与治理机制

一 基本框架

气候变化作为具有全球外部性和涉及公共财富管理的综合性问题，科学不确定性强、利益纠纷复杂，难以纳入个体和市场的决策视野，因而需要全球范围内的所有国家积极行动、广泛合作。自20世纪80年代末，气候变化开始出现于国际政治舞台上，国际社会对该议题的关注逐渐升温。《联合国气候变化框架公约》（UNFCCC）（以下简称《公约》）开启了通过国际谈判制定合作原则、明确行动目标、识别核心与要素的新进程，其拥有197个主权国家缔约方，覆盖了超过全球90%以上的排放量，是全球应对气候变化的主渠道。在此框架下，《京都议定书》《巴黎协定》分别于1997年、2015年达成，制定出分阶段气候治理体系，明确各缔约方的减排责任与合作机制。《公约》内谈判历经20余年，为推动全球共同应对气候变化奠定了良好的基础。

在《公约》形成的多边共识基础上，各国国内将气候变化纳入宏观经济政策的考虑范围，制定相关法律法规和政策措施，刺激地方政府、私营部门、社会团体、学术界及媒体的具体行动（见图9–1）。由于气候变化问题综合影响生态、经济、社会三大系统，气候治理同贸易、安全、金融、能源等治理议题密切相关，因而应对气候变化被纳入广泛的讨论维度，作为"联合国17大可持续发展目标"之一推动国家乃至全球的低碳转型。《公约》内外机制互相补充，不同国家承担各自责任并展开合作，非国家主体达成一系列倡议与联盟，共同组成了多主体、多层次、多元共生、动态演变的全球气候治理体系。

二 发展历程

应对气候变化是一个科学指导决策的问题。早在1979年第一次世界气候大会上，科学家就发出二氧化碳浓度增加导致全球升温的警告，1988年政府间气候变化专门委员会（IPCC）成立，气候科学的评估体系基本形成。1990

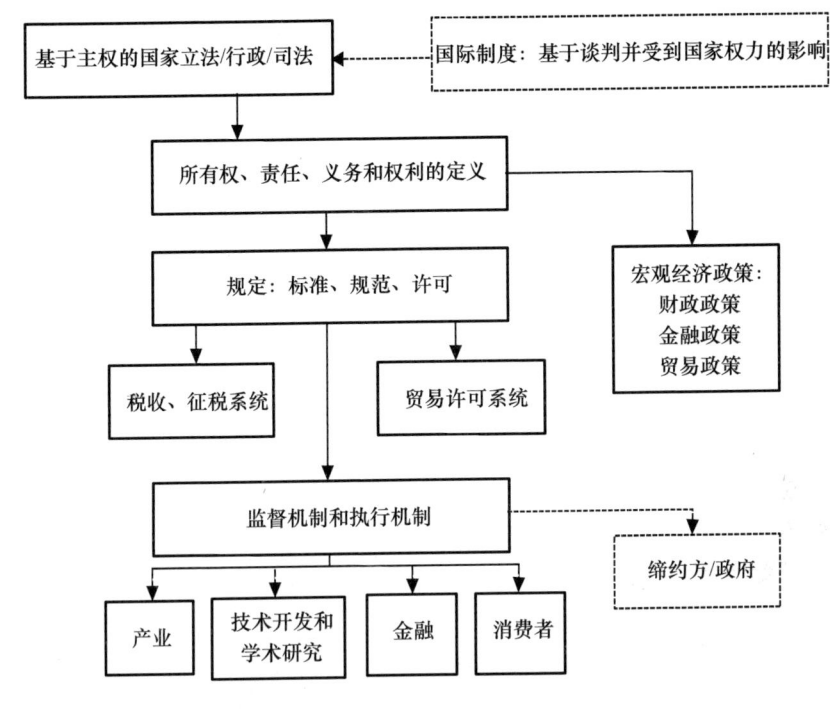

图 9-1　全球气候治理的概念框架

资料来源：邹骥：《论全球气候治理——构建人类发展路径创新的国际体制》，中国计划出版社 2015 年版，第 99 页。

年，IPCC 的第一份评估报告确认了气候变化的科学依据，建议尽快启动一项框架公约的谈判，以灵活和渐进的方式分阶段推进全球应对气候变化的措施。[①] 同年，政府间谈判委员会（INC）成立，正式开启应对气候变化的政治进程。回顾气候谈判演进的历程，大致可以分为以下四个阶段：[②]

第一阶段，1990—1994 年，以达成一份国际公约为主要目标，开启国际合作应对气候变化新时代。由于气候属于跨越国别、跨越代际的最大尺度的"公共物品"，在各国认识到气候变化的潜在影响及人类温室气体排放的负面

[①] Intergovernmental Panel on Climate Change, IPCC First Assessment Report (FAR), https://www.ipcc.ch/ipccreports/1992%20IPCC%20Supplement/IPCC_1990_and_1992_Assessments/English/ipcc_90_92_assessments_far_overview.pdf, August, 1990.

[②] 王克等：《〈巴黎协定〉后全球气候谈判进展与展望》，《环境经济研究》2017 年第 4 期。

效应后，为谨防"搭便车"[①]现象的产生，经过历时15个月的5轮艰难谈判，政府间谈判委员会起草出《联合国气候变化框架公约》。《公约》以"将大气中温室气体的浓度稳定在防止气候系统受到危险的人为干扰的水平上"为目标，确立共同但有区别的责任原则（CBDR）、各自能力原则、预防原则、可持续发展原则与国际合作原则五大基本原则。1992年5月9日，《公约》在纽约联合国总部通过，并于6月联合国环境与发展大会期间开放签署。1994年3月21日，《公约》达到50个国家批准的生效条件，正式成为指导全球应对气候变化进程的纲领性文件。

第二阶段，1995—2005年，以具体化《公约》内涵为目标，达成具有强制性量化责任的《京都议定书》。由于《公约》只是对全球气候治理进行了框架上的安排，所以尚未形成对各国有约束力的具体目标，1997年12月通过的《京都议定书》则在其基础上实现了发展与完善。《京都议定书》紧紧围绕着"共同但有区别的责任"原则，为主要工业化国家设置了2008—2012年温室气体排放量相对1990年水平降低5.2%的上限，并考虑到发展中国家尚未完成的工业化进程和较低的历史排放责任，对其实行自愿化、非强制性的减排要求。《京都议定书》是"自上而下"全球气候治理体系的典型代表，于2005年正式生效。

第三阶段，2005—2012年，以贯彻延续《京都议定书》第二承诺期为目标，推进围绕《联合国气候变化框架公约》与《京都议定书》的"双轨制"谈判。《京都议定书》的第一承诺期涵盖2008—2012年，而当时的排放第一大国美国宣布退出，导致整体行动进程减缓。为促进长期更广泛的气候合作，各国于2007年通过"巴厘岛路线图"，确认"双轨"谈判，并设定2009年达成新协定的时间表。"共同但有区别的责任"原则有了新的丰富和深化，在发达国家承担量化减排义务，对发展中国家提供资金、技术和能力建设支持的同时，也要求发展中国家承担国家适宜的减缓行动（NAMAs），共同推进行动进程。尽管2009年哥本哈根大会并未如期达成实质性成果，但却坚持了"巴厘岛路线图"的谈判进程，缔约方最终于2011年德班会议上就实施《京都议定

---

① "搭便车"（free rider）理论：最初由美国经济学家曼柯·奥尔逊于1965年发表的《集体行动的逻辑：公共利益和团体理论》提出，指不付成本而坐享他人行动之利。在全球气候治理中主要指不支付减排带来的经济成本，而享受其他国家应对气候变化的收益。

书》第二承诺期达成一致，并于 2012 年通过《〈京都议定书〉多哈修正案》，正式完成第二承诺期的具体安排。

第四阶段，2011—2015 年，以制定一个适用于所有缔约方的法律成果为目标，达成里程碑式的《巴黎协定》。尽管气候谈判中经过妥协，从法律上确保了《京都议定书》第二承诺期自 2013 年起正式实施，但由于加拿大、日本、新西兰、俄罗斯等发达国家明确拒绝加入，第二承诺期陷入了实质上的僵局。2011 年的德班会议意在 2015 年前为 2020 年后应对气候变化行动搭建一个所有缔约方参与的框架，并顺利完成其任务，在各国政要的大力支持下按期达成《巴黎协定》，回归了全球共同应对气候变化的初衷。

总结上述四个阶段，整体上全球共同应对气候变化的行动势头保持强劲，各国在妥协与退让中共同推动多个阶段性成果的达成。从演进的趋势上来看，以"共同但有区别的责任原则"为中心，发展中国家逐渐深度参与，发展中国家和发达国家界限日益模糊。《巴黎协定》打破了"自上而下"气候治理的惯有范式，开创了以"国家自主贡献"（NDC）为核心的"自下而上"行动进程，使得发展中国家的行动和承诺被赋予更高的要求与期待。后巴黎时代，各国开启谈判《巴黎协定》实施细则的新进程，既是上述四个阶段全球目标与基本原则的深化和延续，又因《巴黎协定》确定的创新机制体现出与时俱进的特征。

三 《巴黎协定》与全球气候治理新特征

2015 年 12 月 12 日，196 个缔约方在第 21 次联合国气候大会（COP21）上通过《巴黎协定》，就 2020 年后全球气候治理框架达成全面共识。2016 年 10 月 5 日，《协定》达到"双 55"的生效条件，于一个月后正式生效，创下了国际公约生效速度的纪录。截至 2018 年 8 月，共有 197 个国家通过，[①] 179 个国家批准，彰显了各国共同应对气候变化的决心。

《巴黎协定》在长期目标、履约机制与演进方式三个方面产生了重要突破。第一，明确提出长期目标，即将全球气温幅度控制在 2℃ 范围内，为 1.5℃ 目

[①] 由于巴勒斯坦于 2015 年 12 月 18 日加入《联合国气候变化框架公约》，目前共 197 个缔约方。美国尽管提出退出《巴黎协定》，但于 2021 年重新加入。

标而努力，同时在 21 世纪下半叶实现净零排放。① 虽然 2℃ 目标最早在 2010 年已经达成了具有法律效力的共识，② 但 1.5℃ 目标直至《巴黎协定》签署时才首次被正式写入谈判成果文件，国际社会应对气候风险的意识在逐渐加强。根据《IPCC 第五次评估报告》③，如果要保持 2100 年相对于工业化前水平升温在 2℃ 以下，到 2050 年全球人为温室气体排放需比 2010 年减少 40%—70%，到 2100 年排放水平接近零或以下；要将升温限制在 1.5℃，2050 年需比 2010 年减排 70%—95%。更高雄心目标的提出为各国碳排放削减提供了更强的压力和动力。

第二，建立了"自上而下"与"自下而上"相平衡的全球气候治理模式。1997 年《京都议定书》以典型"自上而下"的"二分法"为基石，为工业化国家制定了整体的减排目标，并通过分解产生每个国家的具体量化任务。但在没有超主权的国际强制力的情况下，这种模式实质上缺乏有效的监督机制，并长期因"不公平"为由为发达国家所诟病，因此在实际治理效果方面乏善可陈。2013 年华沙气候大会上，一种新的以"国家自主贡献"为标志的"自下而上"模式应运而生，基于自主参与原则由各缔约方编制并通报法律文件，通过五年的更新周期不断提高力度，确保实现应对气候变化的长期目标。这种混合模式给予各缔约方高度的自由度，使其可以在综合考虑经济状况、历史责任、排放趋势等情况下做出对国际社会的承诺。尽管自愿性的本质使得各国的提交文件呈现内容、形式、力度方面的巨大差异，但却在很大程度上促进了整体的行动势头。截至 2018 年 8 月，已有代表 192 个国家的 165 份"国家自主贡献"提交至《公约》秘书处，占全球总排放的 96.4%。④

第三，形成以"全球盘点"为中心的动态评估机制，推动"国家自主贡献目标"与《巴黎协定》长期目标的协同。由于第一次"国家自主贡献目标"文件准备时间仓促，各国为了防止"搭便车"行为的发生都为自身减排目标

---

① UNFCCC, Paris Agreement, http：//unfccc.int/files/essential_background/convention/application/pdf/english_paris_agreement.pdf, December 12, 2015.
② 王真等：《巴黎气候会议对全球长期目标的新发展》，《气候变化研究进展》2016 年第 2 期。
③ Intergovernmental Panel on Climate Change, IPCC Fifth Assessment Report (AR5), http：//ar5-syr.ipcc.ch/ipcc/ipcc/resources/pdf/IPCC_SynthesisReport.pdf, November, 2014.
④ World Resources Institute, CAIT Climate Data Explorer (August 12, 2018), http：//cait.wri.org/indc/#/map.

留有一定余地。据联合国环境署①估计，目前各国针对2030年的承诺累计只覆盖了完成《巴黎协定》温升目标所需力度的1/3左右，"国家自主贡献"也在覆盖温室气体种类、排放目标种类、目标年、基准年、涵盖部门等方面巨大差异。鉴于上述问题，《巴黎协定》规定自2023年起每五年开展一次旨在评估实现协定宗旨和长期目标集体进展情况的"全球盘点"，既防止给发展中国家施加过大的短期减排压力，又使得减排始终处于进步中，从而达到发达国家希冀鼓励所有国家参与减排的目的（见图9-2）。

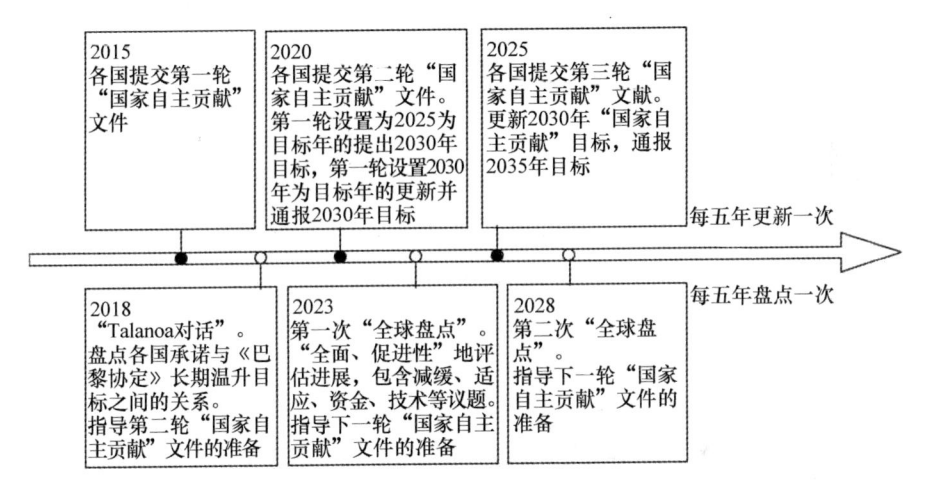

图9-2　《巴黎协定》确立的动态评估机制

资料来源：王克、夏侯沁蕊：《〈巴黎协定〉后全球气候谈判进展与展望》，《环境经济研究》2017年第4期。

四　全球气候治理的演进方向

第一，应对气候变化国际合作向务实方向发展。②《巴黎协定》为新时期应对气候变化的国际进程划定了基本的框架，但巴黎会议并不是终点，更多的国际合作细节需要留待后续谈判进一步确定。随着气候变化的威胁在小岛屿国

---

① United Nations Environment Programme, The Emission Gap Report 2017, https://wedocs.unep.org/bitstream/handle/20.500.11822/22070/EGR_2017.pdf, November, 2017.

② 张晓华等：《应对气候变化国际合作进程的回顾与展望（上、下）》，2020年3月9日，http://www.ncsc.org.cn/yjcg/fxgc/201508/t20150813_609657.shtml, http://www.ncsc.org.cn/yjcg/fxgc/201508/t20150813_609656.shtml。

家、极地甚至众多内陆国家逐渐加强，国际应对气候变化的合作需求也日益迫切。G20、世界经济论坛等具有全球影响力的国际机制已将气候变化作为常设性议题，"一带一路"、亚投行也把发达国家对发展中国家的应对气候变化国际援助纳入工作范围。从政府间合作到民间倡议与市场力量，应对气候变化的势头在多层次展开，气候行动取得长足的发展。

第二，发达国家与发展中国家"二分法"逐步解构，南北阵营分化重组，减排义务分配原则面临重构。在1992年《联合国气候变化框架公约》达成之初，发达国家占全球人口20%，却排放了70%的温室气体，[1] 属于当之无愧的排放主体，而随着新兴大国的迅速发展，目前发达国家整体只产生了40%左右的碳排放，[2] 全球排放布局发生了颠覆性扭转。与排放占比对应的是减排动力与责任的变化。一方面，伴随着高排放、高污染的化石燃料支撑的工业化进程，部分发展中国家国内面临严峻的环境污染与生态破坏问题，产生了由内而外的低碳转型需求，发展中国家正日益走向国际舞台的中心，主动、积极地践行其减排承诺。另一方面，《京都议定书》期间认同的只由发达国家承担责任的"二分法"被日益抛弃。尽管《巴黎协定》附属于《联合国气候变化框架公约》之下，4次重申坚持"共同但有区别的责任"的基本原则，[3] 却因表述中增加了"同时要根据不同的国情"等新的内容而为发达国家提供模糊解读的空间。部分发达国家着重强调"责任的共同性"，为新兴发展中大国施压，试图搁置历史责任而强制各国承担减排义务。同时，传统的发展中国家集团出现分化，形成石油输出国、小岛屿国家等新的利益团体，"基础四国"也因发展阶段差距拉开出现立场分歧，气候谈判的参与方正经历着立场、责任与话语权的调整与重构。

第三，大国外交在谈判中的作用日益明显。中国和美国分别是全球最大的发展中国家和发达国家，也是全球前两大排放国，其一举一动深刻影响着

---

[1] 陈向国等：《盼望中国早日成为能够承担更多责任的发达国家》，《节能与环保》2013年第8期。

[2] 张丽华等：《从推责到合作：中美气候博弈策略研究——基于"紧缩趋同"理论视角》，《学习与探索》2015年第4期。

[3] 薄燕：《〈巴黎协定〉坚持的"共区原则"与国际气候治理机制的变迁》，《气候变化研究进展》2016年第3期。

全球的减排动力与承诺。在美国总统奥巴马的任期内，两国气候外交取得了长足的发展。特朗普总统上台之后，美国气候立场不确定性增强，从全球气候治理中逐渐淡出，留下一定程度的气候领导力空白。中、欧、加等大国则发挥了旗帜性作用，联合发起第一次气候行动部长级会议，及时重申气候承诺，维持改善全球气候行动的势头。主要大国通过高级别互动维护协定成果，深化全球气候行动的基调，提升了其他国家应对气候变化的信心和决心，以期在国际舞台上的话语权与领导力协助规则的制定与落实，稳定了全球气候治理既有秩序。

第四，全球气候治理的参与主体更加多元与分散。联合国体制下的气候谈判每年只进行两次，但活跃的非政府组织、跨国公司、学术机构、媒体和次国家集团对协定的达成和生效起到了持续的推动作用。截至2018年8月，在公约网站注册的非国家行为体行动自愿承诺数量达到12549个，[①] 其中包括2508个城市、209个地区、2138个公司、479个投资者、238个社会团体。从承诺类型上看，绝对量减排、能源效率提升、发展可再生能源、建设韧性社会、利用碳价、鼓励私人融资等不一而足。在美国联邦政府作为缔约方宣布退出《巴黎协定》后，美国国内的州、城市、企业、非政府组织反而走向公众视野，坚定落实美国的气候承诺。

第五，《公约》框架外的多边治理机制迅速发展。气候治理作为当今世界全球治理的重要组成部分，逐渐渗透于各类《公约》外多边机制框架之中。其中部分是根据公约下谈判议题衍生出来的，例如联合国秘书长气候变化融资高级咨询组、美国主导的主要经济体能源与气候论坛，这类机制整合特定领域的专业人士，就气候谈判中某些具体议题建言献策，在一定的国家范围内达成共识，推进谈判进展；另一类是既有的国家集团和国际组织，因自身发展的需求而关注气候变化问题，如二十国集团、世界贸易组织，这类机制利用成熟的平台，将气候治理融入经济治理、贸易治理、安全治理、金融治理等宏观话题中，从具体领域推进应对气候变化的行动。根据多边机制涉及的国家范围，可区别为全球性或者区域性两类，不同层次的多边治理互为补充，丰富了全球气候治理的影响与内涵（见表9-1）。

---

① UNFCCC Global Climate Action website, NAZCA (August 12, 2018), http://climateaction.unfccc.int/.

表 9-1　　　　公约外应对气候变化相关的多边机制

	多主题机制	气候变化单一主题机制
全球性	政治经济性的：八国集团、二十国集团 专业性的：世界贸易组织、国际海事组织、国际民用航空组织、《蒙特利尔议定书》缔约方大会等	全面的：主要经济体能源与气候论坛 专业的：联合国秘书长气候变化融资高级咨询组、防止发展中国家毁林和森林退化排放合作伙伴计划、适应计划、清洁能源部长级论坛、碳封存领导人论坛等
区域性	亚太经合组织、亚欧会议、东亚峰会、非洲联盟、美洲国家组织、南美洲国家联盟、美洲玻利瓦尔联盟、环印度洋地区合作联盟、南亚区域合作联盟等	"基础四国"气候变化部长级磋商会议、左侧机制的附属分论坛（部长级会议）机制（例如亚太经合组织能源部长会议）等

资料来源：高翔等：《气候公约外多边机制对气候公约的影响》，《世界经济与政治》2012 年第 4 期。

第二节　以 NDC 为核心的目标与行动

一　全球气候治理体系主体

主权国家是全球气候治理体系的主体，不同国家主体在气候变化全球治理中的主要利益、主要目标、主要动力和最高关切存在较大分异（见表 9-2）。对于处于社会经济发展初期的最不发达国家来说，最主要的问题是贫困，在气候谈判中获得更多资源和帮助是其主要关切。而对于已经完成初期发展的新兴经济体而言，建立社会保障、落实经济升级和实现产业转型等高层次社会经济发展需求决定了此类主体主要关心工业化和城镇化的相关问题。发达国家具有成熟的工业及基础设施体系，其主要关注全球气候变化治理进程中的主导权。

整体而言，发达国家和发展中国家的基本格局没有根本性变化。在《公约》框架下，发达国家履行义务对最不发达国家消除贫困、社会发展和应对气候变化的工作予以支持，并可通过技术转让、联合技术研发、技术创新等方式与发展中国家的新兴经济体进行合作，实现互利共赢。发展中国家具有不可侵犯的发展权利，但也应通过创新发展路径等方式为全球应对气候变化做出能力范围内的贡献。

表 9-2　　　　　不同国家主体在气候变化全球治理中的不同关切

	最不发达国家	新兴经济体	发达国家
主要利益与主要目标	脱贫、降低气候变化脆弱性	扶贫、基础设施、确立发展社会保障、经济升级	保持支配和主导地位、保持现有的生活方式、寻找新的经济增长引擎
主要动力	获得更多资金补偿	升级产业与技术、结构调整、环境共生效益	扩大碳市场、既得利益（技术优势）、主导和支配国际金融
最具挑战性的部门	与适应相关的部门	重化工业、可能具有锁定效应的基础设施部门	现有的交通体系、现有的建筑体系、消费模式和消费活动
气候谈判中的最高关切	在国际决策中被排除在外	因限制能源使用和排放空间而阻碍工业化与城镇化	失去国际进程中的优势和主导权

资料来源：邹骥等：《论全球气候治理——构建人类发展路径创新的国际体制》，中国计划出版社2015年版，第193页。

二　美国

作为截至 2007 年的第一大温室气体排放国，美国人均温室气体排放远高于世界平均水平，在气候变化问题上负有重要的历史责任。美国拥有全球领先的技术创新能力和能源相关管理技术，资金和人力资源相对充沛、有重要的地位和话语权，在气候变化的全球治理中已经并将继续发挥不可替代的重要作用。身为发达国家，美国有义务带头改变温室气体人为排放趋势、制定国家政策并采取相应措施，且由于美国是《公约》附件二国家，应提供新的和额外的资金以支付发展中国家为提供国家信息通报所需的全部费用、帮助特别易受气候变化不利影响的发展中国家缔约方支付适应这些影响的费用、促进和资助向发展中国家的技术转让并支持其增强自身技术开发能力。

（一）美国在《公约》下的承诺与主要减排政策

2015 年 3 月 31 日，美国向《公约》秘书处提交了国家自主贡献（INDC）目标，减排目标包含《京都议定书》界定的 7 种温室气体，以 2005 年为基年。美国在国家自主贡献文件中指出，美国已经采取了必要政策措施保证实现 2020 年减排 17% 的目标，为实现 2025 年减排 26%—28% 的目标还需要大幅加速温室气体的减排进程，年平均减排速率将从 2005—2020 年的 1.2% 增加到 2020—2025 年的 2.3%—2.8%。美国还设定了截至 2025 年的 30% 减排目标、截至 2030 年的 42% 减排目标和截至 2050 年的 83% 减排目标。该方案同时强调，美国为实现 2025 年减排目标的行动力度与实现 2050 年减排 80% 目标的路径相一致。①

美国在奥巴马时期（从2009年1月20日奥巴马宣誓就职美国总统到2017年1月20日奥巴马正式卸任美国总统时止）推行了包括气候变化、能源结构和环境保护多个领域在内的一系列政策，为美国应对气候变化的具体行动方案打下基础。

1. 《清洁安全能源法案》②

《清洁安全能源法案》于2009年颁布，是美国第一部以控制污染和减缓全球变暖为目标的立法文件。法案要求2009—2015年新建燃煤电厂必须采用碳捕获与封存技术，并要求联邦环保署尽快制定移动污染源的温室气体排放标准。该法案还设置了开创性的"总量控制与排放交易"机制，允许工业部门对温室气体的排放配额进行交易、储存，为减缓全球变暖做出了重要的贡献。

2. 《总统气候变化行动计划》③

2013年6月，奥巴马总统发布的《总统气候变化行动计划》是国家层面的应对气候变化行动计划，是迄今为止由美国总统发布的最全面的气候变化应对计划。该计划以2020年为目标年，涵盖七种气体减排计划及所有联合国政府间气候变化专门委员会考虑的排放源和排放行业，展露出美国政府保护本国人民和提升国际社会应对气候变化行动力度的雄心。计划中的具体内容包括减少发电厂碳排放、对清洁能源项目开放公共土地并激励对清洁能源的长期投资、提高能源效率和确立四年一次的能源评估制度等多项措施。可惜的是，2017年1月特朗普总统接管白宫后，该行动计划迅速遭到中止和废除。

3. 《清洁电力计划》

《清洁电力计划》颁布于2015年8月3日，是美国在电力行业温室气体控制领域的一个重要里程碑。该计划要求美国电力行业于2030年减少在2005年基础上的32%的温室气体排放，并从2022年开始强制减排。《清洁电力计划》为电力行业碳减排项目的投资提供了强大的政策信号和激励机制。美国电力行业在2010—2030年计划投资20亿美元用于发、输、配电基础设施更新，而明

---

① World Resources Institute, CAIT-Countries' Pre-2020 Climate Pledges Submitted to the UNFCCC Dataset, http://datasets.wri.org/dataset/cait-countries-pre-2020-climate-pledges.

② 111th Congress in the House of Representatives, American Clean Energy and Security Act, May 15 2009, H. R. 2454.

③ Executive Office of the President, The President's Climate Action Plan, June 2013.

确碳排放标准可显著降低这些投资的预期风险。针对发电能源效率和能源结构，计划提出随时间发展逐渐采用提高现有煤电效率、以天然气替代煤电和油电、过渡到零排放的可再生能源发电等措施。然而由于种种原因，该计划也于 2017 年 10 月被美国环保局宣布正式废除。

4. 奥巴马时期其他主要气候能源政策

除了上述法案和计划外，美国在电力、交通、建筑等多个领域陆续发布了一系列推进性文件。2014 年 6 月，美国环保署颁布《清洁空气法案》，要求电力行业到 2030 年在 2005 年基础上减排 30%。按照最新环保署和国家公路交通安全管理局联合制定的机动车燃油经济性标准，美国市场各车企 2017—2025 年新车的燃油经济性平均值应达到 54.5 英里/加仑（约合百公里 4.3 升油耗），预计 2020 年可节能 962 太瓦时。政府财政支持的能效计划改进重点包括机动车能效、家电和设备能效以及建筑能效的提高。除此之外，私营部门也受到鼓励在能效提高领域进行投资。

5. 特朗普时期主要气候能源政策

废除《总统气候变化行动计划》的同时，特朗普总统在宣誓就职时签署了《美国优先能源计划》，致力于取消削减石油和天然气开发的法律法规，进一步放宽能源监管政策，体现出复兴传统煤炭工业的趋势。2017 年 3 月 28 日，特朗普签署总统行政令《能源独立和经济增长》以对应《清洁电力计划》的废除，撤销新建燃煤电厂的温室气体排放规定，以增加美国就业机会为目的加大化石能源开采。特朗普总统还采取了恢复输油管道项目建设、公布海上油气开采和核能开发计划等一系列鼓励煤油气及核能行业发展的措施，美国气候能源政策的导向发生重大偏移。[①]

与联邦政府对节能减排的忽视不同，一些美国州政府仍在降低碳排放的全球化浪潮中起着引领作用。2018 年，加利福尼亚州议会通过了一项法案，要求在 2045 年底之前该州 100% 的电力均来自于零碳排放能源。这是世界上最激进的清洁能源政策之一，凸显了该州自 2002 年首次实施可再生能源标准以来能源转型的快速进程。通过大规模使用风能、地热能、水力发电、生物质能和太阳能光热等清洁能源技术，加利福尼亚州有效地充当了技术可行性的实验平台，为清洁能源技术的推广提供了巨大市场。但总体而言，若无其他国家与

---

① 冯帅：《特朗普时期美国气候政策转变与中美气候外交出路》，《东北亚论坛》2018 年第 5 期。

地区的相似做法响应,该法案本身对全球排放和气候风险的直接影响十分有限。

(二) 美国应对气候变化进展

美国二氧化碳排放于 2005 年达到峰值,达峰时国内其生产总值约 13.1 万亿美元,人均 GDP 约 4.4 万美元,二氧化碳排放量约为 60 亿吨,人均排放量约 20 吨。2014 年,美国 CO_2、CH_4、N_2O、HFCs、PFCs 和 SF_6 六种温室气体总排放量达到 66.4 亿吨二氧化碳当量。[①] 美国减排目标选择以 2005 年为基年(排放峰值年),实际上放宽了对 2020 年排放量的约束,与其他发达国家相比减排力度较弱。美国承诺到 2025 年比 2005 年减排 26%—28%,虽然其宣称 2020 年到 2025 年的减排速率比 2020 年前加倍,但实际减排量以及目标年的绝对排放总量和人均量仍然较高。根据美国第一次双年报技术专家审评报告的相关结论,依靠现有的政策措施,美国并不能实现其 2020 年减排 17% 的目标,为实现这一目标,美国仍需要进一步加强行动。另外,美国页岩气的快速发展也存在甲烷泄漏和环境污染风险,以及减排效果的长期可持续风险。

从政策层面来看,美国仍然缺少气候与能源的中长期战略指标及统一的国家及能源政策,应对气候变化相关政策的长期性、持续性、一致性和确定性很难得到保证。现行体制下能源、环境、经济和安全政策缺乏协调性,职权分散,国会、白宫和州政府及联邦政府的行政、立法部门之间存在较大协调难度。在推动能源结构转型的政策类别中,可再生能源的支持政策不确定性较强,可能对从业者的投资建设决策造成影响,进而影响产业基础。

三 欧盟

作为全球气候治理的主要倡导者,欧盟是驱动气候变化谈判进程的重要政治力量,其成员国一直在减排行动中表现出较为积极的态度。欧盟支持通过以《公约》为基础的多边进程构建全球气候治理,认为各国的气候变化减缓行动应具有国际法律约束力。欧盟认为,必须存在动态机制以反映不同缔约方随能力变动的减排责任,责任最大、能力最强的缔约方应在全经济领域做出最大限度的减排承诺;各国应根据国情、责任、发展阶段和现实能力提出应对气候变

[①] International Energy Agency,IEA CO_2 Emissions from Fuel Combustion Statistics,https://stats.oecd.org/BrandedView.aspx?oecd_bv_id=CO$_2$-data-en&doi=data-00431-en.

化的贡献,并根据国际社会对是否足以实现2℃目标的判断决定是否提高承诺力度。

(一) 欧盟在《公约》下的承诺与主要减排政策

1998年6月,欧盟各成员国一致同意通过欧盟在《京都议定书》中承诺2008—2012年6种温室气体排放水平比1990年减排8%并达成责任分担协议。在后京都时代,欧盟对减排目标的设定相对保守。[1] 2007年1月,欧盟委员会首次提出截至2020年欧盟温室气体排放比1990年至少降低20%的减排承诺。2014年,欧盟明确截至2030年欧盟温室气体排放将较1990年减少40%,并于2015年在COP21会议上提出建立长期减排目标、以5年为周期进行盘点,2050年前温室气体排放量降低60%的目标。欧盟提交的NDC文件以1990年为基年,坚持2020年减排20%的目标,并表示如果其他发达国家减排相近体量、发展中国家做出能力范围内足够有力度的减排目标承诺,欧盟会有条件地减排30%。欧盟表示会持续推进和扩大碳市场覆盖范围以达成减排目标。

(二) 欧盟的应对气候变化进展

由表9-3可见,在《公约》框架下,欧盟在应对气候变化领域采取的积极努力取得了一定成效。1990年至2014年期间,欧盟28国的六种温室气体排放总量下降了13.8亿吨CO_2当量,相比1990年降低24.2%。1990—2014年,德国、英国、罗马尼亚、意大利和波兰是欧盟减排量前五的国家,分别降低3.4亿吨、2.5亿吨、1.4亿吨、1.1亿吨和1.1亿吨CO_2当量。

虽然欧盟采取了积极的政策与行动、取得了较为显著的成效,但从经济与碳排放脱钩的指标来看,其进展并不显著。纵观2005年至今欧盟的经济发展趋势和温室气体排放趋势变动,在一般经济状态下其经济和排放体现出一定程度的脱钩态势,但在经济危机等特殊时期则较为明显地体现出二者变化的一致性关系。从欧盟内部格局来看,主要排放成员国一直较为固定。欧盟具有全球最大且运行时间最长的碳排放交易市场(EU-ETS,欧盟碳排放交易体系),但近年来面临配额过剩、供需失衡和碳价下跌等问题。欧盟已针对此类问题提出"折量拍卖""市场稳定储备"等短期和长期改革措施,但缺乏力度的减排目标和复杂的民主化决策程序一直限制着政策提高市场竞争力、刺激市场活力的

---

[1] 吴静等:《世界主要国家气候谈判立场演变历程及未来减排目标分析》,《气候变化研究进展》2016年第12期。

成效。

在现有政策情景下，欧盟将于 2020 年实现 22% 的减排量，2030 年实现 24% 的减排量；履行 2020 年减排 20% 的承诺对欧盟而言毫无难度，体现出其在目标设置上规避风险的态度。由于多家环保组织认为 2℃ 全球温控目标要求 2030 年欧盟减排量达到 50% 以上，欧盟 2030 年减排 40% 的目标也被普遍认为过于保守。欧盟作为减缓气候变化的领导者，这种不敢于承担风险的态度起不到全球气候治理中的示范效应，不利于激励其他主要排放国制定有力度的减排承诺。

表 9-3　欧盟国家温室气体（CO_2、CH_4、N_2O、HFCs、PFCs、SF_6）排放总量（百万吨 CO_2 当量）

年份 国家	1990	1995	2000	2005	2010	2012	2014
奥地利	82.3	83.1	85.5	98.2	92.9	88.0	82.3
比利时	141.5	149.4	152.5	146.1	144.4	133.3	119.4
丹麦	70.5	78.3	70.9	68.0	65.7	55.4	52.1
芬兰	77.7	79.5	78.2	78.9	87.9	74.5	70.3
法国	537.2	526.6	535.1	537.2	509.4	477.6	442.0
德国	1244.7	1119.4	1035.9	986.3	958.8	944.9	902.7
希腊	110.0	117.3	131.0	136.7	120.3	111.9	100.2
爱尔兰	56.8	61.0	71.2	74.8	68.0	63.7	62.2
意大利	522.5	525.4	553.8	583.0	506.2	471.9	411.6
卢森堡	12.6	9.8	9.7	13.1	12.2	11.8	10.7
荷兰	221.8	236.1	229.0	224.6	223.9	211.8	191.2
葡萄牙	61.8	73.2	85.4	97.2	74.6	69.9	64.5
西班牙	302.7	327.8	396.1	449.8	366.2	364.4	326.2
瑞典	79.3	84.1	80.1	83.8	78.6	69.1	62.7
英国	772.8	721.4	702.7	690.1	611.4	590.5	522.0
保加利亚	105.9	74.6	61.6	65.5	61.2	61.5	58.3
克罗地亚	34.0	23.7	27.2	30.5	28.9	27.9	23.5
塞浦路斯	5.9	7.3	8.8	10.0	10.2	9.4	8.6
捷克	190.8	155.1	151.8	148.3	141.0	133.8	126.0

续表

年份 国家	1990	1995	2000	2005	2010	2012	2014
爱沙尼亚	43.3	21.0	19.4	22.0	23.0	21.7	23.8
匈牙利	94.9	77.0	75.4	79.2	68.5	64.1	59.7
拉脱维亚	31.1	13.5	11.1	12.7	13.9	12.9	12.5
立陶宛	51.8	22.9	20.1	23.9	23.7	24.9	21.0
马耳他	2.5	2.6	2.4	3.1	3.1	3.1	2.7
波兰	502.7	473.5	411.4	414.4	424.2	415.2	392.0
罗马尼亚	242.8	167.6	129.3	137.4	116.3	120.2	105.6
斯洛伐克	72.3	54.6	51.1	52.5	50.5	46.9	42.7
斯洛文尼亚	22.7	20.8	20.8	23.8	23.0	22.0	18.4
欧盟28国	5695.0	5306.5	5207.4	5291.1	4908.0	4702.4	4314.9

注：2020年12月24日，英国宣布2021年1月1日脱欧，不再是欧盟成员国。

资料来源：International Energy Agency, IEA CO_2 Emissions from Fuel Combustion Statistics, https://stats.oecd.org/BrandedView.aspx?oecd_bv_id=CO2-data-en&doi=data-00431-en。

1. 德国

德国政府在2010年和2011年先后出台《能源方案》和《能源转型一揽子方案》，明确退出核能和加速发展可再生能源的战略目标。参考1990年温室气体排放水平，德国计划2020年温室气体排放下降40%，2030年下降55%，2040年下降70%，2050年下降80%—95%。德国重视推进可再生能源发展，计划可再生能源占终端能源消费比例2020年、2030年、2040年和2050年分别为18%、30%、45%和60%，占电力消费比例分别为35%、50%、65%和80%。

德国的主要应对气候变化政策包括制定节能和提高能效的法律法规、可再生能源固定电价以及能源税、碳排放权交易政策等。能效方面，2009年修订《建筑节能条例》，通过《能耗标示法》《耗能产品生态设计要求条例》；交通部门则于2004年和2009年前后出台《乘用车强制性能效标识条例》和《新机动车税制条例》；可再生能源方面，德国2000年实施《可再生能源法》引入可再生能源发电强制入网及优先购买、固定入网电价和电价负担均摊等措施。另外，德国还通过了热电联产法以推动电力体系和市场的全面改革，整合电力和热力系统。2006年，德国颁布《能源税法》，为能源税的征收和管理奠定了法律基础。作为欧盟碳排放权交易机制的积极参与者，德国也建立了完整的认证和核算机构保障交易体系运行。

2. 英国

英国在 2003 年颁布了《我们能源的未来——创建低碳经济》，提出四项低碳转型目标。其一，截至 2050 年温室气体较 1990 年减排 60% 并于 2020 年取得显著进展；其二，确保能源安全；其三，增加市场竞争力，提高生产力；其四，确保居民用能成本可负担。英国政府将可再生能源视为低碳经济发展战略保障体系的核心，并借此推动电力市场改革。从 20 世纪 90 年代起，英国构建了以化石能源税和"非化石燃料义务"为核心的政策框架，1989 年起对电力消费者征收化石能源税并将税款用于可再生能源发电补贴，积极推进电力市场改革。2008 年，英国通过《气候变化法案》，建立"碳预算管理"制度并传递长期低碳转型信号，以每五年为时间单位设定全国排放总量上限。在此基础上，2017 年 10 月，英国政府公布《清洁增长战略》，制定在 2032 年相比 1990 年碳排放降低 57% 的目标，并计划通过发展绿色金融、提高能效、发展低碳交通和淘汰煤电等措施的落实。与其他国家相比，英国因脱欧导致的气候政策方面的拖延，建立新应对气候变化目标体系上时间、规模、效力的不确定性可能对英国实现预期目标造成一定困难。①

四　其他主要国家：基础四国

基础四国是由巴西、南非、印度和中国四个主要发展中国家组成的《公约》下谈判集团，在 2009 年 11 月 28 日联合国气候变化谈判哥本哈根会议召开前夕由中国倡议和推动形成。自此之后四国每季度轮流在本国主持召开气候变化部长级会议，就相关重点议题和发展中国家的关切进行讨论、立场协调。"基础四国"占全球人口和排放量的 1/3，经历着迅速的经济发展和国际地位的提升，内部存在着相似的贫困和不平等等问题，在气候变化治理中有共同的关切和利益诉求。面对发达国家对全球气候治理话语权的掌控，四国期望作为发展中国家的代表在国际社会产生影响，维护广大发展中国家的利益。

基础四国在《公约》体制中坚持"共同但有区别的责任"原则，坚持发

---

① 侯丽：《英国气候政策对脱欧影响关注不足》（2017 年 12 月 8 日），2018 年 8 月 6 日，中国社会科学网（http://ex.cssn.cn/hqxx/201712/t20171208_3773761.shtml）。

达国家应率先采取应对气候变化行动、履行《京都议定书》承诺并承担绝对量化的减排义务，发展中国家在可持续发展框架内开展适合本国国情的减排行动;[1] 发达国家应落实为发展中国家提供资金、技术和能力建设支持的承诺，支持发展中国家开展符合本国可持续发展需求的减排行动。在后京都时代，发达国家以打破《公约》对发达国家和发展中国家的一般性区分为目标试图进一步转嫁减排责任，同发展中国家维护"共同但有区别的责任"原则的立场产生分歧。基础四国中，中国和印度排放体量较大、立场较为一致，巴西和南非则主要注重增强本国在发展中国家和全球的话语权，南非由于积极寻求发达国家支持其立场也与欧盟相近。为了更好地维护自身利益，基础四国需要提出建设性、更加具体的解决方案，妥善处理发展中国家的内部分化问题，从而引导全球应对气候变化进程。

（一）基础四国在《公约》框架下的承诺与主要减排政策

2015年6月，中国在提交的NDC文件中提出2030年国内生产总值CO_2排放较2005年下降60%—65%，非化石能源比例达到20%左右的计划。同年9月，中国在《中美元首气候变化联合声明》中宣布拿出200亿元建立中国气候变化南南合作基金。印度在2015年10月提交的NDC中提出2030年排放强度较2005年下降33%—35%，加强造林力度增加25亿—30亿吨森林碳汇，2030年非化石燃料占能源结构40%；巴西于同年9月提交NDC，提出至2025年排放水平相较2005年下降37%，至2030年较2005年下降43%，可再生能源在能源结构中占比达到45%；南非在2015年提交的NDC计划中提出基准情景下南非2020年减排34%，2025年减排42%，2025—2030年温室气体排放控制在398兆—614兆吨CO_2当量。

（二）基础四国应对气候变化进展

从自身低碳可持续发展的需求出发，低碳四国已经各自采取了很多应对气候变化的行动和举措。截至2014年，基础四国中6种温室气体排放量只有巴西已经达峰、处于下降趋势，其他三国都处于稳定上升趋势。中国1990—2014年6种温室气体排放量增加91.4亿吨CO_2当量，2014年是1990年排放量的3倍多；印度2014年较1990年排放增加15.0亿吨CO_2当量，排放增加

---

[1] Karl Hallding, Marie Olsson, Aaron Atteridge, et al., "Together Alone: BASIC Countries and the Climate Change Conundrum", Nordic Council of Ministers, Copenhagen, 2011, p.92.

量约为1990年排放量的2.7倍。1990—2014年南非排放量增加1.8亿吨CO_2当量，增加42.5%。虽然"基础四国"机制面临诸多挑战，但基于国情、利益诉求、最高关切等方面的相似性和所面临的压力，此机制仍然有为发展中国家在全球气候变化治理中做出贡献的可观未来潜力。未来，四国应当进一步拓宽气候变化领域的合作，在协调好谈判立场的基础上逐步扩展至务实层面，共对困难、分享经验，积极推动全球应对气候变化的治理进程。

表9-4 基础四国温室气体（CO_2、CH_4、N_2O、HFCs、PFCs、SF_6）排放总量（百万吨CO_2当量）

年份 国家	1990	1995	2000	2005	2010	2012	2014
中国	3986.3	4988.6	5328.1	8319.8	11409.1	12551.3	13113.1
印度	563.2	743.8	929.8	1119.6	1634.6	1833.6	2060.7
巴西	1989.0	1813.2	1310.3	2222.3	2498.7	1963.4	1718.0
南非	427.7	438.8	433.7	552.7	582.5	583.5	609.4

资料来源：International Energy Agency, IEA CO_2 Emissions from Fuel Combustion Statistics, https://stats.oecd.org/BrandedView.aspx?oecd_bv_id=CO_2-data-en&doi=data-00431-en.

第三节 全球城市低碳减排行动与治理机制

城市是人类活动最为集中的区域，从全球范围看，城市集聚了全球50%以上的人口、70%以上的能源资源消耗和80%以上的碳排放，由此决定了城市将成为应对气候变化、发展低碳经济的关键平台。在城市空间内发展低碳经济，创新低碳技术，改变生活方式，最大限度减少城市的温室气体排放，从而彻底摆脱以往大量生产、大量消费和大量废弃的社会经济运行模式，最终实现城市的清洁、高效、低碳和可持续发展。

一 城市碳排放

（一）城市化与碳排放

大规模城市化发展已成为一种全球趋势并正在加速进行中，目前在多个层面上，城市化的规模和速度都是前所未有的：城市人口已超过世界人口一半以上，其中 3/4 在发展中国家，预计到 2050 年将占到世界人口的 64%—69%；城市土地覆盖面积的扩张速度平均达到城市人口增长的 2 倍，预期增长将超过人类历史上的累积城市扩张；城市地区的经济发展水平（GDP）已占到全球的 80%。

城市化的迅速发展提高了人类创造财富和文明的速度，但同时也导致了大规模的能源需求和资源消耗，目前城市地区占全球最终能源使用总量的 71%—76%，城市能源相关的碳排放量的估计为 8.8 吉—14.3 吉吨，占全球最终能源碳排放的 53%—87%。[①] 由于城市化水平不一致，世界各个城市碳排放的比例存在巨大差异，同时城市温室气体排放在未来仍存在增长趋势。

（二）城市碳排放驱动因素

城市温室气体排放受到各种物理、经济和社会因素的影响，通过对建筑物、交通、工业以及能源供应、水和废物系统的能源需求影响，从而导致城市温室气体排放变化，目前科学文献和 IPCC 中广泛使用 IPAT 模型将城市温室气体排放因素分解为：

（1）经济地理，即城市地区产生的经济、能源、服务等功能。经济专业化类型和能源供应是经济增长推动城市温室气体排放的重要因素。

（2）社会人口，包括人口结构和动态，即人口规模、年龄分布和家庭特征、文化等因素。相对发达的城市在人口、家庭结构上具有明显的规模效应。

（3）技术要素，主要是指产业生产技术。低碳技术的投资研发和知识集中，体现于对资源的利用效率和城市温室气体排放的有效控制。

（4）基础设施，决定了城市交通、能源模式和系统效率，在影响城市长期碳排放轨迹方面发挥着重要作用。

众多驱动因素对城市能源使用和温室气体排放的影响是相互联系的，它们往往在不同的空间和时间尺度上相互作用，且各因素之间的相互作用和相对重要性各不相同。此外，许多因素会随着时间的推移而改变，并表现出一定的路径依赖。

[①] 由于城市层面碳排放核算面临边界界定、核算方法和数据限制，估计其还存在很大的不确定性。当前城市 CO_2 排放估算指的是最终能源使用，并排除了能源转换的上游排放。

二 城市低碳基础建设与空间规划

(一) 基础设施和城市形态

基础设施指支持城市功能运营的服务和建筑结构的城市设施。目前，工业化国家基础设施的平均人均排放量是 53 吨 CO_2，比发展中国家大 5 倍以上。城市低碳基础设施要在其生命周期建设、使用和处理的三个阶段减少温室气体排放，包括交通、供水系统、固体废物管理、电信通信、发电和配电等。

城市形态主要包括密度、土地利用、连通性和可达性四个指标，它们反映了城市形态和结构的不同方面，是相互关联和相互影响的，减缓城市碳排放不能孤立地追求单个指标，在较高的就业密度、显著的交通改善、高效的土地使用和其他支持性需求管理措施的基础上，可以在长期内更有效地减少城市系统温室气体排放。

(二) 空间规划

城市空间规划是以促进城市多方面系统增长方式的规划，包括土地保护、经济发展、低碳减排和社会公正。全球气候变化背景下，构建功能紧凑的低碳城市空间形态已成为世界各地城市实现低碳化可持续发展的主要途径之一，即通过合理的城镇空间布局、产业结构组织及基础设施，积极引导城市各项功能的合理分区，减少商品交通运输的成本及运距，引导城市各类要素向城镇空间集聚，避免城市规模过度扩张和功能的单一化，形成不同等级、不同层次城市间横向联系的网状格局。这种网状格局往往是最低碳的，因为它意味着最小的交通量、最低的能源消耗、最少的碳排放。

三 城市减排路径与治理机制

(一) 能源发展低碳化：基础低碳

能源消耗是城市碳排放的重要源头，所谓基础低碳就是指城市能源的低碳化，构建安全、稳定、经济、清洁的现代能源体系。首先，从源头上改变能源结构，实现"高碳"化石能源结构逐渐向"低碳"清洁能源结构的转变，大力推进可再生能源、核能和清洁煤的使用。其次，从过程中提高能源效率，积极推广节能技术，降低单位发电能耗以及污染物排放。最后，从输出中清除碳排放，着力于处理城市能源输出系统排放与大气中的温室气体。

（二）经济发展低碳化：结构低碳

经济结构决定了能源的消费结构，从而影响城市能源消耗温室气体排放。所以实现经济低碳，必须从结构上实现低碳高效发展，完成对高碳产业的优化改造和低碳产业的有效推进。首先优化调整传统工业，淘汰改造高能耗、高碳排放产业、企业，提高工业领域的技术水平。其次优先发展低碳产业，如高新技术产业、现代服务业等。另外积极发展碳汇产业，植树造林以及农业低碳化的发展也是实现结构低碳的有效途径。

（三）社会发展低碳化：方式低碳

打造低碳生活方式是构建低碳城市的重要组成部分。通过创建和倡导低碳生活方式，培养可持续发展、绿色环保、文明和谐的低碳文化理念，形成具有低碳消费意识的"橄榄形"公平社会。低碳社会建设是一项系统性、长期性的社会工程，需要社会中的各团体力量共同参与，改变以往高消费、高浪费、高排放的一种新的生活方式。

（四）技术发展低碳化：支撑低碳

发展低碳技术是低碳城市实践的支撑，涉及电力、交通、建筑、能源等各个部门的技术开发。包括供暖、发电、碳捕获与存储、新材料、生态恢复等核心技术的研发；制定分析评价低碳产品及生命周期的规范化技术标准；建立低碳技术引导和激励机制，引导企业研发和采用低碳技术，淘汰落后产能；培养低碳技术人才，建立清洁生产、可再生能源等专业领域的人才支撑体系。

专栏 9-1　城市减排国际经验

1. 英国伦敦——低碳之都

英国伦敦是低碳城市建设和实践的领跑者。英国政府于 2003 年在能源白皮书中首次明确提出低碳经济的概念，逐渐得到了世界各国的广泛认可。首都伦敦自 2007 年提出低碳伦敦的行动计划，成为应对气候变化的城市行动中英国模式的典型城市。

伦敦在低碳城市建设中注重在建筑和交通两个领域推广可再生能源应用、提高能效和控制能源需求，强调技术、政策和公共治理手段相结合，致力于解决诸如绿色家园、商业、能源效率和运输等问题，建设政策主要

有四个方向:

第一,改善现有建筑和新建建筑的能源效益。推行"绿色家居计划",并向伦敦市民提供家庭节能咨询服务。

第二,发展低碳及分散的能源供应。在市内发展热电冷联供系统、小型可再生能源装置,代替部分由国家电网供电,从而减少长距离输电损耗。

第三,降低地面交通运输的排放。引进碳价格制度,根据CO_2排放水平,向进入市中心的车辆征收费用。

第四,市政府以身作则。严格执行绿色政府采购政策,采用低碳技术和服务,改善市政府建筑物的能源效益,鼓励公务员养成节能习惯。

2. 日本东京——低碳社会

日本是《京都议定书》的发起和倡导国,认为应对全球气候变化的唯一出路是构建低碳社会,在2007年提出"低碳社会"理念后,日本首相福田康夫提出"福田蓝图",即日本新的防止全球气候变暖对策,制定了到2050年温室气体排放量减少60%—80%的目标,提出了《低碳社会规划行为方案》。

东京在应对气候变化上坚决推行"世界最高水平的应对策略",作为"低碳社会"模式的示范城市,其始终遵循在所有部门减少碳排放、提倡物尽其用的节俭精神、与大自然和谐生存三个原则。东京政府致力于整合不同政策全方位开展碳减排,其基本政策有四个方面:

协助私人企业采取措施减少CO_2排放,推行限额贸易系统为企业提供多种减排工具,成立基金资助中小企业采用节能技术。

在家庭部门积极推进CO_2减排,以低碳生活方式减少照明、家装、燃料等开支。

减少由城市发展产生的CO_2排放,新建政府设施需符合节能规定,要求新建建筑物的节能表现必须高于目前的法定标准。

减少由交通产生的CO_2排放,制定有利于推广使用省油汽车的规则。

3. 丹麦哥本哈根——世界气候之都

哥本哈根是2009年联合国气候变化大会主办城市,并在全球首次提出要在2025年之前成为第一座碳中和城市,实现零排放。并计划分两个阶段实施低碳城市战略，第一阶段目标是到 2015 年将全市 CO_2 排放在 2005 年基础上减少 20%；第二阶段目标是到 2025 年将排放量降为零，成为世界气候之都。

为此，哥本哈根计划陆续出台 50 项政策措施，旨在通过政策制度创新来实现以上目标，具体实施分为六个领域：

能源供给。建立新能源发电和供热站，增加风力发电站、地热供热基础设施建设等。

绿色交通。绿色交通建设包括使用 LED 节能路灯、推行新能源汽车、鼓励自行车交通等。

节能建筑。包括通风、温度、照明、噪声控制 4 个维度，对城市建筑进行节能标准核查、对现有建筑进行升级或改造。

公众意识。以咨询和培训的方式，建立了专门的气候科学中心，提高公众的低碳意识，培养新一代"气候公民"。

城市规划。建设碳中和城市和低碳试验区，对隔热、建材、电力、通风等各个环节设立严格的标准。

天气适应。着眼未来制订天气适应计划，包括应对极端天气的措施，增加绿植面积以及修建袖珍公园等城市小型绿地。

第四节　中国低碳城市：进展与未来治理

中国是第一个将节能减排列为国家发展重要目标的发展中国家。1996 年 3 月，根据《中华人民共和国国民经济和社会发展"九五"计划和 2010 年远景目标纲要》，我国制定了"万元国民生产总值消耗的能源由 1995 年的 2.2 吨标准煤下降到 2000 年的 1.7 吨标准煤，年均节能率 5%"[①] 的奋斗目标。2007 年，发改委编制了《中国应对气候变化国家方案》，明确了到 2010 年中国应

---

① 《中华人民共和国国民经济和社会发展"九五"计划和 2010 年远景目标纲要》，《中华人民共和国全国人民代表大会常务委员会公报》1996 年第 2 期。

对气候变化的具体目标、基本原则、重点领域及其政策措施。① 在 2009 年哥本哈根世界气候大会上,我国政府主动提出:到 2020 年单位国内生产总值二氧化碳排放比 2005 年下降 40%—45%。② "十二五"规划纲要,更是首次将碳减排约束性指标写入国家五年计划,要求 2015 年单位国内生产总值二氧化碳排放比 2010 年降低 17%。③ 2014 年 11 月,中美双方共同发表了《中美气候变化联合声明》,中国计划 2030 年左右二氧化碳排放达到峰值且将努力早日达峰。④ 而最新发布的"十三五"规划纲要也明确指出,中国要积极应对全球气候变化:坚持减缓与适应并重,主动控制碳排放,落实减排承诺,增强适应气候变化能力,深度参与全球气候治理,为应对全球气候变化做出贡献。⑤ 那么,从国家层面转至城市层面,我国政府做出了哪些努力?中国低碳城市的发展进展如何?本节将对此展开研究。

一 中国低碳城市的发展进展

2008 年 1 月,国家建设部与世界自然基金会(World Wide Fund for Nature or World Wildlife Fund,WWF)以上海和保定两市为试点联合启动"低碳城市"发展项目,⑥ 旨在建筑节能、可再生能源和节能产品制造与应用等领域,寻求低碳发展的解决方案,并总结可行模式,从而向全国其他城市推广。⑦

2010 年 7 月,国家发改委发布《关于开展低碳省区和低碳城市试点工作的通知》,确定广东、辽宁、湖北、陕西、云南五省和天津、重庆、深圳、厦门、杭州、南昌、贵阳、保定八市为我国第一批国家低碳试点。具体任务包

---

① 《国务院关于印发中国应对气候变化国家方案的通知》,《中华人民共和国国务院公报》2007 年第 20 期。
② 温家宝:《凝聚共识 加强合作 推进应对气候变化历史进程——在哥本哈根气候变化会议领导人会议上的讲话》,《资源与人居环境》2010 年第 1 期。
③ 《中华人民共和国国民经济和社会发展第十二个五年规划纲要》,《人民日报》2011 年 3 月 17 日第 1 版。
④ 《中美气候变化联合声明》,《人民日报》2014 年 11 月 13 日第 2 版。
⑤ 《中华人民共和国国民经济和社会发展第十三个五年规划纲要》,《人民日报》2016 年 3 月 18 日第 1 版。
⑥ 陈璐等:《我国低碳城市建设模式研究》,河北教育出版社 2016 年版。
⑦ 节能与环保编辑部:《上海、保定入选 WWF 低碳城市试点——低碳城市发展项目正式启动》,《节能与环保》2008 年第 2 期。

括：编制低碳发展规划、制定支持低碳绿色发展的配套政策、加快建立以低碳排放为特征的产业体系、建立温室气体排放数据统计和管理体系以及积极倡导低碳绿色生活方式和消费模式。①

2012年12月，根据国务院印发的"十二五"控制温室气体排放工作方案（国发〔2011〕41号），国家发改委印发了《关于开展第二批国家低碳省区和低碳城市试点工作的通知》。根据地方申报情况，统筹考虑各申报地区的工作基础、示范性和试点布局的代表性等因素，经沟通和研究，国家发展改革委确定在北京市、上海市、海南省和石家庄市、秦皇岛市、晋城市、呼伦贝尔市、吉林市、大兴安岭地区、苏州市、淮安市、镇江市、宁波市、温州市、池州市、南平市、景德镇市、赣州市、青岛市、济源市、武汉市、广州市、桂林市、广元市、遵义市、昆明市、延安市、金昌市、乌鲁木齐市开展第二批国家低碳省区和低碳城市试点工作。此次扩大试点范围，是探寻不同类型地区控制温室气体排放路径、实现绿色低碳发展的重要举措。②

2017年1月，按照"十三五"规划《纲要》《国家应对气候变化规划（2014—2020年）》和《"十三五"控制温室气体排放工作方案》要求，为了扩大国家低碳城市试点范围，鼓励更多的城市探索和总结低碳发展经验，国家发改委组织各省、自治区、直辖市和新疆生产建设兵团发展改革委开展了第三批低碳城市试点的组织推荐和专家点评。经统筹考虑各申报地区的试点实施方案、工作基础、示范性和试点布局的代表性等因素，确定在内蒙古自治区乌海市等45个城市（区、县）开展第三批低碳城市试点。同时发布了对应的时间规划部署：计划于2017年2月底前：启动试点，修改完善试点方案，推进试点工作；2017—2019年：试点任务取得阶段性成果，形成可复制、可推广的经验；2020年：逐步在全国范围内推广试点地区的成功经验。③

---

① 《国家发展改革委关于开展低碳省区和低碳城市试点工作的通知》（2010年7月），2019年9月16日，http：//www.ndrc.gov.cn/zcfb/zcfbtz/201008/t20100810_365264.html。
② 国家发展和改革委员会：《我委印发关于开展第二批国家低碳省区和低碳城市试点工作的通知》（2012年12月5日），2019年9月16日，http：//www.ndrc.gov.cn/gzdt/201212/t20121205_517506.html。
③ 国家发展和改革委员会：《国家发展改革委关于开展第三批国家低碳城市试点工作的通知》（2017年1月7日），2019年9月16日，http：//www.ndrc.gov.cn/zcfb/zcfbtz/201701/t20170124_836394.html。

下面，结合我国上海和香港在低碳发展方面的具体案例，进一步解读我国城市的低碳发展进程。

（一）上海市

上海市碳排放以化工业主导的结构性特征依然存在，正处于由工业主导型的碳排放向交通主导型的碳排放转变的过渡时期。[①]

为响应国家节能减排号召，1998 年 9 月 22 日，上海市第十一届人民代表大会常务委员会第五次会议通过了《上海市节约能源条例》，并于 2009 年 4 月 23 日上海市第十三届人民代表大会常务委员会第十次会议上再次修订，在节能管理部门、节能执法机构、能源计量管理和节能产品认证、节能行业协会、节能技术进步、法律责任等方面进行了补充、修改和完善。

2009 年 12 月 28 日，上海市宏观经济学会、上海市发展改革研究院联合主办了"低碳经济与上海发展论坛"。论坛探讨了发展低碳经济、创建低碳示范城市、打造上海三大低碳实践区等内容。打造崇明岛、临港新城、虹桥枢纽三大实践区，三个实践区将根据自身特点探索低碳路径，崇明岛将建立低碳生态实践区、临港新城将建立低碳发展实践区，而虹桥枢纽则将建立低碳商务实践区。[②]

2010 年 1 月，《崇明生态岛建设纲要（2010—2020 年）》（以下简称《纲要》）正式发布。上海市将努力建立低碳型的经济发展和社会消费模式，协调经济社会发展和保护生态环境。依托科技创新，推行循环经济，发展低碳型的生态产业，积极有效地控制碳排放，努力将崇明本岛建成环境和谐优美、资源集约利用、经济社会协调发展的现代化生态岛。[③] 其中，《纲要》提出：至 2020 年，全岛实现农田节水灌溉工程覆盖率达到 75%；建设用地总量控制在 209 平方公里以内，比重不超过 13.1%；占全球种群数量 1% 的水鸟物种数将达到 10 种以上，森林覆盖率上升为 28%，人均公共绿地面积增加到 15 平方米，生态保护地面积比例达到 83.1%，自然湿地保有率稳定控制在 43%；生

[①] 周冯琦等：《低碳城市建设与碳治理创新——以上海为例》，上海社会科学院出版社 2016 年版。

[②] 《上海：打造三大低碳实践区 "低碳经济与上海发展论坛"日前召开》（2009 年 12 月 31 日），2019 年 9 月 16 日，http://fgw.sh.gov.cn/xwzx/fzggdt/12884.htm。

[③] 上海市发展和改革委员会：《崇明生态岛建设纲要（2010—2020 年）（摘要）》（2010 年 1 月 20 日），2019 年 9 月 16 日，http://fgw.sh.gov.cn/gk/xxgkml/ggjg/zxgg/17344.htm。

活垃圾分类收集覆盖率达 85%，资源化利用率达 80%；畜禽粪便资源化综合利用率达到 95% 以上；秸秆资源化利用率和农田薄膜回收率均达到 95% 以上；工业固废（粉煤灰）综合利用率保持在 90% 以上；建筑垃圾再生利用率达 95% 以上；实现污泥资源化率 95% 以上；力争风能、太阳能等可再生能源发电装机达 20 万—30 万千瓦；崇明岛单位 GDP 综合能耗达到 0.6 吨标准煤；城镇污水集中处理率力争达到 90% 以上；API 指数一级天数将达到 145 天以上；万元工业增加值能耗降至 0.5 吨标准煤/万元，万元工业增加值新鲜水耗降至 18 立方米/万元，再生材料使用率达到 15%，工业用水重复利用率达到 95%，工业废水排放达标率保持 100%；全岛村级居民点数量控制在 188 个以内，城市化率达到 70% 以上；公交出行比例达到 22%，各类公交车辆环保节能标准不低于市中心标准，车辆清洁能源使用率达到 60%；全岛人均社会事业发展财政支出力争达到 1.5 万元左右等具体目标和规划（见表 9-5）。

表 9-5　崇明生态岛建设主要评价指标一览表

序号	指标	单位	2020 年
1	建设用地比重	%	13.1
2	占全球种群数量 1% 以上的水鸟物种数	种	≥10
3	森林覆盖率	%	28
4	人均公共绿地面积	平方米	15
5	生态保护地面积比例	%	83.1
6	自然湿地保有率	%	43
7	生活垃圾资源化利用率	%	80
8	畜禽粪便资源化利用率	%	>95
9	农作物秸秆资源化利用率	%	>95
10	可再生能源发电装机容量	万千瓦	20—30
11	单位 GDP 综合能耗	吨标准煤/万元	0.6
12	骨干河道水质达到 Ⅲ 类水域比例	%	95
13	城镇污水集中处理率	%	90
14	空气 API 指数达到一级天数	天	>145
15	区域环境噪声达标率	%	100
16	实绩考核环保绩效权重	%	25

续表

序号	指标	单位	2020年
17	公众对环境满意率	%	>95
18	主要农产品无公害、绿色食品、有机食品认证比例（其中：绿色食品和有机食品认证比例）	%	90（30）
19	化肥施用强度	公斤/公顷	250
20	农田土壤内梅罗指数	—	0.7
21	第三产业增加值占GDP比重	%	>60
22	人均社会事业发展财政支出	万元	1.5

资料来源：《崇明生态岛建设纲要（2010—2020年）》，2010年1月20日访问。

2011年5月，上海市正式启动低碳发展实践区试点工作。确定了虹桥商务区、崇明县、长宁区虹桥地区、临港地区（包括产业区和主城区）、卢湾区中南部地区、徐汇区滨江地区、金桥出口加工区、奉贤区南桥新城8个区域为第一批低碳发展实践区试点单位。

2012年3月，《上海市节能和应对气候变化"十二五"规划》（以下简称《规划》）正式发布。《规划》回顾了"十一五"期间，上海市举办"低碳世博"；实施宝钢高炉煤气发电等一批清洁发展机制（CDM）项目，年减排二氧化碳约650万吨；建设华能石洞口电厂碳捕获（CCS）项目，年捕获二氧化碳能力达10万吨等取得的重要成就。同时《规划》进一步提出：上海作为东部沿海发达地区将承担更重的节能降碳指标任务，但随着一批重大项目的落地建设、国际航运中心建设的加快推进、居民生活质量的进一步提高，"十二五"期间上海工业、交通、建筑、生活等领域用能仍将继续保持较快增长，必须进一步加大工作力度、实现更大的突破创新，以完成国家下达的节能降碳目标。总体目标为：到2020年，上海力争实现传统化石能源消费总量的零增长，能源利用效率主要指标达到国际先进水平，人均能源消费量和碳排放量基本实现零增长，单位生产总值二氧化碳排放量比2005年下降40%—45%。各项具体指标，如表9-6所示。[①]

---

① 《上海市节能和应对气候变化"十二五"规划》（2012年3月28日），2019年9月16日，http://fgw.sh.gov.cn/gk/xxgkml/ggjg/zcjgg/17351.htm。

表 9-6　　"十二五"全市节能和应对气候变化指标体系

类别	指标名称	单位	目标值	指标性质	备注
总体指标	单位生产总值能源消耗降低率	%	18	约束性	国家下达指标
	单位生产总值二氧化碳排放量降低率	%	19	约束性	国家下达指标
	2015年全市能源消费总量	万吨标准煤	以国家下达指标为准	控制性	
能效提升	工业万元增加值能耗下降率	%	22	约束性	
	建筑施工业万元增加值下降率	%	15	约束性	
	营运船舶单位运输周转量能耗下降率	%	20	约束性	
	航空客货运输业单位运输周转量能耗下降率	%	18	约束性	
	市级机关单位建筑面积能耗下降率	%	10	约束性	
	旅游饭店单位建筑面积能耗下降率	%	8	约束性	
	商场单位建筑面积能耗下降率	%	8	约束性	
	学校单位建筑面积能耗年均上升率	%	不超过2	约束性	
	医院单位建筑面积能耗下降率	%	8	约束性	
能源低碳化	2015年煤炭消费总量	万吨	5800左右	预期性	
	2015年非化石能源占一次能源比重	%	12左右	约束性	
增强碳汇	林业湿地等新增碳汇能力	万吨	20	预期性	
	2015年森林覆盖率	%	15	约束性	

注：（1）营运船舶单位运输周转量能耗下降率、航空客货运输业单位运输周转量能耗下降率为2015年相对于2005年的下降值。（2）控制性指标在工作目标考核中占一定权重，但还不是约束性指标，其具体权重和力度要求根据国家的部署要求及本市实际需要确定。

资料来源：《上海市节能和应对气候变化"十二五"规划》（2012年3月28日），2019年9月16日，http://fgw.sh.gov.cn/gk/xxgkml/ggjg/zcjgg/17351.htm。

2013年初，上海市发改委正式印发了《上海市温室气体排放核算与报告指南（试行）》以及钢铁、电力、建材、有色、纺织造纸、航空、大型建筑（宾馆、商业和金融）和运输站点8个上海碳排放交易试点相关行业的温室气体排放核算方法。这也是国内正式印发的首个系统性的企业层面碳排放核算方法，为科学确定企业碳排放量提供了统一的度量衡，具有广泛的指导和借鉴意义。[①]

[①] 上海市发展改革委：《我委制订发布〈温室气体排放核算与报告指南〉及相关行业核算方法》（2013年1月15日），2019年9月16日，http://fgw.sh.gov.cn/xwzx/fzggdt/13181.htm。

上海市温室气体排放核算和报告的基本流程，如图9-3所示。

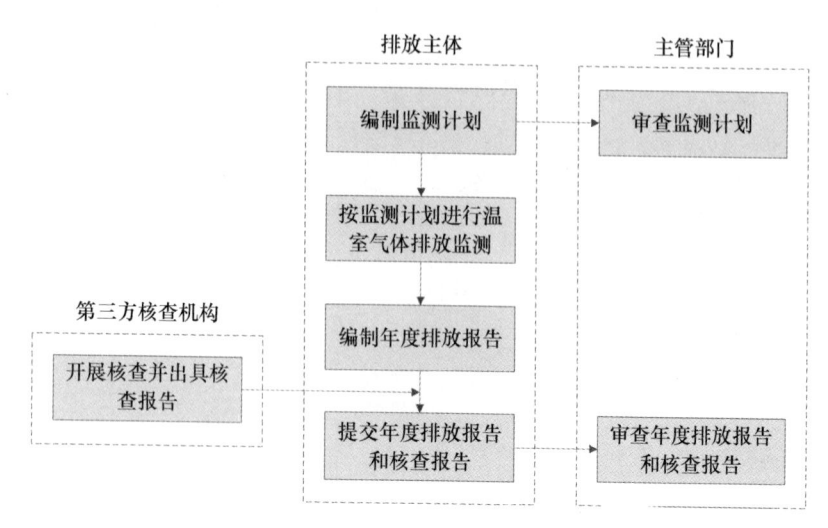

图9-3　上海市温室气体排放核算和报告基本流程

资料来源：《上海市温室气体排放核算与报告指南（试行）》，2013年。

2013年6月17日，全国首个"低碳日"上海主题宣传活动在外滩金融广场举行。作为一项贯穿全年的行动，"上海市2013年市民低碳行动"以"城市生活，乐享低碳"为主题，重点聚焦"衣、食、住、行、用"五个方面，通过在市民家庭、商家、办公楼宇、企业事业单位、校园五个领域，倡导践行一些"简单、易行、实践性强"的低碳行为，促进全社会加快形成更加健康、环保、时尚的低碳生活方式。

2013年11月6日，上海市政府发布《上海市碳排放管理试行办法》，全市建立了碳排放配额管理制度，将年度碳排放量达到规定规模的排放单位纳入配额管理；其他排放单位可以向市发展改革部门申请纳入配额管理。纳入配额管理的单位应当于每年3月31日前，编制本单位上一年度碳排放报告；每年12月31日前，制订下一年度碳排放监测计划，明确监测范围、监测方式、频次、责任人员等内容，并报市发展改革部门。[1]

---

[1]　上海市人民政府：《上海市碳排放管理试行办法》（2013年11月20日），2019年9月16日，http：//www.shanghai.gov.cn/nw2/nw2314/nw2319/nw2407/nw31294/u26aw37414.html。

2014年7月，上海市发改委发布了《关于开展上海市低碳社区创建工作的通知》，在社区自愿申报、专家评定的基础上滚动推进低碳社区的创建工作。每年择优选取10个左右的社区参与为期两年的低碳试点创建，并通过持续推进，促进形成一批"上海市低碳示范社区"，参与申报和创建"国家低碳示范社区"。2015年3月，凌云街道梅陇三村等11个社区被列为上海市首批低碳社区试点的创建单位。上海市首批低碳（试点）社区名单及创建重点如表9-7所示。

表9-7 　　　上海市首批低碳（试点）社区名单及创建重点

序号	试点社区名称	建议创建重点
1	凌云街道梅陇三村	（1）积极发挥"绿主妇"团队的组织优势，进一步带动男性和出租户共同参与低碳社区建设； （2）积极发挥社区低碳展示和体验项目的示范效应，进一步完善低碳发展的可持续工作机制和成果推广机制
2	凉城新村街道凉城新村	（1）积极利用社区内的企业资源和社会资源，加大节能低碳产品推广力度和相关宣传、教育、体验活动普遍面； （2）探索完善相关机制，促进整个街道共同参与低碳社区创建
3	半淞园街道耀江社区	（1）积极推进低碳交通工程，建立智能化公共自行车租赁系统； （2）积极推进社区温室气候排放监测平台建设，建立量化指标体系，加强居住建筑的能源监测； （3）积极推进低碳产品服务推广平台、低碳社会化组织平台建设，以平台建设促进低碳项目实施和氛围营造
4	延吉新村街道延吉七村	（1）积极推进社区湿垃圾减量预处理示范项目建设，力争在湿垃圾就地减量方面早日突破； （2）积极发挥第三睦邻中心的优势，加强低碳理念的宣传培育活动； （3）引入专业机构，整体设计社区低碳改造项目
5	四平路街道鞍山四村第三居民区	（1）进一步加强"环境友好型社区节能减排适用技术集成与示范项目"的成果后续利用，完善社区能耗监测平台建设； （2）积极探索自下而上的社会低碳参与机制，调动居民共同参与低碳社区建设
6	盈浦街道绿舟、怡澜社区	（1）进一步加强低碳理念的宣传，通过组织"低碳家庭"评选等活动，调动居民参与低碳创建的积极性； （2）进一步发挥社区高起点建设的优势，对垃圾处理装置等社区原有的节能、低碳及资源利用设施要进一步管好、用好； （3）对于社区内的别墅区域及有条件的区域，应积极推广屋顶光伏、新能源充电桩等

续表

序号	试点社区名称	建议创建重点
7	曹杨新村街道南梅园社区	（1）结合"分龄自治"，进一步加强低碳理念的宣传、渗透； （2）进一步发挥社区的软环境优势，组织居民收集家庭能源账单，跟踪对比能耗数据； （3）引入专业机构，整体设计社区低碳改造项目
8	夏阳街道青平社区	（1）积极推动社区科普商店建设，推广节能低碳产品； （2）积极组织论证社区公共照明LED改造以其他节能低碳项目建设
9	石化街道山龙新村	（1）积极推进"左中右"微公交项目，研究论证雨水收集利用和车库可渗透路面建设； （2）积极推进低碳积分综合平台建设； （3）进一步发挥社区的软环境优势，组织居民收集家庭能源账单，跟踪对比能耗数据
10	江苏路街道曹家堰、华山社区	（1）积极探索绿色低碳的社区运营模式，进一步调动外籍人士和本地居民共同参与低碳社区建设； （2）积极推进屋顶光伏、慢行社区等项目改造，并探索完善社区自身投入和反哺机制
11	友谊路街道宝山五村、住友宝莲	（1）进一步加强居民低碳意识培养，组织开办"低碳讲座"等体验活动，加快推进"低碳长廊"等体验区域建设； （2）引入专业机构，整体设计社区低碳改造项目，加强社区节能低碳改造项目的能耗监测对比

资料来源：上海市发展和改革委员会：《关于启动开展凌云街道梅陇三村等11个市级低碳社区试点创建工作的通知》（2015年3月16日），2019年9月16日，http://fgw.sh.gov.cn/xxgk/cxxxgk/14985.htm。

2016年2月，《上海市国民经济和社会发展第十三个五年规划纲要》发布。要求全面实行能源消费、二氧化碳排放的总量和强度双控制度，到2020年，全市能源消费总量控制在1.25亿吨标准煤、二氧化碳排放总量控制在2.5亿吨以内，单位生产总值能源消耗、单位生产总值二氧化碳排放量降低率、主要污染物排放削减率确保完成国家下达目标。减缓和适应并重，进一步加大应对气候变化力度，努力尽早实现碳排放峰值。加大力度优化能源结构，大力发展天然气、光伏和风电等低碳清洁能源，严格实施重点单位煤炭消费总量控制制度，确保煤炭消费总量明显下降。深入推动工业、建筑、交通和公共机构等重点领域节能降碳。实施重点用能企业能效对标达标行动，到2020年全市主要耗能行业和工业产品单耗达到国内外先进水平。加大既有建筑节能改造力度，全面推广绿色建筑，推行装配式建筑和全装修住宅。深入开展低碳试点示范，实施节能低碳认证标识制度。大力倡导绿色低碳出行、绿色消费。加强气候变化风险评估，提升城市基础设施适应气候变化能力。[1]

2016年7月，上海市在"十二五"碳强度目标责任考核工作中，初步评定考核等级为"优秀"。在努力调整产业结构、节能增效、优化能源结构、增加森林碳汇、开展低碳试点示范、加强能力建设等方面，上海市扎扎实实开展了大量富有成效的工作，全市单位生产总值二氧化碳排放"十二五"累计下降29%，超额完成国家下达的降低19%目标。

毫无疑问，上海市是我国打造低碳示范城市的排头兵，然而其低碳实践的道路却并非一帆风顺。2001年，上海规划将崇明岛定位为世界级生态岛，明确"崇明是上海未来城市发展的战略空间"。2005年11月，上海实业集团与奥雅纳公司分别代表中英双方签署了东滩生态城规划项目，明确了将东滩建成全球首个可持续发展生态城。此后，东滩生态城在国际上引起了广泛关注，被美国《商业周刊》评选为"未来中国十大最具影响力的规划与项目"。根据规划，东滩这个大上海城边上杂草丛生的一岛小角，将被建设成为一个可以容纳5万人的高能效城市，城市垃圾将被循环利用于发电，海边将安装小型的风力发电机。按照规划，项目第一阶段将在2010年上海世博会开始前建成，经过30年的建设，最终将成为能够容纳50万人的大型生态城。在东滩生态城的假设起步阶段，其开发模式被浙江湖州等地复制和应用。然而，东滩生态城项目最终如流星一般坠落，原因在于：一方面，生态城规划虽然由世界知名的建筑工程公司设计，但外方却不了解中国国情和当地居民的切实需求；另一方面，关于实际投资方的争论令东滩生态城缺乏足够稳定的资金支持，由于工期较长，资金难以到位，随着上海市市政府权力更迭，使东滩生态城项目变成了一个烫手山芋，继任者避之唯恐不及。上海东滩生态城建设所面临的困难和反映出来的问题，也为中国其他地区对低碳城市建设的热情提供了反思的案例，很多经验教训值得吸取。[2]

综上，上海市在节能减排工作方面做出了积极贡献，但应对气候变化的道路依然任重道远。据最新数据显示：2018年，全市综合能耗5000吨标准煤及

---

[1] 上海市发展和改革委员会：《上海市国民经济和社会发展第十三个五年规划纲要》（2016年2月17日），2019年9月16日，http://fgw.sh.gov.cn/gk/xxgkml/ggjg/zcjgg/23014.htm。

[2] 周冯琦等：《低碳城市建设与碳治理创新——以上海为例》，上海社会科学院出版社2016年版。

以上的重点用能单位总计843家，其中列入全国"百家"（年耗能300万吨标准煤及以上）重点用能单位5家，"千家"（年耗能50万吨至300万吨标准煤）重点用能单位13家，"万家"（年耗能5000吨至50万吨标准煤）重点用能单位825家；2018年全市综合排放温室气体达到13000吨（包括直接和间接排放）二氧化碳当量及以上的重点排放单位总计850家。① 未来30年，上海城市人口还将进一步增长，城市仍面临碳排放增加的压力和挑战。城市的形态、经济总量和结构、能源结构、能源供给方式、建筑模式、消费模式、交通和建成的技术设施等，都是影响城市碳排放的重要因素。② 因此，如何联合政府、企业以及普通市民开展更为全面和持续的减排工作，仍是今后相当长时间内的重要工作和议题。

（二）香港

香港政府在气候变化和节能减排方面做出了积极贡献。根据《巴黎协定》，香港订立了进取的碳减排目标，即在2030年把碳排放由2005年的水平降低65%至70%，相当于26%至36%的绝对减排量，以及人均排放量减至3.3公吨至3.8公吨。③ 同时，近年来连续发布了《香港资源循环蓝图2013—2022》《香港厨余及园林废物计划2014—2022》《香港都市节能蓝图2015—2025+》《香港清新空气蓝图》《香港生物多样性策略及行动计划2016—2021》《透过4T合作伙伴加强在香港现有建筑物节约能源》等多部指导性文件和政策规划，用于指导相关机构和激励市民积极参与到减缓气候变化的行动中来。

众所周知，香港本地缺乏一次能源，需要依靠输入能源并将其转化为二次能源为市民提供电力。作为一个人口稠密的国际商业、金融、贸易和物流中心，香港需要高度可靠、安全、洁净和可负担的电力。虽然政府在1997年决定不再兴建新的燃煤发电机组，但香港目前仍然有约70%的碳排放源自发电。

---

① 《关于组织开展上海市重点单位2018年度能源利用状况和温室气体排放报告以及能耗总量和强度"双控"目标评价考核等相关工作的通知》，2019年4月16日，上海节能低碳和应对气候变化网（http://www.reg-sh.org/tzggContent.jsp?artid=13678&colid=457）。

② 周冯琦等：《低碳城市建设与碳治理创新——以上海为例》，上海社会科学院出版社2016年版。

③ 环境局：《香港气候行动蓝图2030+》（2017年1月），2019年9月16日，https://www.climateready.gov.hk/files/report/tc/HK_Climate_Action_Plan_2030+_booklet_Chin.pdf。

当前最适合香港而又可大规模替代燃煤发电的技术为天然气发电。首台燃气发电机组于1996年兴建。现在香港已有共10台同类发电机组，在2015年已满足27%的电力需求。预计到2020年左右，天然气将满足香港大约一半的电力需求，而燃煤发电将减少至约25%。这有助实现把香港的碳强度由2005年水平降低50%至60%的目标，相等于将绝对碳排放量减少约20%。

同时，香港的建筑物占全港用电量的90%。超过60%的碳排放来自与建筑物耗能相关的电力生产。因此，在建筑业领域实践节能是香港的短期以至长期的基本目标。其基本策略包括：（1）由政府在公营建筑物方面担任领导角色；（2）推广"4T原则"（Target，Timeline，Transparency，Together）并与利益相关者合作；（3）推进新兴能源效益市场，从而有利于建筑物业主获取投资能源效益所需的基本资金。

表9-8　　现有建筑物的绿化及节约能源政策列表

政策内容	政府措施	与外部团体合作
1. 建筑物能源效益守则	《建筑物能源效益条例》下的规管守则包括：《屋宇装备装置能源效益实务守则》（简称《建筑物能源效益守则》）及《能源审核守则》。政府将定期检讨和收紧该等守则	
2. 汇报能源表现数据并制定基准	《建筑物能源效益条例》下的订明建筑物须披露其中央屋宇装备装置的能源消耗指标。 机电工程署为有关住宅及商业单位提供网上能源消耗基准工具	香港绿色建筑议会推出了"悭电环评"系列，对象包括办公室用户及办公大楼和商场等商业大楼（"悭电环评—办公室用户"及"悭电环评—商业大楼（办公大楼及商场）"）
3. 强制审核及重新校验	《建筑物能源效益条例》下的订明建筑物须每十年进行一次能源审核。 机电工程署正推行先导试验计划，以政府建筑物作为试点，进行重新校验	香港绿色建筑议会正筹备"ACT-SHOP"计划，提出重新校验为良好节能方法，并致力向本地建造业推广
4. 排放交易计划	在本港的适用性有待观察	
5. 绿色建筑评估及能源表现标签	政府在实施"活化工厦"计划时，进一步鼓励整幢改装的项目加入环保元素/采取环保措施，并借此取得绿色建筑认证	香港绿色建筑议会制订了绿建环评计划，并已在营运该计划。计划将对新建建筑物（包括大规模装修）、现有建筑物和室内建筑进行评估

续表

政策内容	政府措施	与外部团体合作
6. 财政措施	实施建筑物能源效益资助计划，以等额方式资助业主进行能源及二氧化碳排放综合审计和节约能源项目。 如具备以下资格，可获扣除利得税开支： （1）"建筑物翻修"涵盖住用建筑物以外的建筑物翻新或翻修工程； （2）"香港建筑物能源效益注册计划"中已注册的"环保装置"和节能建筑物	《管制计划协议》下的两家电力公司以等额方式向业主提供资助，以进行改善能源效益工程。2018年后签署的新协议，将大幅增加由电力公司成立的能源效益基金的金额，以资助建筑物进行翻新和重新校验工程，亦会推行以建筑物为本的智能/资讯科技技术，进一步提升更多建筑物的能源效益。 市区重建局推行"楼宇维修综合支援计划"（综合计划），为住宅楼宇公用地方的维修工程（包括提高能源效益的翻新工程）提供资助
7. 非财政措施	在本港的适用性有待观察	
8. 提升大众意识计划	机电工程署为"全民节能悭神有计"网站提供支援，让市民知悉超过50个伙伴机构举办的最新节能活动。 机电工程署正对学童推行外展计划。 持续进行推广及宣传计划，以加强公众教育及提高意识	环境及自然保育基金资助非牟利机构（例如大学、社区组织及学校）进行有关绿化、节约能源及可再生能源等的环境、教育及小型工程/示范项目
9. 推广绿色租约		香港绿色建筑议会为业主及租户编制"和绿共事"指南，并在本地各商场进行宣传活动
10. 自愿性领导计划	机电工程署协助环境局推行多个"节能约章"，例如：维持室内温度；弃用钨丝灯泡及户外照明装置。 机电工程署透过"悭神大比拼"计划，表扬一些节能表现出色的团体（计划设五个组别，分别是：商场、办公室大楼、屋苑、中小学及专上教育院校）	香港绿色建筑议会每两年颁发一次"环保建筑大奖"，表扬在环保建筑业界中就环保建筑项目及产品取得出色表现者。 自2008年起，每年均设有"香港环境卓越大奖"，并颁发"节能证书"
11. 政府领导	发布《香港都市节能蓝图2015—2025+》。 由发展局和环境局就绿色政府建筑物分别发出内部技术通告和通函，为政府建筑物制定绿色建筑和节能政策框架。 实施环保采购政策	政府与建造业议会携手合作，发展出香港首幢零碳建筑物，让建造业人士交流及分享在低碳建筑设计和技术上的知识和专业意见，并协助提升社会对低碳生活的认知
12. 其他	在2000年推行"淡水冷却塔计划"，为非住宅楼宇所安装的空调系统节省能源	

资料来源：《透过4T合作伙伴加速在香港现有建筑物节约能源》，2017年（香港环境局2017年6月发布，本表为繁体中文译简体中文）。

香港在适应气候变化上虽然有一定的基础，但是仍须进一步改善内部信息分享和统筹架构，从而加强公共部门基建和工程计划。同时，强化城市结构及斜坡安全、整合排水及洪水管理计划。通过再造水、中水重用、雨水回收及海水淡化，增加香港水源。此外，香港将继续逐步减少燃煤发电，并使用更多天然气及增加非化石燃料来源，以大幅减少香港中期的碳排放。同时，积极探究可持续消费对碳排放的影响（例如：衣着、食物、外出均涉及隐藏和外在的碳排放）。虽然提升节约资源的意识有助于减碳，但此社会转型之路仍将漫长。尽管香港市民对于节约能源和用水、减少厨余等已有认知，但应对气候变化、打造低碳城市仍需要持之以恒的信心和决心。

二 未来治理

气候组织（The Climate Group）发布的《中国低碳领导力：城市》[①]研究报告认为，"低碳城市，是在城市内推行低碳经济、实现城市的低碳排放，甚至是零碳排放；而经济发展、能源结构、消费方式、碳强度是城市实现低碳转型的四个方面"。在城市发展实现低碳经济转型的过程中，中国城市急需构建领导能力。其主要体现在：政策激励与制度安排、技术创新与应用、投融资机制和多方合作等方面。其中，政策激励和制度安排是基础，技术创新与应用是主要手段，投融资机制提供资金支持，多方合作是主要形式。（见表9-9）

表9-9　　　　　　　　中国城市低碳发展领导力要素

政策制度	将循环经济、节能减排纳入城市发展战略中	设立专门机构、人员
		节能法规、标准的制定与执行能力建设
		低碳技术和产品的政府采购政策
		支持综合节能服务机构
技术创新	培育低碳企业，推广低碳技术、产品	规划循环经济或低碳区，培育低碳企业
		至少一项推广计划
		低碳技术（可再生能源开发、余热利用、CCS等）研发和推广
		节能信息传播

---

① 气候组织：《中国低碳领导力：城市》，中国环境出版社2009年版。

续表

融资机制	财政支持，信贷控制，形成节能投融资市场	节能转型资金、补贴，财政奖励企业技术改造
		银行信贷支持低碳项目
		鼓励节能服务公司的发展，引入私人投资和国际资本
多方合作	与国际机构合作，或者充分利用国际机制	充分利用国际碳交易和减排机制（如CDM），开发项目
		低碳技术、产品输出
		作为国际合作项目试点

资料来源：气候组织：《中国低碳领导力：城市》，中国环境出版社2009年版。

同时，在政府"十三五"规划纲要中指明：我们要有效控制电力、钢铁、建材、化工等重点行业碳排放，推进工业、能源、建筑、交通等重点领域低碳发展。支持优化开发区域率先实现碳排放达到峰值。深化各类低碳试点，实施近零碳排放区示范工程。控制非二氧化碳温室气体排放。推动建设全国统一的碳排放交易市场，实行重点单位碳排放报告、核查、核证和配额管理制度。健全统计核算、评价考核和责任追究制度，完善碳排放标准体系。加大低碳技术和产品推广应用力度。

此外，参照中国香港等相对发达地区的经验，可以通过订立减碳目标（Target）及制定相关时间表（Timeline），配合适当的指标，以开放透明（Transparency）的原则，从普及低碳经济理念、调整城市产业结构、提倡建筑节能、发展低碳交通系统等方方面面，通过全体市民的共同参与（Together），携手共建低碳社区和低碳城市。

本章主要介绍了全球区域和城市的低碳与减排行动与治理机制，特别是对美国、欧盟国家、"基础四国"的减排政策及具体行动进行了梳理。此外，本章着眼于中国低碳城市发展，对其进展与未来治理进行了探讨。《巴黎协定》在长期目标、履约机制与演进方式三个方面产生了重要突破，使得全球气候治理呈现出新的特征，即多边合作、大国主体地位及影响更加凸显。而城市是人类活动最为集中的区域，集聚了大量的人口、能源资源消耗及碳排放，因而也决定了城市将成为应对气候变化、发展低碳经济的关键平台。基于从能源、经济、社会和技术四方面发展低碳化的考虑，构建安全、稳定、经济、清洁的现代能源体系，推进并实现低碳高效发展及结构转型，形成具有低碳消费意识的"橄榄形"公平社会，推进低碳加强能效技术研发及人才培养，均为实现城市低碳发展的可行路径及重要保障。中国作为第一个将节能减排列为国家发展重要目标的发展中国家，积极确定、深化低碳试点并制定发展规划及减排目标，同时强调对重点行业碳排放的控制，并为此开展了一系列积极的行动和举措。

延伸阅读

1. 陈美球、蔡海生：《低碳经济学》，清华大学出版社 2014 年版。
2. 连玉明：《城市价值与低碳城市评价指标体系》，《城市问题》2012 年第 1 期。
3. 刘志林、秦波：《城市形态与低碳城市：研究进展与规划策略》，《国际城市规划》2013 年第 2 期。

练习题

1. 请查找相关资料，谈谈《巴黎协定》为人类应对全球气候变化带来哪些新的特征？
2. 中国的低碳城市发展与欧美国家存在哪些异同？
3. 请结合家乡发展变化，谈谈政府、企业和民众对碳排放治理采取了哪些积极行动？

附　　录

英文缩写对照表

AAU	Assigned Amount Units	分配数量单位
BAU	Business as Usual	基准情景
CBDR	Common But Differentiated Responsibilities	共同但有区别的责任
CCS	Carbon Capture and Storage	碳捕获与封存
CDM	Clean Development Mechanism	清洁发展机制
CDQ	Coke Dry Quenching	干法熄焦
CERs	Certified Emission Reduction	核证减排量
CGE	Computable General Equilibrium	可计算一般均衡
CMS	Carbon Management System	碳管理系统
COP	Conference of the Parties	缔约方会议
DICE	Dynamic Integrated Climate Economy	动态综合气候经济
EKC	Environmental Kuznets Curve	环境库兹涅茨曲线
EPA	Environmental Protection Agency	美国环境保护署
ERPA	Emission Reduction Purchase Agreement	减排量购买协议
ERUs	Emission Reduction Units	减排单位
ET	Emissions Trading	排放权交易
ETS	Emissions Trading Scheme	排放权交易体系
EU ETS	European Union Emissions Trading Scheme	欧盟排放权交易体系
GDP	Gross Domestic Product	国内生产总值
GHG	Greenhouse Gas	温室气体
GEA	Global Energy Assessment	全球能源评估
IAM	Integrated Assessment Model	综合评价模型

续表

IEA	International Energy Agency	国际能源署
IGCC	IntegratedGasification Combined Cycle	整体煤气化联合循环
IMF	International Monetary Fund	国际货币基金组织
INC	Intergovernmental Negotiating Committee	政府间谈判委员会
INDCs	Intended Nationally Determined Contributions	国家自主贡献
IPCC	Intergovernmental Panel on Climate Change	政府间气候变化专门委员会
JI	Joint Implementation	联合履约机制
LCA	Life Cycle Assessment	生命周期评估
LEAP	Long-range Energy AlternativesPlanning System	长期能源替代规划系统
LNG	Liquefied Natural Gas	液化天然气
MRV	Monitoring, Reporting, Verification	监测、报告与核查
NDC	National Independent Contribution	国家自主贡献
NER	Net Energy Ratio	净能源生产效率
NEV	Net Energy Value	净能值
NGRR	Net GHG Reduction Ratio	温室气体净减排比例
NGRV	Net GHG Reduction Value	温室气体净减排量
OECD	Organization for Economic Cooperation and Development	经济合作与发展组织
TPB	Theory of Planned Behavior	计划行为理论
TRA	Theory of Reasoned Action	理性行为理论
UNEP	United Nations Environment Program	联合国环境规划署
UNFCCC	United Nations Framework Convention on Climate Change	联合国气候变化框架公约
WEC	World Energy Council	世界能源理事会
WMO	World Meteorological Organization	世界气象组织
WRI	World Resources Institute	世界资源研究所
WWF	World Wide Fund for Nature	世界自然基金会